GAODENG ZHIYE YUANXIAO
JIAOXUE GONGZUO ZHENDUAN YU GAIJIN
ANLI HUIBIAN

高等职业院校
教学工作诊断与改进
案例汇编

主　编　刘建林
副主编　崔　岩

西北大学出版社
·西安·

图书在版编目（CIP）数据

高等职业院校教学工作诊断与改进案例汇编／刘建林主编．－－西安：西北大学出版社，2020.7
ISBN 978－7－5604－4548－9

Ⅰ．①高… Ⅱ．①刘… Ⅲ．①高等职业教育—教学管理—案例—陕西 Ⅳ．①G718.5

中国版本图书馆CIP数据核字（2020）第113332号

内容简介

自2016年全国开展高等职业院校教学工作诊断与改进工作以来，陕西省教育厅高度重视、全力推进，各高职院校积极探索、勇于实践，诊改工作取得显著成效。截至2019年年底，全省32所高职院校（其中3所国家试点、9所省级试点、20所其他院校）通过了现场复核，总结形成了"三支队伍、三级推进、三批实践"的"333"陕西高职诊改模式。为了更好地促进各院校建立常态化的内部质量保证体系，不断提高人才培养质量，依据20所高职院校诊改工作实践，编撰了《高等职业院校教学工作诊断与改进案例汇编》。本书是高职院校教学工作诊断与改进系列丛书的第4册，书中选编了院校自我诊断报告、学校和部门诊改、专业层面诊改、课程层面诊改、教师层面和教师个人诊改、学生层面诊改以及智能化信息平台建设典型案例，以供各院校在常态化的教学工作诊断与改进中借鉴和参考。

高等职业院校教学工作诊断与改进案例汇编

主　　编	刘建林
副主编	崔　岩
出版发行	西北大学出版社
地　　址	西安市太白北路229号
邮　　编	710069
电　　话	029－88302825
经　　销	全国新华书店
印　　装	西安华新彩印有限责任公司
开　　本	787mm×1092mm　1/16
印　　张	18.5
字　　数	400千字
版　　次	2020年7月第1版　2020年7月第1次印刷
书　　号	ISBN 978－7－5604－4548－9
定　　价	58.00元

本版图书如有印装质量问题，请拨打电话029－88302966予以调换。

编委会

主 任 刘建林
副主任 崔 岩　胡海宁　何玉麒
编 委 王晓江　刘永亮　王周锁　赵居礼　王　晖
　　　　　刘敏涵　何树茂　杨云峰　刘予东　杨卫军
　　　　　翟振东　张权民　魏焕成　胡海东　杨建民
　　　　　钱栓提　张　磊　罗继军　龚小涛

前　言

自 2016 年全国开展高等职业院校教学工作诊断与改进工作(以下简称"诊改")以来,陕西省教育厅高度重视、全力推进,成立了陕西高职院校教学工作诊断与改进专家委员会(以下简称"陕西诊改委"),各高职院校积极探索、勇于实践,诊改工作取得了显著成效。截至 2019 年 12 月上旬,全省完成了 32 所学校的现场复核工作。

陕西诊改委在陕西省教育厅的领导下,在全国职业院校教学工作诊断与改进专家委员会(以下简称"全国诊改委")的指导下,组织专家深入开展实践研究,及时总结各校的实践成果,并在全省乃至全国推广应用,有力地推进了高职院校诊改工作的开展。在诊改理论学习和实践探索过程中,陕西诊改委组织专家为全国诊改委编写出版了《高等职业院校教学工作诊断与改进文件选编与实践研究》(高等教育出版社出版),用于指导全国诊改委、省级诊改委和各高职院校的学习和实践。2017 年 4 月,全国诊改委首批专家组到陕西现场调研了 3 所高职国家试点院校的诊改工作,对陕西省教育厅及试点院校的诊改工作给予了高度评价。陕西诊改委以陕西工业职业技术学院诊改试点工作为基础,组织编写出版了《高等职业院校教学工作诊断与改进实操导引》(高等教育出版社出版),为全省高职院校的诊改工作提供了借鉴,并为全国来陕西交流的高职院校诊改工作人员提供了参考。

2018 年 11 月,全国诊改委派专家组对陕西工业职业技术学院、陕西铁路工程职业技术学院和陕西交通职业技术学院 3 所高职国家试点院校的诊改工作进行了现场复核。同年 12 月,陕西诊改委按照陕西省教育厅的统一安排,邀请了全国专家和省内专家组成 4 个专家组,对陕西 9 所高职省级诊改试点院校进行了现场复核。在此基础上,总结形成了"三支队伍、三级推进、三批实践"的"333"陕西高职诊改模式,即培养三支队伍(国家级、省级、院级专家队伍),按照三级推进(省教育厅统筹领导、省诊改委培训指导、各院校实践探索),分三批实践(国家试点、省级试点、其他院校)。根据对国家及省级12所高职院校诊改工作的探索实践,组织编写了《高等职业院校教学工作诊断与改进实践探索》(西北大学出版社出版),用于指导全省其他高职院校的诊改工作,并为全国兄弟高职院校的诊改工作提供借鉴和参考。

2019年,按照陕西省教育厅的安排,陕西诊改委成立了4个专家组,对20所高职院校的诊改工作进行了现场复核。为了更好地促进各院校建立常态化的内部质量保证体系,不断提高人才培养质量,陕西诊改委根据这20所高职院校诊改工作实践,组织编写了《高等职业院校教学工作诊断与改进案例汇编》。该案例汇编选编了这些高职院校的自我诊断报告及典型案例,以供各校在常态化的教学工作诊断与改进中借鉴和参考。

本书在编写过程中得到了陕西财经职业技术学院、宝鸡职业技术学院、陕西工商职业学院等20所高职院校的大力支持和帮助。在此,对他们的大力支持和帮助表示衷心感谢!

由于编者水平有限,书中难免有不妥之处,敬请广大读者提出宝贵意见。

编 者

2020年3月

目 录

第一部分 院校自我诊断报告

西安电力高等专科学校内部质量保证体系自我诊断报告 …………………（3）
陕西财经职业技术学院内部质量保证体系自我诊断报告 ………………（13）
西安职业技术学院内部质量保证体系自我诊断报告 ……………………（24）
陕西工商职业学院内部质量保证体系自我诊断报告 ……………………（35）
宝鸡职业技术学院内部质量保证体系自我诊断报告 ……………………（47）

第二部分 诊改典型案例

一、学校和部门诊改案例

西安职业技术学院学校层面诊改案例 ……………………………………（63）
安康职业技术学院学校层面诊改案例 ……………………………………（69）
陕西工商职业学院教务处诊改案例 ………………………………………（75）

二、专业层面诊改案例

陕西财经职业技术学院会计专业诊改案例 ………………………………（81）
宝鸡职业技术学院康复治疗技术专业诊改案例 …………………………（95）
安康职业技术学院临床医学专业诊改案例 ………………………………（111）
汉中职业技术学院汽车检测与维修技术专业诊改案例 …………………（126）
陕西艺术职业学院音乐表演专业诊改案例 ………………………………（137）
榆林职业技术学院应用化工技术专业诊改案例 …………………………（150）

三、课程层面诊改案例

陕西财经职业技术学院《基础会计》课程诊改案例 ………………………（159）

陕西工商职业学院《西餐服务与管理》课程诊改案例 …………………… （170）
宝鸡职业技术学院《成本会计实务》课程诊改案例 ………………………（179）
陕西邮电职业技术学院《宽带接入网工程》课程诊改案例 ………………（188）
商洛职业技术学院《内科学》课程诊改案例 ………………………………（195）
陕西警官职业学院《治安案件查处》课程诊改案例 ………………………（203）

四、教师层面和教师个人诊改案例

陕西财经职业技术学院教师层面诊改案例 …………………………………（215）
宝鸡职业技术学院教师个人诊改案例 ………………………………………（228）
陕西青年职业学院教师个人诊改案例 ………………………………………（234）

五、学生层面诊改案例

陕西工商职业学院学生层面诊改案例 ………………………………………（243）
陕西青年职业学院学生层面诊改案例 ………………………………………（256）
商洛职业技术学院学生层面诊改案例 ………………………………………（268）

六、智能化信息平台建设案例

陕西邮电职业技术学院智能化信息平台建设案例 …………………………（275）
陕西警官职业学院智能化信息平台建设案例 ………………………………（283）

第一部分

院校自我诊断报告

西安电力高等专科学校
内部质量保证体系自我诊断报告

一、学校诊改工作概述

（一）总体情况

学校诊改工作自2016年启动以来,经历了以下4个阶段。

第一阶段,2016年9—12月。组织诊改培训、学习诊改相关文件,了解政策,统一思想,制定了《西安电力高等专科学校内部质量保证体系诊断与改进建设规划》和《西安电力高等专科学校内部质量保证体系诊断与改进工作实施方案》,启动了学校的诊改工作。

第二阶段,2017年1—12月。进一步理解学习中、省诊改文件精神,在陕西省教育厅专家的指导下,修订、完善了诊改方案,明确了5个层面的质量责任主体,落实了学校各部门(单位)的职责。依据学校"十三五"发展规划,制定了5个专项规划,编制了诊改工作"八定表",分解78项诊改工作任务,开展诊改试点工作。

第三阶段,2018年1—12月。在诊改试点工作的基础上,更加明晰了诊改工作的实施路径,构建了5个层面的目标链和标准链,建立了"8字形质量改进螺旋",梳理了各层面的诊断要素和诊断点,在5个层面设置了185个质控点,对诊改工作提出具体要求。基于各业务系统,运用教学质量管理平台,在学校6个专业、172门课程、157名教师、61名培训师、2017级和2018级共1 478名学生以及16个部门(单位)开展了线上线下的自主诊改工作,形成了诊改报告。

第四阶段,2019年1月至今。不断总结诊改工作的成效,逐步完善内部质量保证体系,持续提升"8字形质量改进螺旋"理念,促进诊改工作运行常态化,强化激励机制的推动功能,凸显"专业专注、精严细实"的校园质量文化引领作用,支撑"特色鲜明、国内一流"的高职院校建设目标的达成。

（二）诊改成效

1.学校层面

以学校"十三五"发展规划为统领,以9个子规划和5个专项规划为工作目标,按照建设"特色鲜明、国内一流"的高职院校目标要求,明确了学校层面的目标链和标准链,设计了65个服务保障质控点,出台了《西安电力高等专科学校内部质量保证体系常态化运行实施意见》,确立了以年度为周期的诊改工作机制。聚焦服务教学开展自主诊改工作,提升了服务理念,理顺了服务关系,优化了服务流程,改善了服务环境。

建立了职责、流程、制度、标准、考核"五位一体"的协同管理新机制,新建、修订了

30个管理制度,完善了23个部门职责、149种岗位职责和工作标准,强化了全员绩效考核,开展了"月度之星""季度之星""金牌员工"的评选活动,激励员工产生学习动力和创新活力,教职员工的质量意识显著提高,质量保证体系得到有效运行。学校2017年度荣获了"国家电网有限公司先进集体"和"第五届全国文明单位",2018年获得"2018—2019年度中国企业大学50强"荣誉称号。

2. 专业层面

根据学校专业建设规划及各专业的软硬件实力,确立了建设校级特色专业、省级一流专业、国家骨干专业的目标体系。围绕5个维度、11个指标,设计了29个质控点。6个专业以年度为诊改周期,按照质量改进螺旋开展自主诊改工作。

牵头编制了火电厂集控运行专业(简称"集控专业")和电力系统继电保护与自动化技术专业(简称"继电专业")国家专业标准,参与编制了发电厂及电力系统专业(简称"发电专业")、供用电技术专业(简称"供电专业")、高压输配电线路施工运行与维护专业(简称"输电专业")和电厂热能动力装置专业(简称"热动专业")国家专业标准。发电、继电、供电、输电等4个专业获批高等职业教育创新发展行动计划骨干专业建设项目和省级一流专业培育建设项目,发电专业被陕西省教育厅推荐为国家骨干专业,集控专业获批省级"专业综合改革"建设项目。电力工程系被评为省级创新创业教育改革试点学院。

3. 课程层面

根据学校课程建设规划,确立了校级优质资源课程、校级精品在线开放课程、国家及省级精品在线开放课程建设目标。围绕5个维度设定了25个质控点。172门课程以年度为诊改周期,按照质量改进螺旋开展自主诊改工作。

37门课程基于网络教学平台开展教学工作,建成了校级优质资源课程8门,校级精品在线开放课程2门;打造了20门独具学校特色的校企共建品牌培训课程;校企共同开发教学培训课件193个(含系列课8个,微课87个,标课11个,教学案例87个)。2018年获得省级优秀教材奖1项,获得国家电网有限公司网络大学优秀课件及优秀案例一等奖1项、二等奖4项、三等奖1项。

4. 教师层面

根据学校师资发展规划,以提升教师发展为目标,明确教师入职、发展、成熟、专家4个阶段,着眼教师发展能力、教学与教研能力、科研与社会服务能力、学生教育与管理能力等的全面发展,搭建了教师职业成长平台,形成了阶梯式的教师发展目标链和标准链。以年度为诊改周期设计了41个质控点。结合电网企业人力资源政策和岗位薪酬管理相关要求,将考核激励机制贯穿到教师工作的全过程。

新增省级教学名师1人,全国电力行业技术能手1人,省级教书育人楷模1人,省级师德先进个人1人,省公司及以上优秀专家人才6人,地市公司专家人才13人。获得各类教学大赛奖项11项,获得省级教学成果二等奖1项,获得国网陕西省电力公司科技成果奖2项、管理创新成果奖5项。公开发表论文121篇,其中,核心期刊7篇;获得实用新型专利授权39项、发明专利授权5项。

5.学生层面

根据学校的育人规划,编制了学生个人成长规划,形成了"三优一强"的学生成长目标链。以学年为诊改周期设计了25个质控点,指导2017级、2018级学生制定个人成长规划,分析自身的优势和不足,从思想道德、科学文化、身体心理、创新实践、职业规划等方面进行自我改进。

毕业生协议就业率一直稳定在93%以上,在大型国有企业的就业比例始终保持在60%以上,用人单位对毕业生综合评价的称职率为95.5%。参加大学生技能大赛荣获国家级一等奖1项、二等奖1项、三等奖1项,省级一等奖5项、二等奖6项、三等奖8项,荣获全国电力职业教育指导委员会二等奖2项、三等奖2项。2018年首次举办了创新创业大赛校赛,参赛项目52个、参赛学生195人,获得省赛主赛道银奖2项、青年红色筑梦之旅赛道铜奖1项,实现了奖项零的突破。

6.智能化信息平台建设

根据主办企业信息化建设要求,学校网络分为相互独立的内网(连接国家电网有限公司内部信息网)和外网(连接互联网)。外网建设了13个信息化项目,搭建了教学质量管理平台,可支撑5个层面的线上诊改工作;内网按照国家电网有限公司SG186信息系统的建设标准,部署了协同办公等163个业务子系统,实现了全业务信息化管理;在移动端有学习通、网络大学等168个APP,实现了部分移动应用与服务。

(三)存在的问题及改进措施

1.存在的问题

内部质量保证体系有待进一步完善,常态化诊改机制的运行有待进一步加强,信息化建设及应用水平有待进一步提高。

2.改进措施

改进措施有3项。一是细化各层面质量主体的诊改职责,逐步实现内部治理形态的自我转变,完善"五横"层面的质控点,形成质量保证的全覆盖;二是持续推进诊改机制的常态化运行,深化激励机制改革,打造电力特色质量文化;三是加快推进智慧校园建设,完善教学质量管理平台和相关应用系统的建设,建立数据中心,完善对大数据的分析和预警功能。

二、学校自我诊断参考表

诊断内容	诊断内容提示	诊断结论	拟采取的改进措施
"两链"打造	1. 学校发展规划是否成体系,学校发展目标是否传递至专业、课程、教师层面,目标是否上下衔接成链。学校机构职责是否制订有岗位工作标准,标准和制度的执行是否有效有机制。 2. 专业建设规划目标,标准是否与学校规划契合,目标与自身基础相适切,是否与自身基础相适切,目标与标准是否明确,具体,可检测。 3. 课程建设计(规)划目标,标准是否与专业建设规划契合,是否与自身基础相适切,目标与标准是否明确,具体,可检测。 4. 教师个人发展目标的确定是否与学校师资队伍建设规划及专业建设规划等相关要求相适切。教师是否制订有个人发展计划,目标与标准是否明确,具体,可检测,是否与自身基础相适切。	1. 目标达成情况 (1)学校制定了"十三五"发展规划及9个子规划,制定了专业建设、课程建设、师资队伍建设、育人、信息化建设5个专项规划,形成了完整的体系。学校发展目标传递到专业、教师、学生层面,上下衔接,形成了学校的目标链和标准链。学校机构设置了岗位责任目标明确,职责清晰,建立了职责、流程、制度、标准、考核"五位一体"协同管理的新机制。 (2)6个专业依据学校专业建设规划及系部发展规划,结合自身的软硬件资源,制定了各专业建设规划及年度计划,细化目标任务,形成了专业建设目标链。根据骨干专业和省级一流专业建设及运行目标链,形成了专业建设及运行标准链。专业建设规划、专业建设目标与标准明确,具体,可检测。 (3)172门课程依据学校课程建设规划和相关专业建设规划,制定了课程建设规划及分年度计划,确定了课程建设目标,形成了课程建设目标链。依据国家、省级精品在线开放课程标准,修订、完善了课程建设标准链。课程目标与标准明确,具体,可检测。 (4)教师个人根据学校个人发展规划,制定了个人发展目标,形成了教师个人发展规划,按照系部发展规划及教师个人发展规划及教师个人发展目标相关管理制度,对照教师成长的4个阶段,形成了教师发展标准链,个人成长目标适切学校和学校人力资源管理相关制度,对照教师发展目标和个人发展需求,建立了指队伍建设规划及专业建设规划,教师发展目标与标准明确,具体,可检测。 (5)依据学校育人规划,结合学校人才培养目标和个人发展需求,建立了指	1. 加强系部制度建设,夯实标准支撑,完善质量保证体系,提升系部管理水平。 2. 加强学生个人成长规划教育,完善学生在目标制定和标准参照方面具有更强的自主性和参与性,完善自我成长的质量保证体系。

第一部分 院校自我诊断报告

续表

诊断内容	诊断内容提示	诊断结论	拟采取的改进措施
"两链"打造	5. 学生是否制订有个人发展计划，个人发展目标的确定是否与学校人才培养方案及素质教育要求相适切。学校是否建立了指导学生制订个人发展计划的制度。	导学生设计学业生涯规划的制度，指导学生制定了个人成长规划，形成了学生全面发展的目标与标准体系，进一步细化了个人发展标准，学生成长目标与标准明确、具体、可检测。 2. 存在的问题及原因分析 （1）系部层级的标准制度不够完善，主要依靠学校职能部门的制度文件支撑标准。 （2）学生对个人成长目标及其路径独立思考不够。原因是学生发展目标大多源于自上而下的规划要求，对不同学生特性的反映有所欠缺。	
"螺旋"建立 学校层面	1. 学校是否建有规划和年度目标任务分解、诊断、实施、改进的诊改运行机制。实施过程是否有监测预警和改进手段与方法是否可操作。 2. 是否建立了学校各组织机构履行职责的诊改制度、方法与手段是否可操作，是否有效运行。 3. 诊断结论是否依据数据和事实获得，自我诊断报告的陈述是否明确、具体，改进措施是否有效。	1. 目标达成情况 （1）依据学校发展规划，结合陕西省教育厅年度重点工作和国网陕西省电力公司下达的企业负责人指标，制定了年度工作任务，下达到各部门（单位），建立了"8字形质量改进螺旋"和"二十四节气表"下达到各部门（单位），建立了"8字形质量改进螺旋"诊改运行机制。通过例会、月度例会、季度会、半年工作会、年度工作会、"大党督查"等形式监测预警目标完成的情况，落实时进度、方法与手段便捷、可操作。 （2）各部门（单位）根据此方案此部门同管理新机制、"五位一体"的协同管理工作机制和国网陕西省电力公司"八旬表"，结合部门重点工作任务，优化典型工作流程，自我实施制度考核，推进诊改工作任务的有效开展。通过两年的方法和手段逐步改善，深化实施制度考核，推进诊改工作任务的有效开展。通过两年的方法和手段逐步改善，自我诊断机制已经在全校范围内有效开展。 （3）诊改反馈数据，结合线下诊改过程，形成自诊报告、问题查找准确，指标体系已经形成自诊报告，措施具体、明确。	1. 加强教学质量管理平台的深化应用，提高各业务系统对平台的支撑力度，实现平台实时监测预警。 2. 进一步梳理和完善诊改相关制度，细化流程设计。

7

续表

诊断内容		诊断内容提示	诊断结论	拟采取的改进措施
建立"螺旋"	学校层面	1. 学校是否建立了专业建设质量诊改运行制度。诊改内容是否有助于目标达成,诊改周期是否合理,诊改方法与手段是否便捷、可操作。 2. 现有专业是否都按运行制度实施了诊改。 3. 诊断结论是否依据诊断数据和事实获得,自我诊断报告陈述是否明确、具体,改进措施是否有效。	2. 存在的问题及原因分析 (1) 目前质量管理平台的数据采集实时性采集还达不到要求,尚不能实现实时预警。 (2) 学校诊改工作的相关制度有待进一步完善。	
	专业层面		1. 目标达成情况 (1) 根据《西安电力高等专科学校内部质量保证体系常态化运行实施意见》,建立了以年度为周期的专业建设质量改进相关制度,按照学校下达的专业建设工作要点要求,梳理了专业建设改进工作节点要求,明确了专业建设质量改进螺旋各环节的内涵,不断提高人才培养质量,结合人才培养方案、调整、修订人才培养方案,不断提高人才培养质量。 (2) 现有招生的6个专业全部按照"8字形质量改进螺旋","针对"骨干专业""一流专业"和"特色专业"建设,实施线上线下混合诊改,专业质量持续提升。 (3) 依据专业建设质量管理平台设置的29个专业建设质控点数据反馈结果,结合专业建设项目的开展,对照学校和国家及省级课题项目建设水平有待进一步提升。 2. 存在的问题及原因分析 (1) 专业建设项目中,国家及省级兼职教师专业核心课程授课率有待提高。 (2) 专业教学团队中,企业兼职教师参与教学相关教学工作,形成诊改报告,诊改措施明确、具体。	1. 深化中、省高职教育政策研究,加强与兄弟院校的学习交流。依托企业办学的优势,开展满足企业岗位需求的专业方向特色,形成高水平的电力特色专业群建设成果。 2. 出台企业兼职教师授课管理办法,落实兼职教师授课任务,提高企业兼职教师授课率。
	课程层面	1. 学校是否建立了课程建设与课程质量诊改运行制度。 2. 现设课程是否都按和	1. 目标达成情况 (1) 按照《西安电力高等专科学校教学相关教学工作意见》,梳理了课程建设与教学相关教学工作点要求,按照学校下达课程改革计划和教学任务安排工作节点要求,明确了课程质量改进螺旋各环节的内涵,建	1. 加强校级优质课程资源和精品在线开放课程建设,充分利用网络教学平台开展课程资源建设和

第一部分 院校自我诊断报告

续表

诊断内容		诊断内容提示	诊断结论	拟采取的改进措施
"螺旋"建立	课程层面	3. 诊断实施了诊改。诊断结论是否依据数据和事实获得，自我诊断报告的陈述是否明确、具体，改进措施是否有效。	制度实施了诊改。 (2) 172门课程均按照"8字形质量改进螺旋"开展诊改。根据课程建设和教学目标开展了课程建设与日常教学，结合期初、期中、期末教学检查，督导听课、学生信息月度反馈、评学评教，开展了课程教学方式、授课内容、课堂组织与管理等诊改工作。实施线上线下混合诊改，课堂教学质量持续提升。 (3) 依据教学质量管理平台设置的25个课程质控点数据反馈结果，结合课程教学和诊改工作的开展，查摆问题，制定针对性的改进措施，诊改报告的陈述明确、具体。 2. 存在的问题及原因分析 (1) 信息化手段在课堂教学中应用不足，其主要原因是课程资源不够丰富。 (2) 课堂教学过程监控的手段和方式需要进一步提升。	信息化教学工作，拓展教学时空。 2. 开展信息化课堂教学监控研究，强化课堂教学质量监控与反馈，提升课堂教学质量。
	教师层面	1. 学校是否建立了教师个人发展自我诊改制度，周期是否合理，方法是否便捷、可操作。 2. 所有教师是否都按制度实施了诊改。 3. 诊断结论是否依据数据和事实获得，自我诊断报告的陈述是否明确、具体，改进措施是否有效。 4. 教师在自我诊改过程中是否有获得感。	1. 目标达成情况 (1) 根据《西安电力高等专科学校内部质量保证体系常态化运行实施意见》，梳理了人力资源管理和教师队伍建设相关制度；按照师资队伍建设发展规划和教师成长工作要求，明确了教师发展质量改进螺旋各环节的内涵，结合绩效考核和评优选先工作，明确了教师发展成长，激励教师成长，建立了以年度为周期的教师诊改运行机制，方法便捷、可操作。 (2) 157名教师、61名培训师均按照"8字形质量改进螺旋"进行了诊改，在教师发展、教学科研与社会服务、学生教育与管理等4个方面，查找问题，补齐短板，进行了自主诊改，不断提升自身能力和素质。 (3) 依据教师质量管理平台设置的41个教师发展质控点数据反馈结果，结合人力资源配置和年终绩效考核，分析差距，制定了解决问题的方法和手段，将各项改进措施落实到诊改报告中，诊改报告的陈述明确、具体。 (4) 通过自我诊改，教师进一步明确了职业发展路径，明晰了个人发展	1. 争取政策支持，启动职称自主评审办法，鼓励教师不断提升能力水平，形成教师培育的激励和考核作用，提高教师成长的良性机制。 2. 加强教师信息化教学能力提升培训，进一步发挥教师信息化教学的激励和考核作用，提高教师信息化建设和应用水平。

续表

诊断内容		诊断内容提示	诊断结论	拟采取的改进措施
"螺旋"建立	教师层面	1. 学校是否建立了引导学生进行自我诊改的制度，周期是否合理，方法是否便捷，可操作。 2. 所有学生是否都按制度实施了自我诊改。 3. 诊断结论是否依据数据和事实求得，自我诊断报告和陈述是否明确、具体，是否根据自身基础进行了改进。	目标和标准、质量意识得到明显提升，涌现出一批教学名师，国家电网陕西省电力公司专家能手，教师的获得感得到明显提升。 2. 存在的问题及原因分析 （1）受主办企业职称管理政策限制，教师职称评定的通道不畅，职称结构不尽合理。 （2）受学校信息化建设滞后影响，教师对信息化教学学习和应用的积极性不高，信息化教学手段需进一步丰富。	
	学生层面		1. 目标达成情况 （1）根据《西安电力高等专科学校内部质量保证体系常态化运行实施意见》，以立德树人为根本，梳理了学生管理和学生成长的相关制度，制定了学生活动"二十四节气表"和学生成长计划，明确了学生形成质量改进螺旋，各环节内涵。结合综合素质测评、评比选优，激励学生成长，建立了了以学年为周期的学生诊改工作运行机制，方法便捷、可操作。 （2）一二年级共1 478名学生均按照"8字形质量改进螺旋"开展了诊改，通过日常观测、学业成绩、综合测评进行诊断，在专业教师和辅导员的帮扶教育下，实现了自我改进与革新。 （3）学生综合素质管理平台设置的25个学生成长质数据反馈结果，结合平台出具的个人画像，指导学生开展自我分析、体能测试、活动经历、获奖记录社会实践采集在校期间具体事实产生，诊断报告明确、具体。 2. 存在的问题及原因分析 （1）学生综合素质测中科学文化素质得分偏低，原因是学生学习的积极性和主动性不高。 （2）学生管理系统功能尚不完善，动态监测预警功能不足。	1. 建立学风建设长效机制，使学生明确学习目的，端正学习态度，召开学习经验交流会，加大奖学金的评选力度。 2. 进一步加快完善学生管理系统，完善数据采集和实时预警功能，完善学生行为规范、生活状态等数据采集硬件建设。

第一部分 院校自我诊断报告

续表

诊断内容	诊断内容提示	诊断结论	拟采取的改进措施
文化与机制"螺旋"引擎建立	1. 学校领导是否重视改工作并扎实推进，师生员工是否普遍能接受诊改理念并落实于自觉行动中。 2. 学校是否建立了与内部质量保证体系相适应的考核激励制度，体现以外部监管为主向以自我诊改为主的转变的走向。 3. 各个主体的自我诊改是否逐渐趋向常态化。师生员工对学校的自我诊改工作是否满意和有获得感。	1. 目标达成情况 （1）学校成立了以党政负责人为主任的诊改工作委员会，负责诊改工作的宏观管理与指导，统筹安排部署、协调推进学校的诊改工作。质量管理部负责诊改工作的整体推进，督导各部门、单位开展日常诊改工作，实施教学质量监控，维护教学质量管理平台，整理数据，确保诊改工作常态化。在师生员工中广泛开展诊改培训学习，诊改理念深入人心并落实于自觉行动中。 （2）学校出台了《西安电力高等专科学校内部质量保证体系常态化运行实施意见》，建立了与内部质量保证体系相适应的运行流程。各部门（单位）进一步细化了岗位分工，规范了工作流程。依据学校诊改奖惩机制，制定了部门（单位）员工绩效考核细则，形成了自我诊改为主的转变的走向。 （3）学校已经形成了自我诊改的常态化机制，各部门（单位）、全体师生员工将诊改工作贯穿于工作学习、生活的全过程，基本形成了"专业专任、精严细实"的校园质量文化理念，员工的满意度和获得感不断增强。 2. 存在的问题及原因分析 （1）质量文化环境氛围建设有待加强。 （2）部门岗位设置和员工岗位工作标准有待进一步优化。	1. 按照电力企业生产标准和安全质量工作流程，通过标语、展板、报纸等多种形式在校园内宣传电力质量体验浸入式的质量文化宣传展示，让师生展示，让师生体验浸入式的电力质量文化宣传环境。 2. 根据《国家电网有限公司关于推进职业院校高质量发展的意见》，积极落实"放管服"要求，根据职业教育规律和政府教育部门的管理要求，按照历教育员工培训发展的原则，优化完善内设机构的设置，进一步优化部门设置和员工岗位工作标准。
智能化信息平台建设	1. 学校是否按智能化要求对信息平台建设进行了顶层设计，平台架构是否具有实时、常态化支撑学校诊改工作的以下	1. 目标达成情况 （1）学校制定了《西安电力高等专科学校校园信息化建设中长期规划》和《西安电力高等专科学校校园信息化建设实施方案》，从基础设施、资源共享、教学信息化、智慧管理与服务等方面进行了顶层设计，建成了支撑学	1. 根据《国家电网有限公司关于推进职业院校高质量发展的意见》，依托公司泛在电力物联网建设，

续表

诊断内容	诊断内容提示	诊断结论	拟采取的改进措施
智能化信息平台建设	功能。 (1) 能够实现数据的源头、即时采集。 (2) 能够消除信息孤岛，实现数据的实时开放共享。 (3) 能够进行数据分析并实现分析结果。 2. 学校是否按照平台顶层设计蓝图，扎实推进平台建设。 3. 学校在数据分析、应用方面开展了哪些工作，取得了哪些成效。	校诊改工作的教学质量管理平台，从5个层面业务数据流进行分析、诊断、改进。 (1) 在外网系统新建设了师资管理系统，升级改造了教学管理系统、网络教学平台、学生管理系统，基本涵盖了学历教育业务系统。内网部署了协同办公等163个业务子系统，实现了全业务信息化管理。 (2) 教学质量管理平台通过对学校、专业、课程、教师、学生"五横"层面进行画像，具有数据分析、数据预警、状态报告等功能，基本满足了常态化诊改工作的需要。 2. 存在的问题及原因分析 (1) 尚未建立数据中心，校园信息化建设滞后。原因是国家电网有限公司严格控制自建系统，信息化建设项目立项受限。 (2) 数据平台的监测预警功能不够完善。原因是平台设计和应用在初级阶段，监控预警功能未完全开发。	1. 积极争取信息化建设项目，建设数据中心，实现项目、建设源头、实时采集，实现各业务子系统数据共享，消除信息孤岛。加强智慧校园建设，建成基于互联网、开放的电力职业教育网络服务平台。 2. 进一步深化教学质量管理平台的应用，根据学校实际需要挖掘平台数据实现预警功能，不断强化对"五横"层面诊改工作的支撑。

校长（鉴字）：张 洋

2019 年 6 月 20 日

注：1. 报告内容必须真实、准确，务必写实，尽量不使用形容词和副词。
2. 每一项的"诊断结论"需阐明目标达成情况、尚存在的问题及原因分析，建议在500字左右。
3. 每一项的"拟采取的改进措施"需突出针对性、注重可行性，建议在200字左右。

陕西财经职业技术学院
内部质量保证体系自我诊断报告

一、学校诊改工作概述

2016年,学校依据教育部和陕西省教育厅的有关文件精神,启动了内部质量保证体系诊改工作。学校紧紧围绕"十三五"教育事业发展规划中的目标任务,结合年度重点任务和日常工作,在各层面初步建立起了"8字形质量改进螺旋"。2016—2019年,学校的诊改工作经历了学习研讨、深化认识和全员参与3个阶段,从打造"两链"到构建实施"8字形质量改进螺旋",人才培养质量得到进一步提升。

(一)打造"两链"

1. 学校层面

紧紧围绕学校"十三五"规划,制定了8个专项子规划。学校每年度根据规划和实际需要,细化了年度工作要点,编制了重点工作任务分解表。各部门根据学校年度工作要点,编制了部门年度工作计划和任务分解表,夯实了各个岗位的目标,形成了完整的目标链。围绕各级目标的实现,学校制定、修订了管理制度102项,废止制度11项,制定、修订内部控制制度46项,制定、修订各类工作岗位职责、工作标准291个,形成了齐备的标准链。

2. 专业层面

依据学校"十三五"规划及其子规划,制定了专业建设规划,确立了建设校级合格专业10个、校级特色专业4个、省级一流专业4个、国家骨干专业1个的四级专业建设目标,编写了18个专业的专业建设规划。依据专业建设目标,制定了18个专业的人才培养方案,形成了与四级专业建设目标相契合的标准链。

3. 课程层面

依据学校"十三五"规划及其子规划,制定了学校"十三五"课程建设规划,各二级学院(部)分别制定、修订了187门课程的建设规划及实施方案,明确了课程发展目标,形成了目标链。各课程依据各自的目标确定了相应的课程标准,形成了标准链。

4. 教师层面

依据学校"十三五"规划,制定了学校"十三五"师资队伍建设规划,制定了7项二级学院(部)师资队伍建设规划,制定了18项专业师资队伍建设规划,教师制定个人发展规划243份,形成了从学校到教师个人的五级目标链。制定师资管理制度11项,建立了教师引入、培养、成熟与发展4个阶段的标准链。

5. 学生层面

依据学校"十三五"规划,制定了学生工作"十三五"规划,引导学生确定个人发展目标,制定了《陕西财经职业技术学院大学生个人成长规划》,形成学生发展目标链。依据中、省文件精神和普通高校学生管理规定及学生行为准则,制定了学生工作标准和学生个人发展标准,制定、修订学生管理制度19项,形成了齐备的标准链。

(二)"8字形质量改进螺旋"的建立与运行

1. 学校层面

以年度为诊改周期,围绕学校"十三五"规划的关键指标,制定了8个专项子规划,层层落实到部门的年度工作计划中。部门工作计划细化至月,落实到人。建立了学校层面的"8字形质量改进螺旋"并予以运行,加强学校考核和激励机制建设,从16个维度设计了84个质控点。2018年学校重点工作任务共67项,已完成64项,目标达成度为95.5%。截至2019年10月,学校重点工作任务共126项,已完成109项,目标达成度为86.5%。

2. 专业层面

以学年为诊改周期,构建了专业"8字形质量改进螺旋"运行机制。从7个维度设计了42个质控点,建立了预警机制。2019年增设招生专业7个。2018—2019学年完成了专业规划任务29项中的27项,目标达成度为93.1%。

3. 课程层面

以学期为诊改周期,构建了课程"8字形质量改进螺旋"运行机制。开设的187门课程依托学校信息化系统和公共教学平台,实时采集数据并进行诊断分析与监测预警,不断修正和改进。从5个维度设计了24个质控点,建立了预警机制。以国家精品在线开放课程标准打造了2门课程,以省级精品在线开放课程标准打造了6门课程。2018—2019学年各课程工作任务共561项,已完成511项,目标达成度为91.1%。

4. 教师层面

以年度为周期,构建了教师"8字形质量改进螺旋"运行机制。围绕师资队伍年度工作任务和计划,针对8个维度、35个质控点实施监控,及时发现问题并予以预警。教师个人围绕个人发展规划开展自主诊改。2018年度师资队伍建设任务共17项,已完成16项,目标达成度为94.1%。截至2019年10月,师资队伍建设任务共17项,已完成15项,目标达成度为88.2%。

5. 学生层面

以学年为诊改周期,构建了学生"8字形质量改进螺旋"运行机制。依据学校各类信息化系统以及各类测评表、协同部门的信息反馈和师生的意见反馈,针对7个维度、28个质控点实施监控,呈现学生自身发展状态,推动学生全面发展。2018—2019学年工作任务共26项,已完成24项,目标达成度为92.3%。

(三)智能化信息平台建设

依据学校"十三五"规划制定了《陕西财经职业技术学院信息化建设规划(2016—

2020)》《陕西财经职业技术学院信息化建设三年行动规划》等信息化建设规划,制定了《陕西财经职业技术学院校本数据平台建设方案》,投资2 340万元建成了能够实现数据源头采集、即时采集和常态化支撑诊改工作的信息化环境,初步搭建起教务管理系统、OA办公系统、人事管理系统、科研管理系统、学工管理系统等22个信息化管理系统,搭建了数据中心,信息孤岛逐步得以消除。

(四)诊改工作成效

通过2018年和2019年两年的体系建设和运行实施,学校各层面均建立了环环相扣的目标链和标准链,夯实了各层级的质量主体责任,全校师生的质量主体意识和获得感显著提升,质量文化初步形成,内部质量保证体系日趋完善,在人才培养方面成效较为显著。

学校承接的教育部《高职教育创新发展行动计划》6个项目、11个子项目、33个任务已基本完成。其中,会计专业被教育部确定为骨干专业,会计专业群被教育部认定为生产性实训基地,会计信息化课程经陕西省教育厅认证为省级精品在线开放课程。培养了陕西省高等学校教学名师1人、陕西省优秀教师1人,教师获得其他省级及以上奖项25人次;教师科研能力明显提高,获得专利6项,横向科研项目到款金额122万元,SSCI、SCI、EI收录论文45篇。学生在技能大赛中获得国赛二等奖1项、三等奖4项,获得省赛一等奖6项、二等奖6项、三等奖4项;全国大学生"互联网+"创新创业大赛省赛获得银奖1项、铜奖7项;阴凡静同学被评为陕西省教育系统"我身边的好典型"2019年度人物。

(五)存在的问题及改进措施

1.存在的问题

各部门、二级学院(部)年度目标任务细化、量化程度不够,考核标准需加强可操作性;师资队伍建设有待进一步加强;运用智能化信息平台的力度还须加大;服务区域发展能力有待进一步加强。

2.改进措施

细化各部门、二级学院(部)年度目标任务,提高量化程度,加强考核标准的可操作性;加大教师引进、培训、社会实践的力度,增加教师数量,进一步提升教师的教学和科研能力。围绕智能化信息平台建设,强化应用数据分析,实时动态预警;增强开放办学能力,加强校企深度合作,进一步提高服务区域发展能力。

二、学校自我诊断参考表

诊断内容	诊断内容提示	诊断结论	拟采取的改进措施
"两链"打造	1. 学校发展规划是否成体系,学校发展目标是否传递至专业、课程、教师层面,目标是否上下衔接成链。学校机构职责是否明确,是否建立了岗位工作标准,标准和制度的执行是否有效机制。 2. 专业建设规划目标、标准是否与学校规划建设目标契合,是否与自身基础相适切。目标与标准是否明确、具体,可检测。 3. 课程建设计(规)划目标、标准是否与专业建设规划契合,是否与自身基础相适切。目标与标准是否明确、具体,可检测。 4. 教师个人发展目标的确定是否与学校师资队伍建设规划及专业建设规划等相关要求相适切。教师是否制订有个人发展计划,目标与标准是否明确、具体,可检测,是否与自身基础相适切。	1. 目标达成情况 (1)以学校"十三五"教育事业发展规划为统领,制定了教学工作(专业、课程)、教师队伍,科研工作,学生工作,精神文明、信息建设,基建工作,内部质量保证体系等8个专项子规划,分年度进行了任务分解。明确了部门、岗位的工作职责和标准,目标任务得到层层落实。 (2)以学校"十三五"教育事业发展规划为依据,制定了专业建设规划,省级一流,国家骨干的四级专业建设目标,18个招生专业分别编写了建设规划,省级特色,校级合格,确立了专业建设任务,任务明确、具体,可检测。 (3)各课程结合各专业的要求,制定了课程建设规划及实施方案。通过参考国家精品在线开放课程开放课程标准、省级教改精品在线开放课程标准、校级开放课程标准,细化分解了年度建设目标任务,对接专业建设目标任务,制定了课程建设目标链,形成了校级教改精品在线开放课程链。 (4)教师个人结合学校、二级学院(部)和各专业师资队伍建设规划和年度工作计划,制定了教师个人发展规划,明确了发展方向,从教师准入从师德师风、教育教学、教研科研,社会服务等4个方面建立了具体的目标,教师个人从师德师风、教育教学、教研科研,社会服务等4个方面建立了教师个人发展目标,明确、可检测。 (5)学校制定了学生工作"十三五"规划和学生发展标准,制定了个人三年发展规划和学年个人计划,细化了个人发展目标与标准。	组织学习、领会上级有关政策精神和行业标准,加强业务知识和管理工作的培训,增强对政策理解,贯彻落实的能力,提高管理水平和执行能力,通过提高认识,强化管理,增强能力,加强工作实践,从而更好地细化、量化各项目标任务。

16

续表

诊断内容	诊断内容提示	诊断结论	拟采取的改进措施
"两链"打造	5. 学生是否制订有个人发展计划,个人发展目标的确定是否与学校人才培养方案及素质教育相关要求相适切。学校是否建立了指导学生制订个人发展计划的制度。	2. 存在的问题及原因分析 定性描述较多,目标和标准量化程度不够。	
"螺旋"建立 学校层面	1. 学校是否建有规划和年度目标分解与年度考核,实施过程是否有监测预警和改进机制,方法与手段是否便捷、可操作。 2. 是否建立了学校各组织机构履行职责范围,方法与手段是否可操作,是否有效运行。 3. 诊断结论是否依据数据和事实获得,自我诊断报告陈述是否明确、具体,改进措施是否有效。	1. 目标达成情况 (1) 根据《陕西财经职业技术学院"十三五"教育事业发展规划》,将目标分解到具体部门,具体人员,84个质控点建立了课程式化事务,实现了个人质控点建立了课程式化事务,实现了过程监测预警。 (2) 学校各部门均有有职责范围,每个岗位均有岗位职责标准。制定了《西安财经职业技术学院教职工年度考核办法》,切实运用"三项"机制,把教职工作到了奖励激励、容错纠错、管理有措施、过程有检查、条件有保证、结果有考核,问题有改进,质量有保障的"八有"工作机制,完善建立了周期性诊改工作机制并有效运行。 (3) 工作状态。根据实际情况和相关数据,进行学校工作的多维度分析,认真查找存在的问题和不足,分析原因,及时改进。学校各部门依据数据平台的数据和事实完成了部门自我诊断报告,改进机制和改进措施有效。	1. 根据学校工作实际,进一步细化各项建设任务,加快绩效考核体系建设,不断完善部门目标责任考核办法,教职工年度考核办法,处级中层考核办法和绩效考核变绩效分配办法。通过加强年度考核与绩效分配结构,激励教职工奋创事业,担当作为,推动学校加快迈进超越的步伐。 2. 在现有制度体系的基础上,进一步完善相关制度,做到工作有标准、有目标,实施有体系,质量有保证。

续表

诊断内容	诊断内容提示	诊断结论	拟采取的改进措施
"螺旋"建立 学校层面		2. 存在的问题及原因分析 (1)定性目标较多,工作量化度不够,各系统中的数据还不够全面。 (2)学校诊改工作处于探索实施阶段,制度还需要逐步完善。	
专业层面	1. 学校是否建立了课程建设与课程教学质量诊改运行制度。 2. 现设课程是否都按运行制度实施了诊改。 3. 诊断结论是否依据数据和事实采得,自我诊断报告陈述是否明确、具体、改进措施是否有效。	1. 目标达成情况 (1)制定了"十三五"专业建设规划,以学年为诊改周期,遵循"8字形"质量改进螺旋,开展诊改工作。完善学术委员会按一学年进行细化分解,制定了各专业建设实施方案,将建设目标按任务书进行细化分解,落实责任,做到具体、可测、可实现、有时限。不断完善专业建设相关制度,明确责任主体,认真组织实施,将专业建设成果纳入部门关键要素考核范围,通过中期检查、专项督导、质量报告等机制,扎实推进诊改实施,确保年度建设目标如期实现。 (2)现有专业全部按照诊改运行制度实施诊改,明确年度建设目标和标准,强化过程监控,不断改进提升。2018—2019学年,12个专业学年目标任务平均完成率为93.1%。 (3)根据专业建设内容和教学运行管理过程,分7个方面确定了42个质控点,对接相关业务系统采集数据,实施监测预警。对照目标与标准开展自查,形成了自我诊断报告,针对问题提出了具体的改进措施,且措施有效。 2. 存在的问题及原因分析 (1)由于各子专业基础存在差异,专业的诊改进度和推动力度不一致。 (2)专业诊改的数据还不健全,实时预警的数据总量偏少。	1. 进一步加强专业质量保证体系运行建设,完善学院、二级学院两级诊改的监督和激励制度,强化专业带头人及其团队的责任意识,形成良好的专业诊改氛围。 2. 不断完善学校教学管理系统、课程平台、顶岗实习平台与学校数据中心的融合,为专业建设提供实时、有效、可靠的监测数据。
课程层面	1. 学校是否建立了课程建设与课程教学质量诊改运行制度。	1. 目标达成情况 (1)根据学校"十三五"教育事业发展规划,结合专业建设子规划,制定了学校"十三五"课程建设子规划,结合专业建设实际情况,制定了《陕西财经职业技	1. 依托学校现有资源库,在线课程、骨干专业建设等项目建设基础,加强

18

第一部分　院校自我诊断报告

续表

诊断内容	诊断内容提示	诊断结论	拟采取的改进措施
"螺旋"建立 课程层面	2. 现设课程是否都按运行制度实施了诊改。 3. 诊断结论是否依据数据和事实获得，自我诊断报告的陈述是否明确具体，改进措施是否有效。	术学院关于内部质量保证体系课程层面诊改的通知》等制度，质量改进螺旋"开展诊改工作，建立了各课程以学期为周期的诊改工作运行机制。 (2) 全校18个专业，187门开设课程全部参与了诊改。各课程结合专业建设规划及课程自身基础，制定了课程建设规划及实施方案，结合相应的课程标准，进行了课程设计及教学组织工作。围绕年度建设任务开展诊改工作，强化过程监控，不断诊断改进。 (3) 借助课程信息化相关平台实时记录课程教学运行轨迹，通过数据反馈分析，监测预警，及时调整课程教学内容，改进教学方法，强化课程建设中的学习、创新、完善课程建设情况进行评估，最终形成了课程自我诊断报告。学校对课程建设的诊改工作的机制和内容，数据明确、具体，改进的机制和措施有效。 2. 存在的问题及原因分析 (1) 课程资源数量，形式不够丰富，线上线下混合式的应用程度不够。 (2) 课程教学质量的监控还需进一步完善。	顶层设计，调动现有资源，创造条件，有重点地打造精品和特色课程资源，鼓励教师组探索线上混合下混合式教学模式改革。 2. 充分发挥信息化在课程改革中的应用，加大教师信息化能力的培养力度，不断完善信息化教学督导评价体系，全面监控课程实施质量。
教师层面	1. 学校是否建立了教师个人发展自我诊改制度，周期是否合理，方法是否便捷，可操作。 2. 所有教师是否都按运行制度实施了诊改。	1. 目标达成情况 (1) 制定了教师层面的诊改实施方案，建立了教师层面的"8字形质量改进螺旋"，确定了35个质控点和教师个人发展的4个维度，形成了教师层面的诊改相关制度，修订和制定了教师层面的相关制度，保证了教师层面的自我发展目标链和标准链。 (2) 课程工作的有效运行。教师个人发展的自我诊改以年度为周期，结合年度考核情况，将诊改工作和考核结果合理运用到年度评优选先、职称评审等工作中。	1. 修订《陕西财经职业技术学院高层次人才引进办法》，进一步加大高层次人才引进的力度，加强高层次人才的引领作用。 2. 建立人事招聘管理

续表

诊断内容		诊断内容提示	诊断结论	拟采取的改进措施
"螺旋"建立	教师层面	3. 诊断结论是否依据数据和事实获得，自我诊断报告的陈述是否明确、具体，改进措施是否有效。 4. 教师在自我诊改过程中是否有获得感。	（2）所有教师均依据专业发展规划和年度发展计划，明确了个人的发展目标和标准。通过SWOT分析法，按照师德师风、教育教学、教研科研、社会服务4个方面，分年度完成了自我诊断工作。 （3）依托人事管理系统和校本数据平台，围绕师资队伍发展的主要质控点开展自我诊改，及时掌握师资队伍建设以及教师个人发展的预警反馈信息进行自我诊改，自我诊断报告的陈述明确、具体。 （4）教师通过自我分析、对比，找出差距，在诊改过程中不断进步，主体意识不断增强。学校通过加大了培训培养力度，创新教师发展形式，开展各类教师培训活动，教师的获得感明显提升。 2. 存在的问题及原因分析 （1）由于地域、专业等原因，高层次人才引进的人数不足，结构不合理，教师承担的教学任务、指导竞赛等工作繁重。 （2）部分二级学院专业面广，专任教师数量不足，科研及创新能力较弱。 （3）由于教学工作量大，教师培训机制不完善等原因，教师参加国内外培训的力度不够，这方面仍需加强。	系统，通过引进优秀人才，聘请企业专家担任兼职教师等措施，充实师资队伍，增加教师人数，提高教师的素质。 3. 加大教师培训力度，拓宽培训渠道，增强企业实践环节，提升国际视野，开拓国际交流与合作渠道。
	学生层面	1. 学校是否建立了引导学生进行自我诊改的制度，周期是否合理，方法是否便捷，可操作。 2. 所有学生是否都按制度实施了自我诊改。	1. 目标达成情况 （1）依据学校"十三五"发展规划和诊改工作总体方案，以学年为周期，遵循"8字形质量改进螺旋"开展诊改工作。出台了学生工作"十三五"规划，修订和完善了学生管理工作的19项制度，保证了学生诊改工作的有效运行。 （2）在学生层面构建了目标链和标准链。根据学校人才培养方案及素	1. 进一步优化对学生综合素养的考核和评价方式。 2. 进一步完善学工系统，进一步提高数据的采集能力，扩充现有的质控

续表

诊断内容	诊断内容提示	诊断结论	拟采取的改进措施
学生层面	3. 诊断结论是否依据数据和事实获得，自我诊断报告的陈述是否明确、具体，是否根据自身基础和进行了改进。	质教育要求，编制了《陕西财经职业技术学院大学生个人发展规划》指导手册，指导2017级、2018级、2019级全体学生对照本专业人才培养目标制定了个人三年发展规划。围绕思想品德、学业技能、综合能力、身心素质等方面，教务系统，实时采集学生的状态数据，形成学生画像。通过对学生间的多维度对比分析，促进学生查找差距、改进提升。 （3）学工信息系统投入使用，与学校数据中心完成对接，可实时、有效地支撑学生层面诊改工作的开展，学生工作信息化程度得到了大幅度的提升。 2. 存在的问题及原因分析 （1）学生综合素养测评的指标设置及分值设定的完整性和准确性还需进一步通过实践检测，修订与完善。 （2）信息化程度还有待提高，学工系统中，部分指标的功能还不能完善，对学生的画像还不够精准。 （3）学生自我诊断与改进激励措施不够完善。	点，使得学生画像更为精准。 3. 完善学生管理激励机制，充分激发学生的内生动力，促进学生全面发展。
文化与机制"引擎"建立"螺旋"	1. 学校领导是否重视诊改工作并扎实推进，师生员工是否普遍能接受诊改理念并落实于自觉行动中。 2. 学校是否建立了与内部质量保证相适应的考核激励制度，将考核与自我诊改相结合，体现以外部监管为主向	1. 目标达成情况 （1）学校建立了质量保证体系诊断与改进工作领导小组，由党委书记及院长担任组长，全面保证体系建设与运行工作。定期召开诊改专题会议，统筹推进内部质量保证体系建设；每年拨专项资金研究解决诊改工作中存在的问题；为教职工配发了诊改书籍，学习和交流诊改的校内外培训，学习交流会、研讨活动、分层编印了学习资料，组织各部门人员开展多轮次的校内外培训，学习交流会，研讨活动，分层组织开展诊改交流汇报会，提升广大师生对诊改工作的认知水平。经过3年多的体系运行，师生员工普遍接受了诊改理念并自觉落实到行动中。	1. 以质量文化为主题，加强学校广场、走廊等场所的环境营造，构建具有财经特色的现代大学质量文化，引导全体师生员工将个人的质量意识和质量文化融入学校的质量目标和质量观念校的质量目标和质量观念。

续表

诊断内容	诊断内容提示	诊断结论	拟采取的改进措施
文化与机制"螺旋"建立"引擎"	以自我诊改为主转变的走向。各个主体趋向常态化。师生员工对学校诊改工作是否满意有获得感。	(2) 出台了《陕西财经职业技术学院部门目标责任考核办法》等考核激励制度,将考核与自我诊改相结合,逐渐细化地将各部门的质量主体责任细化至月,落实到人。师生员工的质量主体意识得到不断强化。(3) 随着目标的不断落地,师生员工的工作目标与标准的逐步提升,激发了各主体责任日益完善和质量意识的日益明确。常态化的自主性生动力,常态化培养质量形成,师生员工的满意度和获得感得到不断提升。 2. 存在的问题及原因分析 (1) 质量文化环境还需进一步营造。(2) 激励机制还需进一步健全。	中,让广大师生在潜移默化中自觉以质量为标准。2. 进一步完善激励机制,与导完善激励机制,充分调动广大师生教育教学改革的积极性、主动性和创造性,服务学生成才,服务教师发展。
智能化信息平台建设	1. 学校是否按智能化要求对信息平台建设进行了顶层设计,平台架构是否具有实时、常态化支撑学校诊改工作的以下功能。(1) 能够实现数据的源头,即时采集。(2) 能够消除信息孤岛,实现数据的实时开放共享。(3) 能够进行数据分析并实时展现分析结果。2. 学校是否按照顶层设计蓝图,扎实推进平台建设。	1. 目标达成情况 (1) 制定了《陕西财经职业技术学院信息化建设三年行动规划》《陕西财经职业技术学院信息化建设规划(2016—2020)》等信息化建设规划,投资2 340万元制定了陕西财经职业技术学院校本数据平台建设方案,逐步消除信息孤岛的常态化支撑诊改工作的信息化环境。(2) 信息化建设公共基础环境,遵循"统一规划、分步实施"的原则,先后完善了信息系统、学工一体化平台、财务管理系统、教务管理系统、资产管理系统、科研管理系统、人事管理系统、人员考勤系统、一卡通管理系统、网络教学平台、云教学管理平台应用系统,实现了源头数据的实时采集。(3) 制定了信息标准,建立了数据交换平台,构建了共享数据中心,统一身份认证平台和统一门户平台,消除了信息孤岛,实现了一站式访问,提	1. 进一步加强数据中心的数据清洗与治理,细化数据分析,科学合理地设计质量整改点,完善平台顶层的支撑机制,加强对5个层面的支撑。进一步沟通云教学平台的对接,必要时构建云教学私有云。2. 分批次开展信息化教学应用培训,从初级运用到高级应用,组织信息化教学大赛,引入激励机制,改进教学方法,提高教学质量。

续表

诊断内容	诊断内容提示	诊断结论	拟采取的改进措施
智能化信息平台建设	3. 学校在数据分析、应用方面开展了哪些工作,取得了哪些成效。	供了个性化信息展示和移动信息的查询。利用大数据技术,对学校、专业、课程、教师、学生5个层面进行了立体化画像,实现了数据的实时采集,动态监控,具有数据可视化、数据钻取、数据分析、数据预警和状态报告等功能,全面掌握学校人才培养的质量状况,为诊改工作提供支撑。 2. 存在的问题及原因分析 (1) 大数据分析与质量监测预警平台的功能需要完善细化,云教学平台由于安全问题没有实现实时对接。 (2) 部分教师和管理人员的信息化素养有待进一步提升。 (3) 数据的积累还不够。	3. 加大新、老业务系统的应用力度,完善功能,充实数据。

校长(签字):程书强　　　　　　　　　　　　　　　　　　　　　　　　2019 年 10 月 26 日

注:1. 报告内容必须真实、准确,务必写实,尽量不使用形容词和副词。
  2. 每一项的"诊断结论"需简明目标达成情况,尚存在的问题及原因分析,建议在500字左右。
  3. 每一项的"拟采取的改进措施"需突出针对性,注重可行性,建议在200字左右。

西安职业技术学院
内部质量保证体系自我诊断报告

一、学校诊改工作概述

2016年12月,学校正式启动内部质量保证体系诊断与改进工作,制定了《西安职业技术学院内部质量保证体系建设与运行实施方案》(西职院发〔2016〕87号),着手构建"五纵五横一平台、质量文化纵横贯穿"的内部质量保证体系。将诊改工作与学校追赶超越、承担的教育部创新发展行动计划28个任务、6大项目建设和学校"双一流"建设融为一体,推动各层级"8字形质量改进螺旋"持续运行,着力打造常态化的内部质量自我保证机制。

2017年、2018年,学校的诊改工作按照制定的方案推进、局部试点、全面实施、分阶段推进的思路进行。实施过程中,学校结合工作实际对实施方案进行了修订完善。2017年12月,学校诊改实施方案经陕西诊改委审核通过在诊改网上公示,2018年、2019年学校开展了两轮校内诊改工作,对发现的问题及时整改到位。

通过3年的体系建设和运行实施,学校各层面建立了环环相扣的目标链和标准链,制定了部门质量管理手册,明确了各系统的工作职能、工作目标与工作标准,夯实了各层级的质量主体责任。进一步完善了学校激励考核机制,不断激发各质量主体的内生动力,学校师生员工的质量意识得到不断增强,现代大学质量文化逐步形成,教学质量不断提升,工作质量成效显著,学校在专业人才培养、师资队伍建设等方面取得了多项突破。

学校建成在线开放课程教学平台,在线开放课程共274门,动漫制作技术等6个专业被陕西省立项为一流专业建设及培育项目;建筑信息模型、物流管理、智能财税3个职业资格成功申报教育部首批1+X证书制度试点项目;研究成果《融入"鲁班精神"的建筑工程技术专业育人模式的研究与实践》获得陕西省高等教育教学成果二等奖;动漫制作技术专业综合改革试点项目建设任务,经陕西省教育厅验收,被评为优秀等级;在信息化教学大赛、微课大赛、教学能力大赛中,教师先后获得国赛一等奖2项、省赛一等奖20项,省赛一等奖获奖数量连续两年位居全省第一;教师立项国家级课题1项,立项省、市科研课题43项,发表核心期刊论文127篇,专利授权27项。学校是国家高技能人才培养基地、全国"科学工作能力提升计划(百千万工程)"第二批项目院校、教育部现代学徒制试点建设项目单位、全国物流职业教育人才培养基地、陕西省高等学校创新创业教育改革试点学院(系)、陕西省动漫人才培养基地、西安高新技术产业开发区技能人才培养基地。

(一)学校层面

科学制定了学校"十三五"发展规划和8个专项子规划。教师、学生分别制定了个人发展规划,形成了衔接贯通专业、课程、教师、学生等方面完善的目标链。修订、完善处、科级干部职责103项,工作人员岗位职责160项,修订、完善制度272项,确保了目标的实现。

依据学校"十三五"发展规划和专项子规划,印发了学校年度工作要点,细化了年度各部门的目标责任,签订了部门年度目标责任书。建立了"8字形质量改进螺旋"运行机制,实施工作任务每月督查、季度报告、年度综合考核等考核制度,强化过程监测预警,确保各层面目标、标准的有效执行。

(二)专业层面

确立了校级一般、校级一流、省级一流、国家骨干的四级专业建设目标,制定了专业建设专项规划和专业建设标准,46个招生专业编写了建设规划,落实了年度任务。

围绕专业年度建设目标任务,以年度为诊改周期,从15个维度设计了50个质控点,建立了两级预警机制。利用招生、教务、精品专业教学平台,顶岗实习等管理系统,对专业建设及运行的数据进行分析与监控,明确专业建设运行状态,激发各质量主体协同发力,推动落实各项工作的开展,撰写专业层面的自我诊断报告。对照专业建设进程,学校专业层面2018年共设定目标任务44项,已完成40项,目标达成度为90.91%;2019年共设定目标任务46项,截至2019年10月底已完成39项,目标达成度为84.78%。

(三)课程层面

制定了课程建设实施方案,确立了四级课程(国家精品在线开放课程、省级精品在线开放课程、校级在线开放课程和校级教改课程)建设目标和课程建设标准,制定了802门课程的建设方案和年度目标。

课程层面以年度为诊改周期,对不同级别的课程设计了不同的质控点(省级在线开放课程28个质控点、校级在线开放课程25个质控点、校级教改课程20个质控点),课程教学过程使用精品专业教学平台和手机移动端,线上线下混合,改革课程教学模式,实现了实时交互、全程监控监测。每门课程每年均撰写自我诊断报告。2018年课程建设共有26项任务,已完成24项,目标达成度为92.31%;2019年共有28项任务,截至2019年10月底已完成24项,目标达成度为85.71%。

(四)教师层面

确立了建设一支德才兼备、规模适度、结构优化、素质优良、富有创新精神的高水平师资队伍,从教师数量、结构、能力方面逐层分解目标,建立学校教师层面的目标体系,形成了学校、二级教学团队、教师个人层面的目标链。

教师层面以学年为诊改周期,教师队伍建设从5个方面设置了17个质控点,教师个人从5个方面设置了20个质控点。按照目标、标准进行设计、组织、实施、诊断、创新、改进,建立起学校、二级教学单位、教师个人三级师资队伍循环诊断与改进体系,开展教师层面的诊改工作。

（五）学生层面

制定了育人规划和年度工作计划，建立了以学年为周期，以"8字形质量改进螺旋"为运行单元的诊改工作机制。出台了《西安职业技术学院学生层面诊断与改进实施方案》《西安职业技术学院学生全面发展标准》《西安职业技术学院全面推进落实学生自我诊断工作的实施办法》《西安职业技术学院学生发展规划教育指导意见》等文件，完善、修订了学生日常管理、学生资助等方面的41个制度，印发了《西安职业技术学院学生发展规划》等。围绕学校人才培养目标，从学生思想道德素质、专业文化素质、身体心理素质和综合能力素质4个方面，设计了可量化的36个质控点，实施全过程监控，引导学生及时自我调整与不断改进，推动实现学生的全面发展。

（六）智能化信息平台建设

制定了《西安职业技术学院"十三五"校园信息化建设规划》和《西安职业技术学院智慧校园建设实施方案》，投资6 000余万元建成了能够常态化支撑学校质量保证的信息化环境。已建成的30个应用系统上线运行，从办公流程、教务教学管理、学生管理、上网行为等方面实现了数据的源头、即时采集。按照智慧校园建设方案，稳步推进数据交换平台、统一身份认证平台和统一信息门户平台、校园移动APP和一站式网上办事大厅建设，构建共享数据中心，逐步消除信息孤岛，为学校、专业、课程、教师、学生各层面提供数据分析及监控预警。

二、学校自我诊断参考表

诊断内容	诊断内容提示	诊断结论	拟采取的改进措施
"两链"打造	1. 学校发展规划是否成体系,学校发展目标是否传递至专业、课程、教师层面,目标是否上下衔接成链。学校机构职责是否明确,岗位的执行工作目标、标准和制度是否明确。标准、制度的执行是否有有效机制。 2. 专业建设规划目标、标准是否与学校规划契合,是否与自身基础相适切。目标与标准是否明确,具体,可检测。 3. 课程建设计(规)划目标是否与专业建设规划契合,是否与自身基础相适切。目标与标准是否明确,具体,可检测。 4. 教师个人发展目标的确定是否与学校教师队伍建设规划及专业建设规划等相关要求相适切,目标与标准是否明确,具体,可检测。教师是否制订了个人发展计划,目标与标准是否明确,可检测,是否与自身基础	1. 目标达成情况 (1)运用SWOT分析法,分析学校面临的形势和机遇,科学制定了学校"十三五"发展规划,8个专项规划及8个分院的"十三五"发展规划,教师制定了个人发展规划,形成了衔接贯通专业、课程、教师等方面完善的目标链。制定、修订、完善各项工作制度272项,形成了党务管理类、行政管理类、教学科研管理类、学生事务类、信息安全事务类等五大制度体系;建立了部门、干部、教师、工作人员考核评价和自我诊断机制,确保制度和标准的有效执行。 (2)依据计划和学校专业建设基础,制定了学校专业的"十三五"建设行动计划,陕西"双一流"建设1个国家骨干专业一般专业为引领,8个省内一流专业为支撑,8个校级一流专业为带动,29个校级一般专业为基础的专业建设定位,制定了专业建设四级目标体系,形成了国家、省级、校级精品在线开放课程,校级教改课程四级课程建设标准和专业建设标准。依据课程建设目标,制定了课程建设标准,校级教改课程四级课程建设目标体系。 (3)依据专业建设目标和课程建设目标,制定了课程建设标准和专业实施标准。 (4)教师个人根据"十三五"发展规划,结合专业、课程建设规划,制定了个人三年发展规划。学校按照教师新手、胜任、成熟、专家4个发展阶段,明确了具体、可检测发展目标,制定了教师发展的标准体系。 (5)根据学校"十三五"发展规划和学生工作"十三五"规划提出的建设目标,从思想道德素质、专业文化素质、身体心理素质和综合能力素质	1. 进一步明确目标链与标准链的关系,通过调研,不断加强的培训学习、方法、手段的培训学习,转变思路,改变目标、标准的表达方式。 2. 进一步细化目标任务的分解和标准的完善、提升,做到目标能量化,标准可检测。

27

续表

诊断内容	诊断内容提示	诊断结论	拟采取的改进措施
"两链"打造	础相切。5.学生是否制订有个人发展计划,个人发展目标的确定是否与学校人才培养方案及素质教育相关要求相适切。学校是否建立了指导学生制订个人发展计划的制度。	4个方面制定了三年发展规划和学年个人规划。围绕培养学生会做人,会学习,会做事,会生活的全面发展目标,综合考虑高职学生的特点,制定了《西安职业技术学院学生全面发展标准》。根据学校自身情况制订了个人发展标准。 2.存在的问题及原因分析 部分目标和标准的量化程度有待进一步加强。	
"螺旋"建立 学校层面	1.学校是否建有规划和年度目标任务分解、实施、诊断、改进的诊改运行机制。实施过程是否有监测预警和改进机制,方法与手段是否便捷,可操作。 2.是否建立了学校各组织机构履行职责的诊改制度,方法与手段是否可操作,是否有效运行。 3.诊断结论是否依据数据和事实获得,自我诊断报告陈述是否明确、具体,改进措施是否有效。	1.目标达成情况 (1)以学校"十三五"规划为总目标,制定了8个专项子规划;制定了重点工作考核工作机制,容错纠错,能上能下等激励机制,各部门均编制了质量管理手册,完善了质量监控体系,从而保障制度的有效运行。 (2)学校建立了以学年为周期的诊改工作机制,依据学校规划进行年度任务的分解,印发学年度工作要点,各部门签订目标责任书,遵循"8字形"质量改进螺旋"实施诊改工作。同时,2018年增加了部门工作年度报告,2019年增加了部门7月度工作考核。完成了诊改制度的顶层设计、修订、制定272项,建立了各层面周期性诊改机制并有效运行。 (3)以业务系统数据为支撑,全方位监测工作状态,学校各部门、各层面依据平台数据和事实完成了自我诊断报告,查找问题及原因分析,改进问题的机制和措施有效。 2.存在的问题及原因分析 (1)由于部分考核考核体系有需持续推进,定性优化,量化难度较大,且新建绩效考核体系有待进一步健全,激励机制还需进一步全面推进	1.进一步加强对建设任务的细化,加快推进绩效考核体系的建设与应用,完善部门和职工考核办法和绩效分配办法,进一步优化考核指标体系,全面推进考核性诊改工作。 2.进一步梳理和完善诊改制度,形成诊改长效制度体系。 3.构建现代大学质量文化,增强师生对质量文化的认同感和使命感。

续表

诊断内容		诊断内容提示	诊断结论	拟采取的改进措施
"螺旋"建立	学校层面	1. 学校是否建立了专业建设质量诊改运行制度。诊改内容是否有助于目标达成,诊改周期是否合理,诊改方法与手段是否便捷、可操作。 2. 现有专业是否都按运行制度实施了诊改。 3. 诊断结论是否依据数据和事实获得,自我诊断报告陈述是否明确、具体,改进措施是否有效。	进考核性诊改工作的进度较慢。 (2)诊改工作处于探索实施阶段,学校的诊改制度还不够完善。 (3)个别教职工的质量主体意识,还有待加强,质量文化建设还需持续推进。	
	专业层面		1. 目标达成情况 (1)紧扣学校"十三五"事业发展规划,结合创新发展行动计划,陕西省"双一流"建设标准,制定了学校"十三五"专业建设规划,进一步细化发展目标任务;各专业深入调研,结合专业基础,制定建设规划,承接建设任务,陕西省两级"一流"建设任务,制订了年度工作计划,形成了专业建设和教学运行两个方面,梳理制度文件89个,依据创新发展行动计划骨干专业、陕西省一流专业建设标准,完善了专业建设目标链。从专业建设运行两个方面,紧扣专业建设标准。紧扣职业岗位要求,按照实施过程基于工作过程开发专业课程体系、课程标准分析培养方案,教学实施按照课程标准展开。 (2)制定专业诊改实施方案,完善专业建委员会工作机制,构建多部门协同工作机制,强化专业主体责任,修订本年度的目标责任,以年度为周期推进专业诊改工作。 结合上一年的诊改情况,顶岗实习等管理系统,教研室三级进行数据分析与质量监控,利用招生、教务、精品专业教学平台、顶岗实习和实训等管理系统进行数据分析与质量监控,结合期初、期中、期末三阶段和系部、教研室三级对专业建设和诊改成效进行过程,及时发现问题予以改进;年末对专业建设内容和教学运行质量化考核。 (3)根据专业监测预警。基于数据实时分析,撰写诊断报告,总结上一循环发现同断指标实施监控预警。基于数据实时分析,撰写诊断报告,总结上一循环发现同题的改进成效和本年度目标任务的达成情况,分15个方面确定50个诊题的改进原因,查找问题并发现原因,进入下一循环诊改。	1. 进一步加强专业质量保证体系运行的机制建设,完善学院、二级学院两级诊改的监督和激励制度,强化专业带头人及其团队的责任意识,形成良好的专业诊改氛围。 2. 不断完善学校数据管理系统,课程平台、顶岗实习平台与学校数据中心的融合,为专业建设提供实时、有效、可靠保证提供实时、有效、可靠的监测数据。

续表

诊断内容		诊断内容提示	诊断结论	拟采取的改进措施
"螺旋"建立	专业层面	1. 学校是否建立了课程建设与课程教学质量诊改运行制度。 2. 现设课程是否都按诊改制度实施了诊改。 3. 诊断结论是否依据数据和事实表得，自我诊断报告陈述是否明确、具体，改进措施是否有效。	2. 存在的问题及原因分析 (1) 专业诊改的数据还不健全，实时预警数据总量偏少。 (2) 各专业的诊改推进力度还不一致。	
	课程层面		1. 目标达成情况 (1) 紧扣学校"十三五"事业发展规划和专业建设规划，构建了四级课程建设目标，各课程团队根据建设基础确定各课程建设目标，对接专业人才培养方案和年度建设计划。 (2) 制定了《西安职业技术学院级在线课程建设管理办法》和《西安职业技术学院级精品课程层面诊改实施方案》等课程层面的诊改工作制度，以课程改进运行单元，以年度为周期，开展课程层面的诊改工作。利用精品专业教学平台和手机移动端、课程团队、课程设计、课程资源、教学资源的应用，推进课程建设、教学资源的应用，推进课程建设、课程应用，课程评价等维度监控课堂教学质量。通过教务管理平台，精品专业教学平台与课程建设任务指标进行对照，对存在的问题提出针对性的改进措施。 2. 存在的问题及原因分析 (1) 精品专业教学平台数据监控和分析功能有待进一步优化。 (2) 课程信息化教学资源建设和应用不均衡，教师的信息化应用能力有待提升。 (3) 课堂实施过程监控的手段和方式有待进一步挖掘、强化。	1. 进一步优化精品专业教学平台和手机移动端的功能，并将其与教务管理平台与学校数据中心对接并数据融合，确保数据准确、及时、规范和有效，为各课程层面的诊改提供依据。 2. 加大教师信息化教学能力的培训力度，大力推进混合式教学、翻转课堂等多种教学方式改革，提高学生自主学习的积极性和主动性，提升课堂教学效果。

高等职业院校教学工作诊断与改进案例汇编

第一部分 院校自我诊断报告

续表

诊断内容	诊断内容提示	诊断结论	拟采取的改进措施
"螺旋"建立——教师层面	1. 学校是否建立了教师个人发展自我诊改制度，周期是否合理，方法是否便捷，可操作。 2. 所有教师是否都按运行制度实施了诊改。 3. 诊断结论是否依据数据和事实获得，自我诊断报告的陈述是否明确，具体，改进措施是否有效。 4. 教师在自我诊改过程中是否有获得感。	1. 目标达成情况 (1)学院建立了教师层面个人发展自我诊改实施方案，从制度上保证了教师层面的有效运行。同时完善了教师发展标准与激励，考核评优选先工作的不断自我改进和发展。 (2)以学年为周期开展诊改，全校教师均按照学校三年发展规划。学校从教师准入、师德师风、培养培训、激励奖励、考核评价等5个方面制定了个人实际，制定了教师5个方面系统地形成了教师层面标准，教师每年年初制订个人发展计划并付诸实施，每学年末分析成情况并开展诊改，以问题导向寻找差距，改并完成个人自我诊断报告。学校统一设计了《西安职业技术学院教师发展手册》，实时记录教师个人的成长轨迹。 (3)教师队伍建设从5个方面设置了17个质控点，并对其中的17个关键指标设定了目标值和预警值，通过教师间的多维度对比和信息预警，促进教师不断寻找差距，及时改进提升，增强了诊改工作的主体性。 2. 存在的问题及原因分析 (1)省级教学团队培养力度不足。 (2)受政策限制，人才引进力度不够，专任教师人数少。 (3)信息化手段的运用水平有待提高。 (4)国际化视野人才稀缺，人才专业化水平需进一步提高。	1. 健全教师分层分类培养机制。根据教师个性化发展需求，建立教师分层分类培养和轮训制度，鼓励教师在职进修，激励优秀教师充分发挥示范效应。 2. 进一步完善人事管理系统功能，加大教师队伍监测数据的采集、研判和预警力度，为教师清晰画像，方便教师调整个性化发展目标。 3. 选派教师到国外培训，拓展专业带头人、管理人员的国际视野。

续表

诊断内容	诊断内容提示	诊断结论	拟采取的改进措施
学生层面"螺旋"建立	1. 学校是否建立了引导学生进行自我诊改的制度、周期是否合理，方法是否便捷、可操作。 2. 所有学生是否都按制度实施了自我诊改。 3. 诊断结论是否依据数据和事实获得，自我诊断报告陈述是否明确、具体，是否根据自身基础进行了改进。	1. 目标达成情况 （1）依据学校"十三五"发展规划和诊改工作总体方案，建立了以学年为周期，以"8字形质量改进螺旋"为运行单元的诊改工作机制。出台了《西安职业技术学院学生自我诊断与改进实施方案》《西安职业技术学院学生自我诊断实施办法》《西安职业技术学院学生发展规划教育指导意见》等文件，保证了学生诊改工作的有效运行。 （2）按照学生发展规划方案实施诊改，学生均填写了个人大学阶段发展总目标和学年个人发展目标及完成情况，进一步明确了发展方向和标准。依据学校教务管理平台、学生管理系统等，呈现学生自身发展状态，分析不足，不断改进，推动学生不断发展。 （3）依据学生素质综合能力素质4个方面设计了可量化的36个关键质点实施过程监控，学生依据发展计划对目标达成度进行总结分析，及时自我调整与不断改进，不断推动学生实现学生全面发展的目标。 2. 存在的问题及原因分析 （1）学生自我诊改的主动性、积极性不够。 （2）学生管理的信息化水平较低，对数据平台应用较少，无法全面系统地掌握和分析学生发展。 （3）心理健康教育咨询服务场地和设施有限，工作开展有其局限性。	1. 充分激发学生诊改的内生动力，修订学生管理激励办法，工作需进一步细化和完善。 2. 增加学生系统的功能模块，完善指标体系，聚焦核心，提高工作效率。 3. 扩建心理健康咨询室，增添心理健康设施，丰富心理健康教育手段。
文化引擎与制度建立	1. 学校领导是否重视诊改工作并扎实推进，师生员工是否普遍能接受诊改理念并落实于自觉行动中。	1. 目标达成情况 （1）学校成立了以党委书记、院长为组长的内部质量保证体系诊改工作领导小组，全面统筹、协调学校内部质量体系建设与运行工作；教务处负责制定诊改实施方案，负责诊改工作的日常运行；学校内部全员学习培训诊	1. 进一步加强诊改理论学习，转变思想观念，提升认识水平，使诊改理念内化于心、外化于行。

续表

诊断内容	诊断内容提示	诊断结论	拟采取的改进措施
文化与机制"螺旋"建立"引擎"	2. 学校是否建立与内部质量保证体系相适应的考核激励制度，将考核以外部监管为主向以自我诊改为主转变的走向。 3. 各个主体的自我诊改是否逐渐趋向常态化。师生员工对学校的诊改工作是否满意和有获得感。	改方案，先后组织8批次140余人次参加了部、省等举办的诊改学习培训，转变思想观念。通过3年持续深入的推进，全校师生对诊改的认识达到进一步提升，质量理念深入人心并转化为内生动力和自觉追求。 (2) 结合内部质量保证体系建设与运行工作，学校修订(修订)了二级学院质量考核评价体系；修订了年度考核办法、制定(修订)了二级学院关键要素考核专项奖励办法、教师科研成果专项奖励办法；制定了教师聘期考核办法、教学工作质量化考核办法、学生评价评优奖励办法等制度，通过修订、完善绩效考核体系，建立了考核与自我诊改相结合的机制。 (3) 通过持续推进诊改，学校质量保证组织机构更加健全，质量责任体更加明晰，学校层面从规划、方案，组织实施到常态化诊改报告机制已经全面建成，专业、课程、学生层面质量诊改提升已经成为全校师生员工的共识。 2. 存在的问题及原因分析 (1) 考核激励制度与自我诊改需进一步融合。 (2) 各主体自我诊改的常态化机制有待进一步完善。	2. 进一步加强同兄弟院校之间的学习交流，学习借鉴好的做法，不断完善学校内部自我诊改常态化机制，提升自我诊改的质量和水平。 3. 进一步修订、完善考核激励制度，使考核激励制度与自我诊改融合贯通，发挥导向作用，充分实现以外部监管为主向以自我诊改为主的实质性转变。
智能化信息平台建设	1. 学校是否按智能化要求对信息平台建设进行了顶层设计，平台架构是否具有实时、常态化支撑学校诊改工作的以下功能。 (1) 能够实现数据的源头、即时采集。	1. 目标达成情况 (1) 制定了《西安职业技术学院智慧校园建设实施方案》《西安职业技术学院智慧校园建设"十三五"规划》和《西安职业技术学院"十三五"校园信息化建设方案》，投资6 000万元建成了能够常态化支撑学校质量保证的信息化环境。 (2) 依托已建成的业务系统，从办公流程、教务教学管理、学生管理、上网行为等方面实现数据的源头、实时采集，包括在线课程中心、微信公众号在内的30个应用服务系统上线运行。通过精品专业教学平台，采集、分析课	1. 加快智慧校园平台建设，制定信息标准，实现数据融合共享。 2. 稳步推进大数据分析平台建设，深化平台功能的开发，细化数据分析，完善平台预警机制，加强

33

续表

诊断内容	诊断内容提示	诊断结论	拟采取的改进措施
智能化信息平台建设	(2)能够消除信息孤岛,实现数据的实时开放共享。 (3)能够进行数据分析并实时展现分析结果。 2.学校是否按照顶层设计蓝图,扎实推进平台建设。 3.学校在数据分析、应用方面开展了哪些工作,取得了哪些成效。	程建设、课程实施、学生学习数据,采集、分析顶岗实习环节数据,实现了顶岗实习全过程的信息化管理。 (3)学校实施了网络的大二层改造,实现了三校区裸光纤直连。全校已形成了万兆网络主干、千兆桌面接入、扁平化网络管理的架构,实现有线无线一体化认证。全校拥有近4 000个网络接入点,网络出口带宽为10G。建成了较为完善的网络安全防御体系,为教师、学生的全面发展和教学管理,行政管理、教学督导等提供高速、稳定、安全的信息化基础环境。 2.存在的问题及原因分析 (1)智慧校园平台正在建设中,未实现数据融合共享。 (2)大数据分析平台尚未建立,数据分析、数据预警功能有待加强。 (3)教职工的信息化素养有待进一步提升。	对5个层面的支撑。 3.开展信息化教学培训工作,改进教学方法,提高教学质量。对管理人员进行信息化培训,提高业务部门的信息化应用能力。

校长(签字):李教社　　　　　　　　　　　　　　　　　　　　　　2019年11月5日

注:1.报告内容必须真实、准确,务必写实,"需简明目标达成情况,尽量不使用形容词和副词。
2.每一项的"诊断结论"需简明目标达成情况,尚存在的问题及原因分析,建议在500字左右。
3.每一项的"拟采取的改进措施"需突出针对性,注重可行性,建议在200字左右。

陕西工商职业学院
内部质量保证体系自我诊断报告

一、学校诊改工作概述

(一) 总体情况

2016—2019 年,学校内部质量保证体系诊改工作经历了 3 个阶段,开展了两轮诊改。

2016 年 12 月—2017 年 12 月是构建体系、制定方案阶段。制定了《陕西工商职业学院内部质量保证体系诊断与改进工作规划》和《陕西工商职业学院内部质量保证体系建设与运行实施方案》,初步形成了"五纵五横一平台"的内部质量保证体系顶层设计。

2018 年 1—12 月是修订方案、诊改试行阶段。按照陕西省教育厅和陕西诊改委的要求,修订了《陕西工商职业学院内部质量保证体系建设与运行实施方案》,并于 2018 年 7 月经陕西诊改委审核通过。完成了"五纵五横一平台"内部质量保证体系的顶层设计,完善了学校各层面的目标链和标准链。对学校 2 个职能部门、6 个专业、12 门课程、18 名专任教师和 2018 级全体学生实施了第一轮诊改。

2019 年是全面诊改、优化体系阶段。诊改范围扩大到学校的 13 个二级学院、2 个教学部、24 个职能部门、30 个专业、450 门课程、477 名专任教师、40 名辅导员和 4 497 名学生。学校进一步细化了各层面的目标链和标准链,设置了 238 个质控点。信息校园综合平台加快升级与完善,初步实现了线上诊改。

(二) 诊改实施

1. 学校层面

依据学校"十三五"事业发展规划确定的"特色鲜明、适应现代服务业发展需要的高水平高等职业学院"的建设目标,制定了 9 个专项规划,构建了由学校总体发展目标、各专项工作目标,各二级学院(教学部)、各部门年度工作计划,专业建设目标、课程建设目标、教师职业生涯规划、学生个人发展规划等层级分明、内容关联的目标体系,形成了目标链。依据学校目标体系,制定、完善了各部门的工作标准、专业建设标准、课程建设标准、师资队伍建设标准及学生全面发展标准,全面呼应与支持相关发展目标,形成了标准链。建立了"8 字形质量改进螺旋",按照"目标—标准—设计—组织—实施—诊断—改进"及"监测—预警—改进"螺旋开展诊改工作。确定学校、专业、课程、教师层面的诊改工作以自然年为周期,学生层面的诊改工作以自然年为周期,学生个人的诊改工作以学年为周期。

2. 专业层面

根据学校规划制定了专业建设"十三五"规划。按照优先重点建设专业、重点建设专业和持续建设专业3个建设层级，确立了国家骨干、省级一流及一流培育、校级一流及一流培育、校级现代学徒制试点、校级一般专业五类专业建设目标，各二级学院据此制定了专业建设规划。30个稳定招生专业在充分调研分析的基础上，制定了建设规划和建设方案，落实了年度建设任务，形成了专业建设完整的目标链。国家骨干专业和省级一流及培育专业执行中、省标准，其他专业按照专业类别执行相关专业建设标准，形成了专业建设的标准链，按照"8字形质量改进螺旋"开展专业层面的诊改工作。

3. 课程层面

根据学校规划和专业建设规划制定了课程建设"十三五"规划。各二级学院和教学部据此制定本单位课程建设规划，形成了目标链。依据课程建设目标设计课程标准，形成了标准链。全校稳定招生专业的重点课程均以"8字形质量改进螺旋"为驱动，以智慧树、职教云、蓝墨云班课等信息教学平台为载体，实时采集数据并进行诊断分析与监测预警。

4. 教师层面

建立了学校、二级学院（教学部）、专业、教师个人的四级发展目标链。建立了由引入、培养、成熟到发展的教师职业成长四阶段和十级教师专业技术岗位聘任纵横衔接的标准链。477名专任教师均按照"8字形质量改进螺旋"开展诊改工作。

5. 学生层面

制定了学生全面发展规划，建立了学生工作目标，制定、完善了相关学生管理制度、工作标准和学生思想品德、行为准则、专业技能、身心素质4个层面的标准。2018级和2019级共4 497学生均制定了个人发展规划，按照"8字形质量改进螺旋"开展学生层面的诊改工作。

（三）智能化信息平台建设

按照学校"十三五"信息化建设规划，制定了信息化校园综合平台建设方案并积极推进实施，初步搭建起集教学、科研、管理与服务为一体的全功能信息校园综合平台。实现了有线无线上网一体化认证、统一信息门户、统一身份认证；构建了共享数据中心，消除了信息孤岛；提供了多终端信息访问；实现了数据的源头采集。通过信息校园综合平台的内部质量保证体系模块，实现了学校、专业、课程、教师、学生的多维度数据分析及监控预警等功能。

（四）诊改成效

1. 内部质量保证体系初步运行

学校各层面建立了环环相扣的目标链和标准链，完善了岗位职责和岗位工作标准，落实了质量主体责任；制定、完善了激励考核机制，强化了质量意识，以此推进学校各层面质量改进螺旋的持续运行。

2. 校园信息化建设加快推进

建成了学校信息化校园综合平台,通过平台的内部质量保证体系模块,实现了学校、专业、课程、教师、学生多维度数据分析及监控预警等功能,全面支持学校的诊改工作。

3. 教育教学专项工作不断突破

(1)专业建设。3个国家骨干专业通过验收;获得省级教学成果奖二等奖1项;2个省级一流专业和3个省级一流培育专业取得显著成效;会计、报关与国际货运2个专业的建设成绩跃居全省第一;2个专业获批教育部1+X证书制度试点;承办了导游服务、模拟经营沙盘2个全省职业院校大赛及多项行业职业技能大赛;物流管理专业跃居"中国职业院校物流专业竞争力高职100强"第26名。

(2)课程建设。新增校级在线开放课程40门、省级精品在线开放课程5门(好好说话——言语交际与人际沟通、计算机应用基础、美的必修课——大学生自我形象设计、高等数学与MATLAB启蒙、仓储与配送管理);推荐教育部精品在线开放课程5门。

(3)师资队伍建设。新增省级教学名师1人,省级教书育人楷模1人,入选陕西省高校"青年杰出人才支持计划"2人,全省高校教学管理先进个人1人;获得全省高校辅导员素质能力大赛一等奖1人,陕西职业院校课堂教学创新大赛二等奖3人、三等奖2人,陕西高校思政课教学能手和教学骨干各1人;获得"陕西省师德建设先进集体"称号1项,"陕西省师德建设先进个人"称号1人。

(4)学生管理。树立以学生为中心的理念,校领导带头与学生直接对话,引入素质积分,开展星级宿舍评选,引入乐跑健康跑步项目等。

(5)实训基地建设。投入资金2 700余万元,先后建成了财会综合实训中心、工业机器人实训中心、汽车专业产教融合实训基地、航空实训基地等53个项目,实训条件得到显著改善。

(6)校企深度合作。与天津滨海迅腾科技有限公司、湖北海天科技有限公司、中职北方智扬(北京)教育科技有限公司、上海信导汽车销售有限公司4个企业开展了9个专业的共建合作。

(7)就业创业。形成了"以创业带动就业,以就业促进专业建设与教学改革"的工作模式,获批成为陕西省示范性高等学校毕业生就业创业指导服务机构。

4. 人才培养质量显著提高

2018年、2019年毕业生最终就业率均超过96%,超出全省高职院校毕业生平均就业水平。

学生参加各类职业技能大赛共获奖167项,其中,国家级和省级高等职业院校技能大赛获奖47项,行业协会职业技能大赛获奖120项。"互联网+"大学生创新创业大赛(省赛)获奖14项,其中,银奖4项、铜奖10项,并获得全省高校集体奖。学校女篮连续3年获得全国大学生篮球联赛陕西赛区高职组第1名,2019年进入全国决赛并取得第5名的成绩。学生在艺术类竞赛中获得国家二等奖1项,省级一等奖3项、二等奖1项、三等奖 3 项。

5. 高职扩招

发挥电大远程教育和系统优势,顺利完成高职扩招任务。报名人数 3 万,注册人数 1.3 万。

(五)存在的问题及改进措施

1. 存在的问题

学校内部质量保证体系有待进一步完善;"双师型"教师培养力度不够;信息校园综合平台尚需进一步改进和优化。

2. 改进措施

(1)创新体制机制,完善内部质量保证体系。加强顶层设计,进一步优化内部质量保证运行机制,完善考核、激励制度,增强全员质量意识,提高部门和岗位人员工作的自觉性、主动性,发挥信息平台的支撑作用,推进质量保证工作常态化。

(2)强化技术技能,加强专业教师队伍建设。完善"双师型"教师管理制度,发挥校企合作人才共享优势,通过校内教师技能培养和从企业引进、聘请高技能人才担任专、兼职教师"双路径",着力打造"双师型"教师队伍。

(3)加大资金投入力度,完善信息校园综合平台建设。每年划拨专款,大力推进平台的推广应用和功能优化,借助大数据、人工智能等技术手段,推动信息校园综合平台升级,增强平台深度分析能力和辅助决策能力,充分发挥在教务教学运行管理、教学资源推广使用、实验实训基地管理、顶岗实习管理等方面的作用,助推学校内部质量保证能力和学校治理能力的提升。

二、学校自我诊断参考表

诊断内容	诊断内容提示	诊断结论	拟采取的改进措施
"两链"打造	1. 学校发展规划是否成体系，学校发展目标是否传递至专业、课程、教师层面，目标是否上下衔接成链。学校机构职责是否明确，是否建立了岗位工作标准、标准和制度的执行是否有效机制。 2. 专业建设规划目标、标准是否与学校发展规划契合，与自身基础相适切。目标与标准是否明确、具体，可检测。 3. 课程建设设计（规）划目标、标准是否与专业基础相适切。目标与标准是否明确、具体，目标与标准是否明确，是否明确、具体，标准是否明确、具体，可检测。 4. 教师与专业发展目标的确定是否与学校建设规划及专业建设规划等相关要求相适切。教师是否制订了个人发展计划，目标与标准是否明确、具体，可检测，目标与自身基础相适切。	1. 目标达成情况 （1）以学校"十三五"事业发展规划为依据，制定了专业、课程、师资队伍和学生发展等9个专项规划，分年度进行任务分解，明确了责任部门，保证了任务的落实。 （2）依据"十三五"专业建设规划，各二级学院和各专业制定了相应的专业建设规划，分年度细化建设目标，并据此制定了建设标准，形成了与专业建设的目标链。根据不同专业建设类别，制定了不同的建设标准，形成了专业建设目标相对应的标准链。 （3）依据"十三五"课程建设规划，各二级学院和教学部制定了相应的课程建设规划并落实了年度建设任务，主要课程制定了建设方案，形成了课程建设的目标链。学校制定了精品在线开放课程建设管理办法等文件；修订了各门课程建设目标相对应的标准链。 （4）依据编制完成了师资队伍建设规划，形成了师资队伍四个阶段的教师发展标准。确定了教师招聘任用人、成熟、发展教师职业发展规划，组成阶梯递进的教师成长目标链，全体中青年教师纵横衔接的标准链，人职培训标准、"双师型"教师、骨干教师、专业带头人、教学名师评选标准，为教师专业化发展提供了政策及制度保障。 （5）依据《陕西工商职业学院学生发展规划指导意见》《陕西工商职业学院学生从思想品德、身心素质、行为准则、专业技能等方面制订了个人发展规划。2018级、2019级学生均按照学生全面发展规划的相关要求，制定了个人发展规划及学年发	1. 加大专业调研力度，从产业发展趋势、毕业生跟踪调查和在校生学情分析、专业办学条件与社会需求的匹配度等方面进行深入调研，进一步完善专业建设规划，明确建设目标。 2. 组织相关人员认真学习教育部、行业相关标准和现代教育质量管理理论，加强与兄弟院校之间的学习交流。根据国家标准、省级标准、行业标准，结合学校实际，进一步量化、完善各类工作标准。

续表

诊断内容	诊断内容提示	诊断结论	拟采取的改进措施
"两链"打造	5. 学生是否制订有个人发展计划，个人发展目标的确定是否与学校人才培养方案及素质教育相关要求相适切。学校是否建立了指导学生制订个人发展计划的制度。	展规划。 2. 存在的问题及原因分析 (1) 部分专业规划还有待进一步完善，专业调研还需进一步加大力度。 (2) 工作标准的量化程度需进一步加强。	
"螺旋"建立——学校层面	1. 学校是否建有规划和年度目标任务分解、实施、诊断、改进的诊改运行机制。实施过程是否有监测预警和改进机制，方法与手段是否便捷、可操作。 2. 是否建立了学校各组织机构履行职责的质量保证体系，方法与手段是否可操作，是否有效运行。 3. 诊断结论是否依据数据和事实获得，自我诊断报告陈述是否明确、具体，改进措施是否有效。	1. 目标达成情况 (1) 建立了规划任务的分解、落实机制，每年将学校年度工作要点分解到各职能部门、二级学院（教学部）及专业、课程、教师、学生各层面。设计了238个质控点，各责任主体遵循"8字形质量改进螺旋"实施各项工作，依靠信息校园综合平台初步实现了过程监测预警。 (2) 学校完善了质量保证体系，明确了各部门各岗位在质量保证体系中的归属。学校24个部门均编制了诊改工作机制，制定了《陕西工商职业学院内部质量保证体系诊断与改进工作考核办法》，保证了诊改工作的有效运行。 (3) 以信息校园综合平台的业务数据为支撑，进行工作状态的全方位监测，通过纵、横向对比分析，查找问题和不足，依据平台业务系统数据和事实完成了自我诊断报告，改进的机制和措施有效。 2. 存在的问题及原因分析 (1) 部分建设任务量化程度不高，信息校园综合平台的绩效考核系统不够完善，全面考核性诊改推进缓慢。 (2) 部门岗位职责、工作标准、工作流程不够完善，精细化程度不高，操作性不强。	1. 进一步加强对工作任务的细化和量化，加快推进信息校园综合平台绩效考核系统建设与应用。 2. 进一步完善部门岗位职责，量化工作标准，明确工作流程，提升可操作性。

续表

诊断内容		诊断内容提示	诊断结论	拟采取的改进措施
"螺旋"建立	专业层面	1. 学校是否建立了专业建设与专业诊改质量诊改运行制度。诊改内容是否有助于目标达成，诊改周期是否合理，诊改方法与手段是否方便、可操作。 2. 现有专业是否都按运行制度实施了诊改。 3. 诊断结论是否依据数据和事实获得，自我诊断报告的陈述是否明确、具体，改进措施是否有效。	1. 目标达成情况 （1）制定了《陕西工商职业学院专业诊改实施方案》，建立了以年度为周期的"8字形质量改进螺旋"运行制度。完善了专业教学工作委员会、专业建设委员会工作机制。从专业建设规划、招生基本情况、师资队伍建设、教学条件、教学改革研究、人才培养管理、教学资源建设、实训基地建设、校企合作、教学改革研究、人才培养效果、专业社会服务、教学质量监控等12个方面设计了49个质控点，每个质控点均包含相应的目标值、标准值和预警值，对专业建设情况的改进措施。 （2）在30个稳定招生专业中实现了诊改工作全覆盖，根据监测结果实时进行改进。 （3）依托信息校园综合平台，对专业建设情况及专业教学管理改进措施，基于相关数据和事实撰写专业诊改报告。 2. 存在的问题及原因分析 （1）专业结构有待于进一步优化。 （2）专业服务社会能力不足。 （3）实时预警数据总体偏少。	1. 对接陕西省产业结构调整和经济社会发展需要，完善专业动态调整机制，加大专业调整力度，进一步优化专业结构，提升专业内涵建设水平。 2. 主动适应经济社会发展新常态，提升专业服务区域经济社会发展和产业发展能力，进一步扩大优先重点建设专业和重点建设专业的行业及社会影响力，形成品牌特色。 3. 不断完善学校信息校园综合平台，为专业建设质量保证提供高效可靠、内容丰富的监测数据，支撑教学质量的持续提升。
	课程层面	1. 学校是否建立了课程建设与课程教学质量诊改运行制度。 2. 现设课程是否都按运行制度实施了诊改。	1. 目标达成情况 （1）制定了《陕西工商职业学院课程诊改实施方案》，建立了以年度为周期的"8字形质量改进螺旋"运行制度。从课程基本信息、课程建设规划、主讲教师资格、教学资源建设、教学基本条件、课程教学改革、课程考核评价等7个方面设计了31个质控点，每个质控点均包含相应的目标值、标准值	1. 进一步加强对教师信息化教学能力的培养，推进翻转课堂、混合式教学等教学方式改革，提升课堂教学效果，在相关教

续表

诊断内容	诊断内容提示	诊断结论	拟采取的改进措施
课程层面	3. 诊断结论是否依据数据和预警值，自我获得，陈述是否明确、具体，改进措施是否有效。	和预警值，对课程建设及课堂教学实施情况进行全面诊断，分析查找存在的问题并提出改进措施。 (2) 在30个稳定招生专业中实现了课程实施及课改工作全覆盖，各门课程明确了年度目标，注重过程监控，不断改进提升。 (3) 依托信息校园综合平台，以相关质控点为依据，分析目标的达成度，对课程建设及课堂教学情况进行全面诊断，查找问题和不足，分析原因，制定改进措施，基于相关数据和事实撰写课程诊改报告。 2. 存在的问题及原因分析 (1) 课程教学模式较为传统，信息化教学手段应用程度不高，教师信息化教学能力有待提升。 (2) 课程教学实施过程监控仍然没有完全实现信息化，基于大数据的课程建设监控手段有待进一步丰富。 (3) 课程考核评价方式较为单一，"以赛代考"、"以证代考"、信息化考核等方式有待全面推广。	学制定文件中加入人对信息化教学应用的考核，建立信息化教学表彰奖励制度。 2. 不断加大学校信息校园综合平台的应用力度，为课程建设质量保证提供高效可靠、内容丰富的监测数据。 3. 完善相关课程管理制度，进一步优化课程考核内容，对接资格考证、技能大赛等进行考核评价，推进信息化考核手段的应用，增强课程考核方式的科学性和实践性。
教师层面"螺旋"建立	1. 学校是否建立了教师个人发展自我诊改制度，周期是否合理，方法是否便捷、可操作。 2. 所有教师是否都按制度运行制定了诊改。 3. 诊断结论是否依据数据和诊断报告的事实获得，自我诊改。	1. 目标达成情况 (1) 制定了《陕西工商职业学院教师诊改实施方案》，建立了以年度为周期的"8字形质量改进螺旋"运行制度。制定了《陕西工商职业学院教师自我发展诊断与改进实施办法》等制度。从师资队伍建设和教师个人发展等方面设计了66个质控点，并对其实现目标相应标准值和预警值。依托数据平台和线下监测，及时呈现教师在基本发展、教学与教研、科研与社会服务和学生教育管理4个方面的发展态势，通过教师间的多维度对比和信息预警，促进教师不断寻找差距，及时改进提升。	1. 通过引进高层次专业人才，招聘青年教师，聘任行业及企业技术专家担任兼职教师，聘请客座教授等多渠道扩大教师队伍的建设规模。 2. 通过"引培"并重方式将引入的高层次人才

续表

诊断内容		诊断内容提示	诊断结论	拟采取的改进措施
"螺旋"建立	教师层面	陈述是否明确、具体，改进措施是否有效。 4. 教师在自我诊改过程中是否有获得感。	(2) 完善了教师发展激励与考核机制，将教师个人诊改效果应用到职称晋升、年度考核和评优评先中。全体中青年教师均按照学校和专业师资规划，结合个人实际制定了三年发展规划，明确了个人发展标准，实现了教师诊改工作全覆盖。 (3) 依托信息校园综合平台，以相关质控点为依据，分析学校及教师个人诊改的达成度，对师资建设情况及教师个人数据和事实撰写学校及教师个人发展诊改报告。 (4) 通过诊改，教师的质量主体意识得到进一步提升，能主动关注个人发展，及时改进成效显著，获得感明显增强。 2. 存在的问题及原因分析 (1) 教师队伍总量不足。 (2) 教师队伍结构不尽合理。 (3) "双师型"教师的培养力度不够。	充实到教师队伍中；加大教师攻读学位鼓励激励力度，进一步优化教师队伍学历结构、职称结构等。 3. 建立规范统一的"双师型"教师资格准入、任用管理制度。完善引进、聘请企业能工巧匠担任用管理制度，建立工程技术人员和能工巧匠担任专、兼职教师制度，建立专业教学岗位"固定岗+流动岗"资源配置新机制，通过推动与行业及企业实派共享、个人和组织双获益的合作模式，聘请产业导师到学校任教，建设优质兼职教师动态资源库。
	学生层面	1. 学校是否建立了引导学生进行自我诊改的制度，周期是否合理，方法是否便捷，可操作。 2. 所有学生是否都按制度	1. 目标达成情况 (1) 制定了《陕西工商职业学院全面推进学生自我诊改实施方案》，建立了以学年为周期的"8字形质量改进螺旋"运行制度。以思想品德、行为规则、身心素质、职业技能4个方面的标准，围绕学生的思想品德、行为规范、身体发展、心理发展保障、学业奖励、职业生涯、就	1. 进一步优化学生发展考核方式，提高指标化程度，改进评价办法。 2. 采用"请进来"和"走出去"相结合、线上和

43

续表

诊断内容	诊断内容提示	诊断结论	拟采取的改进措施
学生层面	实施了自我诊改。 3. 诊断结论是否依据数据和事实获得，自我诊断报告的陈述是否明确、具体，是否根据自身基础进行了改进。	业状况、就业保障、社会实践等方面设置了13个诊改要素、50个质控点，并对其设定了相应的目标值、标准值和预警值。 （2）依据《陕西工商职业学院全面推进学生自我诊改实施方案》，各学院在2018级、2019级学生中开展了自我诊改，其中2018级学生提交了自我诊改报告。 （3）依托信息校园综合平台，借助教务管理系统、资助管理系统、学生管理系统，各二级学院，分别开展自我诊改，形成了《陕西工商职业学院学生诊改报告》《陕西工商职业学院学生个人发展自我诊断报告》。 2. 存在的问题及原因分析 （1）学生全面发展考核方式有待进一步优化，学生创新意识不强。 （2）辅导员职业能力有待进一步提升，工作创新意识不够。 （3）学生工作信息化水平有待进一步提升，学生管理系统数据上传采集度不够及时。	线下培训相结合的方式，加强辅导员队伍的培训力度。加大辅导员工作的支持和考核力度，开展辅导员案例大赛等活动。 3. 加大对信息管理系统综合平台数据上传、采集的使用力度，利用大数据分析、关联数据，及时提高学生管理工作的精准度和实效性。
文化与机制"引擎"建立"螺旋"	1. 学校领导是否重视诊改工作并扎实推进，师生员工是否普遍能接受诊改理念并落实于自觉行动中。 2. 学校是否建立了与内部质量保证体系相适应的考核激励制度，将考核与自我诊改相结合，体现以外部监管为主向	1. 目标达成情况 （1）学校领导高度重视诊改工作，成立了质量保证委员会和专门的质量保证机构，每年份拨质量保证专项建设经费。学校统一部署诊改工作，多次召开诊改专题会议，研究解决诊改工作中存在的问题；为每位教师配发了诊改书籍，编印学习资料，组织各部门人员开展多轮次的校内外培训，学习和交流研讨活动，召开各层面的诊改交流汇报会，提升广大师生对诊改工作的认识，质量主体意识普遍增强。 （2）出台了《陕西工商职业学院贯彻落实"三项机制"实施办法（试行）》	1. 以质量文化建设为抓手，将高质量发展理念落实到制度、规划、设计、实施、改进等环节中，引导全体师生员工将质量意识融入日常工作学习中，形成全校师生普遍认同的质量理念。

续表

诊断内容		诊断内容提示	诊断结论	拟采取的改进措施
"螺旋"建立	文化与机制"引擎"	以自我诊改为主转变的走向。 3. 各个主体的自我诊改是否逐渐趋向常态化。师生员工对学校诊改工作是否满意和有获得感。	《陕西工商职业学院工作作风建设问责暂行办法》《陕西工商职业学院内部质量保证体系诊断与改进工作考核办法》等考核激励制度,将诊改工作与考核相结合,逐步形成以自我诊改为主的质量提升机制,为学校的内涵式发展提供内生动力。 (3) 随着诊改工作的常态化运行,师生员工的工作目标与工作标准更加清晰,质量主体责任更加明确,自我诊改意识不断强化,学校各方面的工作均有了明显改进,通过诊改,学校和获得感不断增强。 2. 存在的问题及原因分析 (1) 质量意识有待进一步强化,质量文化建设还需进一步加强。 (2) 激励机制还需进一步健全。	2. 进一步完善激励机制,充分调动师生员工参与学校教育教学改革的积极性、主动性和创造性,服务教师发展,服务学生成长成才。
智能化信息平台建设		1. 学校是否按智能化要求对信息平台建设进行了顶层设计,平台架构是否具有实时、常态化支撑学校诊改工作的以下功能。 (1) 能够实现数据的源头即时采集。 (2) 能够消除信息孤岛,实现数据的实时开放共享。 (3) 能够进行数据分析并实时呈现分析结果。 2. 学校是否按照顶层设计	1. 目标达成情况 制定了《陕西工商职业学院综合平台建设方案》《陕西工商职业学院"十三五"信息化建设规划》,投资421.48万元建成了能够实时、常态化支撑诊改工作的信息化平台。 (1) 规范了业务流程,实现在线办理、在线监控、在线评价的一站式服务。平台数据实现了源头采集。 (2) 制定了信息化应用的相关标准,建成共享数据中心,消除了信息孤岛,实现数据的实时开放共享,统一了信息门户、统一了身份认证。 (3) 平台能够利用大数据技术,对学校、专业、课程、教师、学生5个层面进行立体画像;实现数据的实时采集、动态监控,具有数据分析、数据预警和状态报告等功能,能全面掌握学校人才培养质量状况,为诊改工作提供了支撑。	1. 积极推进一卡通和无线覆盖项目建设,丰富行为数据的即时采集手段。 2. 积极推进平台的推广应用,基于数据的深入挖掘、对标分析,深度应用,进一步开发信息校园综合平台功能。 3. 开展信息化教学、信息化管理培训工作,改进教学方法,提高教学质量。

续表

诊断内容	诊断内容提示	诊断结论	拟采取的改进措施
智能化信息平台建设	3. 学校在数据分析、应用方面开展了哪些工作,取得了哪些成效。	蓝图,扎实推进平台建设。(4) 适时调整建设路径,统筹考虑数据中心三大平台、教学质量内部保证系统建设和教务管理系统、OA系统更新升级,围绕管理与服务综合平台建设,积极推进与原有管理信息系统的数据融合,初步搭建起集教学、科研、管理与服务为一体的全功能信息化校园综合平台。(5) 平台的应用提升了学校的信息化水平,提高了教学、管理与服务的工作效率,为学校的管理、决策提供了依据。2. 存在的问题及原因分析(1) 一卡通不通,无线覆盖等行为数据采集手段需进一步完善。(2) 平台初步搭建完成,深入挖掘、对标分析、深度应用等方面有待改进。(3) 部分教师和管理人员的信息化素养有待进一步提升。	量,提高业务部门的信息化应用能力。

校长(签字):许春霞　　　　　　　　　　　　　　　　2019年11月2日

注:1. 报告内容必须真实、准确,务必写实,尽量不使用形容词和副词。
2. 每一项的"诊断结论"需简明目标达成情况,尚存在的问题及原因分析,建议在500字左右。
3. 每一项的"拟采取的改进措施"需突出针对性,注重可行性,建议在200字左右。

宝鸡职业技术学院
内部质量保证体系自我诊断报告

一、学校诊改工作概述

2016年上半年,宝鸡职业技术学院被陕西省教育厅确定为省级诊改第二批接受复核院校。根据教育部及陕西省相关文件要求,制定了《宝鸡职业技术学院内部质量保证体系建设与运行实施方案》。按照分阶段、按步骤全面推进的原则,2018年1月启动了第一轮线下自我诊改工作。根据专家反馈意见,《宝鸡职业技术学院内部质量保证体系建设与运行实施方案》历经几轮修订,2019年3月通过审核后,在陕西高职教学工作诊断与改进专题网站上予以公布。

自2016年9月以来,学校将诊改工作与日常工作和创新发展行动计划项目、陕西省"两个一流"建设项目相融合,按照诊改"需求导向,自我保证,多元诊断,重在改进"的16字方针和"55821"诊改体系要求,精心打造了目标链和标准链,建立了"8字形质量改进螺旋"机制,搭建了智能化信息平台,在学校、专业、课程、教师、学生5个层面全面推动诊改工作,形成了常态化的内部质量自主保证持续改进机制。

经过两年多的全面诊改,学校的目标链更加明确,标准链更加完善,内部质量保证组织体系更加健全。夯实了各级质量主体责任,决策指挥、质量生成、资源保障、支持服务、监测预警"五纵"质量保证融入学校、专业、课程、教师、学生"五横"层面之中。建立了学校质量监控平台,初步实现了数据的实时采集和实时监控。学校的考核体系更加完善,激励导向作用进一步显现,质量理念深入人心,内生动力进一步增强,逐步形成了具有学校鲜明特色的质量文化。随着诊改工作的持续、深入推进,有力地促进了人才培养质量的进一步提高。

(一)围绕目标标准,全面打造"两链"

1. 学校层面

紧紧围绕学校"十三五"教育事业发展规划,实施"一流学院、一流专业"的高职院校建设计划和创新发展行动计划,运用SWOT分析法,科学调整、修订了10个子规划和各二级学院、各部门的发展规划,教师、学生分别制定了个人发展规划,形成了贯通专业、课程、教师、学生等层面较为完善的目标链。修订、完善各类制度101项,新制定制度107项,制定各类岗位职责23项,工作人员岗位职责200多项。编印了《宝鸡职业技术学院规章制度汇编》,各二级单位编制了宝鸡职业技术学院各二级学院质量手册,形成了有效检测目标达成度的标准链,确保了目标的实现。

2. 专业层面

依据学校"十三五"专业建设与发展规划,构建了校级一般、校级重点、省级一流、争创国家骨干为整体布局的四级专业建设目标链。依据专业建设目标链,制定了各专业的建设标准,形成了与四级专业建设目标相适应的标准链。

3. 课程层面

按照专业建设规划制定了课程建设规划,形成了校级优秀课程、校级精品课程、省级精品在线开放课程、争创国家精品在线开放课程的四级课程建设目标。根据不同课程的定位及目标要求,制定了四级课程建设标准,使得课程建设目标与标准相互衔接。按照专业人才培养目标要求,各门课程确定了课程教学目标,制定了教学标准,优化了教学设计,从而确保课程教学效果。依据各门课程现有的建设基础,制定了课程建设方案,并按照学年逐级分解、落实任务。

4. 教师层面

对接学校师资队伍建设规划,依据各二级学院、专业、课程建设规划,充实教师发展中心力量,引导教师制定个人发展规划,将教师发展融入学校师资、专业、课程建设队伍之中,使教师个人发展与学校专业、课程建设相适切。以"四有"好老师和"四坚守四争做"为基准,按照教师"新任教师—骨干教师—专业带头人—教学名师"四步推进工程,明确了发展目标,制定了具体、可检测的评价标准,形成了教师发展的标准链。

5. 学生层面

修订了"十三五"学生教育及素质培养工作发展规划,围绕"落实立德树人根本任务,努力培养德智体美劳全面发展的社会主义建设者和接班人"的育人理念,以"四立四最"为抓手,依托编制的《宝鸡职业技术学院学生发展手册》,指导学生制定个人发展规划和学习成长计划。开设《职业生涯规划》课程,引导学生确定发展目标,形成学生发展的目标链;制定和完善学生个人发展、职业发展、学业发展和社会能力等方面的相应标准,形成学生全面发展的标准链。

(二)构建质量改进螺旋,诊改效果显现

1. 学校层面

以学校"十三五"教育事业发展规划为指导,调整、修订子规划及其实施方案,细化了学校年度建设计划,印发了年度工作要点,签订部门年度目标责任书。2019年,将年度目标任务分解为15个共性目标和92个个性目标两大类。个性目标分重点工作和特色亮点工作两个方面,其中,重点工作69项,特色亮点工作23项。以年度为周期,建立了"8字形质量改进螺旋"运行机制,依托智能化信息平台大数据分析与监控,采集分析数据,线上监控工作过程。通过实施月报告、季点评、中期检查、年度考核制度,强化线下过程监控,强化过程检测预警,诊断问题,改进运行,确保各层面目标的有效执行。

2. 专业层面

以3学年为一轮、年度为周期,构建了专业"8字形质量改进螺旋"运行机制。围绕专业建设和人才培养目标,制定各专业建设实施方案,将专业目标建设任务按年度进行细化分解,明确责任主体,认真组织实施。聚焦专业建设的8个一级指标、17个二级指标,设计了67个观测要素(包含29个质控点),对专业建设与人才培养过程进行监测预警,及时创新改进。截至2019年8月,共完成54个专业"十三五"期间计划任务75项中的60项,目标达成度为80%。

建成省级专业综合改革项目3个,建成《康复治疗技术》专业教学资源库1个和省级示范性实训中心(基地)4个,完成了8个省级重点、18个校级重点专业及重点专业群建设任务。

3. 课程层面

以学期为周期,构建了课程的"8字形质量改进螺旋"。围绕课程目标和标准,制定了课程建设实施方案,开展各课程的整体设计,优化课程内容,采取线上线下混合式教学,改革课程教学模式,设计了6个一级指标、17个二级指标和31个观测点(包含31个质控点)。以课程教学运行过程和目标达成度为关注点,建设基于在线教育综合平台,开发了5门公共艺术教育类课程,建设创新创业教育课程15门,开发优质微课、慕课等课程资源。教学信息即时采集,落实监控预警制度。截至2019年8月,共完成"十三五"期间课程规划任务371项中的244项,目标达成度为65.77%。

2018—2019学年获得省级微课比赛三等奖1项;省级信息化教学设计和课堂教学奖一等奖1项、二等奖3项、三等奖4项;编著校本教材6部,其中省级优秀教材1部;立项建设校级精品在线课程21门,申报省级在线开放课程1门。

4. 教师层面

师资队伍建设以年度为周期,教师个人发展以学年为周期,构建教师的"8字形质量改进螺旋"运行机制。依据教师个人发展规划,围绕师资队伍年度工作任务和教师学期工作计划,依托年度量化考核和内部质量监控平台、教师发展和人事管理系统,针对50个观测点进行监控,并对其中的20个质控点进行预警,诊断监测教师发展目标达成情况,反馈问题,分析原因,提出有效措施,实施改进提升。

2018年以来,成立了大师工作室5个,引进社会、企业优质人才44人,聘请校外兼职教师151人,与金华职业技术学院结对培训交流24人次,进修培训教师1 500余人次,其中到国外进修20人次。培育校级优秀教学团队4个,省级教学名师1人、省级优秀辅导员1人、陕西省师德先进个人1人、陕西高校思政课教学能手1人,陕西省师德先进集体1项。

5. 学生层面

建立了以学年为周期,以"8字形质量改进螺旋"为运行单元的诊改工作机制。依托编制的《宝鸡职业技术学院学生发展手册》和相关制度,实时记录学生个人成长轨迹。依托大数据分析与质量监控系统以及学工信息系统,从学生的思想品德、行为规范、身心健康和职业能力4个方面(包含45个质控点)进行监测和预警,建立了学生工作及学生个人发展的常态化诊改工作机制。截至2019年8月,学生技能竞赛共获奖26项,其中国赛获奖2项、省赛获奖24项。学校荣获全国就业百强称号,继续保持省级平安校园成果,全力争创省级文明校园称号。

（三）智能化信息平台建设

制定了"十三五"信息化建设规划及其实施方案。投资930余万元建成了能够常态化支撑学校质量保证的信息化基础网络平台,已经建成的21个应用服务系统上线运行,实现了校内多种业务功能的集成,提升了师生的用户体验。建立了统一门户平台、统一认证平台、统一数据中心平台,建成了智能校园信息化基础平台,融合了教务、学工、OA办公、人事、图书、资产及网络认证等21个应用管理系统,消除了各业务系统间的信息孤岛,实现了全校数据的互联互通共享,为全校师生建立了一站式综合服务平台。建成了大数据分析与质量监控系统,实现了对5个层面的多维度画像、数据分析和监控预警。

（四）存在的问题及改进措施

1. 存在的问题

内部质量保证体系常态化诊改运行机制有待进一步健全;专业发展规格不高,高层次专业建设标准的量化程度和科学性需进一步加强;智能化信息平台虽已搭建,但支撑运用能力和功能集成效能尚待继续改进和优化。

2. 改进措施

一是加强学习,进一步加强质量管理研究与实践探索,在常态运行中不断健全和完善内部质量保证体系;二是挖掘潜力,激发动力,在专业建设方面更加精细化设计和科学性运行,向省级一流、国家骨干等高层次专业建设方向迈进;三是完善智能化信息平台功能,全面实现内部质量诊改数据的实时采集、动态预警、有效分析和诊断改进,最终实现智慧校园建设目标。

二、学校自我诊断参考表

诊断内容		诊断内容提示	诊断结论	拟采取的改进措施
"两链"打造		1. 学校发展规划是否成体系，学校发展目标是否传递至专业、课程、教师层面，目标是否上下衔接成链。学校机构职责是否明确，是否建立了岗位工作标准，标准和制度的执行是否有效机制。 2. 专业建设规划目标、标准是否与学校建设规划契合，是否与自身基础相适切。目标与标准是否明确、具体，可检测。 3. 课程建设设计与专业建设规划目标、标准是否契合，是否与自身基础相适切。目标与标准是否明确、具体，可检测。 4. 教师个人发展目标的确定是否与学校师资队伍建设规划及专业发展规划等相关要求相适切。教师是否制订了个人发展计划，目标与标准是否明确、具体、可检测，目标与自身基础相适切。	1. 目标达成情况 目标基本达成 (1) 运用SWOT分析法，分析面临的形势和机遇，科学调整了学校"十三五"教育事业发展规划及专业、课程、师资、学生等10个子规划与各二级学院、各部门发展规划，分年度进行任务分解，明确了实施路径及责任人，保证了任务的层层落实。 (2) 依据学校"十三五"专业建设和创新发展行动计划，确立了校级一般专业、校级重点专业、省级一流专业、争创国家骨干专业建设4个层次的专业建设目标，编写各专业建设规划，落实建设任务，制定（颁布）专业建设标准、专业动态调整标准、专业建设实施方案，设计专业建设到教学运行方案，设计专业建设到教学运行方面梳理制度、文件12项，完善了专业建设的标准链。 (3) 课程建设规划依据学校的总体规划和专业规划以教师个人发展规划的四级精品课程开放课程，校级精品课程在线开放课程，各课程结合原基础、人才培养方案要求，制定或颁布相关课程建设方案和标准，出台了相关课程建设与运行规范和制度，全面指导课程建设和推进教学实施。 (4) 制定了学校"十三五"师资队伍建设规划和年度工作计划以及教师个人发展规划，紧密结合学校、二级学院和专业、课程建设之中，充实教师发展中心管理力量，将教师发展融入教师个人发展与学校专业、课程建设相适切。以"四有"好老师和"四坚守四争做"为基准，实施"新任教师—专业带头人—教学名师"四步推进工程，师	1. 借鉴兄弟院校经验，不断加强理念、模式、手段和工具的培训学习，加强院校、企业、行业调研力度，加强质量管理研究与实践探索，在运行中不断健全和完善内部质量保证体系。 2. 进一步细化目标任务分解和标准的完善提升，做到目标可量化、标准可检测。 3. 根据诊改运行实践，动态调整诊改点的设置，提高目标链、标准链监测预警的准确性和实效性。

续表

诊断内容	诊断内容提示	诊断结论	拟采取的改进措施
"两链"打造	5. 学生是否制订了有个人发展计划,个人发展目标的确定是否与学校人才培养方案及素质教育相关要求相适切。学校是否建立了指导学生制订个人发展计划的制度。	资队伍建设和教师个人成长发展相互支持,协调一致,目标明确。(5)修订了"十三五"学生教育及素质工作发展规划,围绕学生素质培养体系全面发展的社会主义建设者和接班人"的理念,以"四立四最"为抓手,依托编制的《宝鸡职业技术学院学生发展规划》课程,指导学生制定个人发展规划和学习成长计划,开设《职业生涯规划》课程,引导学生确定发展目标,形成学生发展的目标链。制定和完善学生个人发展、职业发展、学业发展和社会能力等方面的相应标准,形成学生全面发展的标准链。 2. 存在的问题及原因分析 (1)诊断改进过程相对迟缓,新型内部质量保证体系的常态化运行机制有待进一步健全,目标、标准的科学性、准确性还需进一步改进。 (2)"五横"层面质控点的数量和有效性需进一步调整优化。	
"螺旋"建立	学校层面	1. 学校是否建有规划和年度目标任务分解、实施、诊断、改进的诊改运行机制。实施过程是否有监测预警和改进机制、方法与手段是否便捷,可操作。 2. 是否建立了学校各组织机构履行职责的诊改制度、方法与手段是否可操作,是否有效运行。 3. 诊断结论是否依据数据	1. 目标达成情况 目标基本达成 (1)以学校"十三五"教育事业发展规划为指导,细化方案、学校年度工作建设计划,印发了学校年度工作要点,签订了部门年度目标责任书。2019年,将年度目标任务分解为15个共性目标和92个个性目标两大类。 共性目标69项,特色亮点工作23项。以年度为同期,建立了"8"字形质量改进螺旋"运行机制,依托智能化信息平台大数据分析报告,季点关评,中期检查、年度考核制度,强化线上监控工作过程,强化过程检测预警,诊断问题,改进运行,确保各层面目标、标准执行的有效执行。	1. 改进年度目标任务的下达方式,进一步加强对目标任务的科学化设计和量化分解,完善考核制度和办法。 2. 加大信息化管理建设力度,充分利用信息化监控平台,实施的实时监控与完成情况采集,建立目标任务完成情况的监督、检查、数据实时采集,建立数据实时采集,建立目标任务完成情况的监督、检查、

续表

诊断内容	诊断内容提示	诊断结论	拟采取的改进措施
"螺旋"建立 学校层面	和事实获得，自我诊断报告的陈述是否明确、具体，改进措施是否有效。	（2）建立了激励机制，全校调整后的25个部门（单位）均制定了明确的岗位职责、工作标准、工作流程和考核标准，完善了质量监控体系，保障了诊改度107项，OA办公系统上线47个。 （3）以业务数据为支撑，以年度为周期，依托智能化信息平台大数据分析与监控结果，从5个维度确定了273个质控点采集数据，线上监控工作过程。通过签订目标责任书，月安排、中期检查、年终考核，强化线下过程监控，随时诊断问题，及时改进创新。 2.存在的问题及原因分析 （1）学校、二级学院、各部门年度目标任务的精准性和量化程度不足，调整后的部门职责无缝衔接速度需要加快，制度创新还需持续进行。 （2）目标任务的信息化实时监控数据实时采集还不到位，信息化平台的支撑作用有待完善和提升。	预警机制。
"螺旋"建立 专业层面	1.学校是否建立了专业建设质量诊改运行内容。诊改内容是否有助于目标达成，诊改周期是否合理，诊改方法与手段是否便捷、可操作。 2.现有专业是否都按制度实施了诊改。 3.诊断结论是否依据数据和事实获得，自我诊断报告的陈述是否明确、具体，改进措施是否有效。	1.目标达成基本情况 （1）学校制定了专业质量改进实施方案，构建专业"8字形质量改进实施方案"运行机制，以三学年为一轮、一学年为周期，围绕专业建设和人才培养目标，制定各专业建设实施方案，将专业建设任务按年度进行细化分解，明确责任主体，认真组织实施。 （2）现有各专业全部按照诊改方案和相关制度，参照诊改标准开展诊改工作，注重强化过程监控，不断改进提升。 （3）从专业内涵建设的关键要素和教学运行管理的科学高效出发，对接相关专业数据采集和教学要素和教学运行管理的科学高效出发，对接相关专业数据采集和教学要素数据，以年度为周期，聚焦专业建设的8个一级指	1.对接区域经济发展需求，修订学校专业设置管理办法，优化调整专业设置。加快推进在线开放课程的资源库和在线开放课程的建设和应用。 2.健全学校创新创业教育体系，建设校内学生创新创业孵化基地，建好一批大学生校外实践教育

续表

诊断内容		诊断内容提示	诊断结论	拟采取的改进措施
"螺旋"建立	专业层面	是否有效。	标，17个二级指标，设计了67个观测要素（包含29个质控点），对专业建设与人才培养过程进行监测预警，及时创新改进，诊改效果明显。截至2019年8月，共完成54个专业"十三五"期间计划任务75项中的60项，目标达成度为80%。 2. 存在的问题及原因分析 （1）部分专业招生困难，导致专业发展不均衡的问题依然存在。教学资源丰富，信息化教学资源建设相对滞后。 （2）产教融合、校企合作有待深化，"专创融合""双证融通"有待加强，技能大赛成绩有待突破。 （3）专业发展规格不高，高层次专业建设标准的量化程度和科学性需进一步加强。	基地。 3. 进一步完善专业建设成年度考核评价办法，科学合理设置考核指标和权重比例，加大高层次专业建设力度，引导专业突出特色，走内涵式发展道路。
	课程层面	1. 学校是否建立了"8字形质量改进螺旋"的课程诊改运行制度。 2. 现设课程是否都按运行制度实施了诊改。 3. 诊断结论是否依据数据和事实获得，是否对照目标准分析目标达成度，获得动因。诊改改进措施是否有针对性，具体。报告的陈述是否明确，具体。	1. 目标达成情况 目标基本达成 （1）根据专业人才培养方案和标准（课程链）打造注重工作。注重课程与职业岗位需求契合，目标明确，标准适度。 （2）以学期为周期，构建了课程的"8字形质量改进螺旋"运行机制。围绕课程目标和标准，开展各课程整体设计、修订，编写教材，优化课程内容，采取线上线下相混合，改革课程教学模式，设计了6个一级指标，17个二级指标，31个观测点（包含31个质控点）。 （3）基于课程建设和教学运行两个方面，课程诊改实施主体职责明确，以课程教学运行过程和目标达成度为关注点，建设创新创业教育取得了初步成效。基于课程建设和目标达成度为关注点，建设创新创业教育在线教育综合平台开发的5门公共艺术教育类课程群，	1. 制定课程团队发展规划，通过自我学习、外出培训，到企业锻炼等途径，金华职业技术学院全面提升教师的教育教学能力和课程建设水平，提高课程团队实力。 2. 鼓励教师不断更新教学理念，加大课程数字化教学资源建设力度，要求教师利用现代化信息技术积极开展云课堂、微课

第一部分 院校自我诊断报告

续表

诊断内容		诊断内容提示	诊断结论	拟采取的改进措施
"螺旋"建立	课程层面		课程15门，开发优质微课、慕课等课程资源。教学信息即时采集，落实监控预警制度。截至2019年8月，共完成"十三五"期间课程规划任务371项中的244项，目标达成度为65.77%。 2. 存在的问题及原因分析 (1) 课程团队力量偏弱，青年教师的教学能力有待提高，课程建设团队能力较弱。 (2) 教学资源不够丰富，课程特色不突出。课程建设"双师"素质有待加强和"双师"素质有待加强。 (3) 课堂教学监控手段、方式有待进一步研究和强化。	等教学活动。 3. 建立线上线下相结合的教学督导监控体系，增强教学质量监控的实效性。
	教师层面	1. 学校是否建立了教师个人发展自我诊改制度，周期是否合理，方法是否便捷，可操作。 2. 所有教师是否都按运行制度实施了诊改。 3. 诊断结论是否依据数据和事实获得，自我诊断报告的陈述是否明确、具体，改进措施是否有效。 4. 教师在自我诊改过程中是否有获得感。	1. 目标达成情况 目标基本达成。 (1) 师资队伍建设以学年为周期，构建教师的"8字形质量改进螺旋"运行机制。依据教师个人发展计划，依托年度量化考核和内部质量监控平台，教师发展核心平台，教师发展目标的达成情况，反馈问题，分析原因，提出有效措施，实施改进提升。 (2) 建立了师资队伍和教师个人自主诊改制度，诊断监测教师发展，与职称晋升、年度考核和评优模紧密结合。全校教师均制定了自我诊改方案，开展自我诊改工作。 (3) 通过制定个人发展规划，明确奋斗目标，科学设计方案，对照自标及工作完成情况，依托智能化信息平台实时监控预警和教师间的多维度对比，促使教师寻找差距，分析原因，创新改进原因，分析原因和自我提升。	1. 不断完善已有的师资管理制度，进一步调研教师考核量化指标体系，体现师德和职业道德的首要地位，优化相应的管理激励制度，激发教师群体潜能。 2. 采取"外引内培"方式解决教师队伍结构性矛盾问题，强化名师、专业带头人、骨干教师的培养力度，积极引进高层次和紧缺专业人才，发挥示范教学和专业引领作用。

高等职业院校教学工作诊断与改进案例汇编

续表

诊断内容		诊断内容提示	诊断结论	拟采取的改进措施
"螺旋"建立	教师层面		（4）全校上下诊改工作的内生动力显著增强，形成了人人都是质量生成的主体、诊改成为自觉，由"要我改"迈入了"我要改"的良性循环改进状态，教师的获得感明显增强。 2. 存在的问题及原因分析 （1）教职工队伍结构性矛盾仍然存在，高层次领军人物和专业技术尖端人才不足，从企业及行业一线外聘的教师人数不足，"双师"教师比例有待提高。 （2）教师的个性化发展需求还无法完全满足，教师队伍的综合素质、教学科研水平和创新能力有待进一步提高。 （3）由于业务系统建设速度较慢，教师层面的有些数据还未实现源头实时采集；教师发展的外部干预机制和激励机制还需进一步完善。	3. 进一步完善师资管理业务系统，实现数据随机采集和及时预警，使教师明确发展目标，找准自身定位，找差距，补短板，提升综合素质。
	学生层面	1. 学校是否建立了引导学生进行自我诊改的制度，周期是否合理，方法是否便捷，可操作。 2. 所有学生是否都按制度实施了自我诊改。 3. 诊断结论是否依据数据和事实获得，自我诊断报告的陈述是否明确、具体，是否根据自身基础进行了改进。	1. 目标达成情况 目标基本达成。 （1）建立了以学年为周期，以"8字形质量改进螺旋"为运行单元的诊改工作机制。依托编制的《宝鸡职业技术学院学生发展手册》，实时记录学生的个人成长轨迹。 （2）围绕"落实立德树人的育人理念，努力培养德智体美劳全面发展的社会主义建设者和接班人"的育人根本任务，制定了个人发展规划和学年、学期学习计划，明确目标和要求，及时开展自我诊改，促进学生健康成长，尽快成才。 （3）依托大数据分析与质量监控系统以及学工信息系统（包含45个质控点）进行品德、行为规范、身心健康和职业能力4个方面对目标达成度进行分析反馈，建立了学生工作及学生个人发展的常态化诊改机制。	1. 进一步加强对学生的教育引导，分层次制定不同的培养目标和标准，分类设计教育教学活动，合理设置学生综合素质考评指标，使其科学化，可操作。 2. 推行学生自主管理制度改革，优化"四最"育人机制和确立"四最"育人机制，充分利用先进评比、组织发展、奖助学金发放，激发学生自我诊改的主动性

56

续表

诊断内容		诊断内容提示	诊断结论	拟采取的改进措施
	学生层面	1. 学校领导是否重视诊改工作并扎实推进，师生员工是否普遍接受诊改理念并落实于自觉行动中。 2. 学校是否建立了与内部质量保证体系相适应的考核激励制度，将考核与自我诊改相结合，体现以外部监管为主向以自我改进为主转变的走向。 3. 各个主体的自我诊改工作是否逐渐趋向常态化。师生员工对学校的诊改工作是否满意和有获得感。	2. 存在的问题及原因分析 （1）学生层面常态化诊改理念需进一步固化，综合素质考评的部分指标量化难度较大。 （2）立德树人、"三全"育人机制需加强，自我诊改的激励措施还不够完善，学生自我诊改的意识有待增强。 （3）学生工作管理系统有待完善，学生管理的方式、方法需进一步创新。	和实效性。 3. 加快学生工作管理系统建设进度，下大力气改化学工队伍，进一步优进创新学生管理办法。
"螺旋"文化与机制建立"引擎"			1. 目标达成情况 目标基本达成。 （1）学校成立了以党委书记、院长为组长的诊改工作领导小组，全面统筹、协调学校内部质量体系建设和运行工作。在主管教学副院长的具体指导下，学校成立了各二级学院、各部门和全体师生诊改工作的日常推动和有序运行。明确了各二级学院、各部门和全体师生诊改改进责任主体。给每位教师发放了诊改工作专题会议。质量控制中心认识、行动、成效3个维度发力，不定期深入检查指导诊改工作的认知和重视程度。通过两年来持续深入地推进，全校师生员工对诊改工作的认识和深度得到实质性提升。 （2）出台《宝鸡职业技术学院内部质量保证体系建设规划与运行实施方案》，形成了宝鸡职教质量工程科技能大赛等考核激励办法，调整配备干部，明确岗位职责，细化落实任务，提高了师生员工的质量主体意识。 （3）随着新型质量保证体系的初步建立，各项目标任务的落地，质量保	1. 持续深入开展诊改理论学习和实践探索，进一步完善激励机制，充分调动广大师生员工参与学校质量保证体系建设的积极性，保证诊改体系建设的主动性和创造性，努力使诊改理念内化于心、外化于行。 2. 继续锤炼与深化学校精神层面、物质文化层面、行为层面和制度层面全方位的质量文化建设，全力打造"金字塔"型的现代质量文化育人体系。

续表

诊断内容	诊断内容提示	诊断结论	拟采取的改进措施
文化与机制"螺旋""引擎"建立		证责任主体的确定,以及各项制度的制订完善,质量理念深入人心并转化为内生动力和自觉追求,有效地激发了各类人员的责任意识,常态化自主保证人才培养质量的机制正在逐步形成,师生员工的满意度和获得感持续增强。 (4)经过长期办学实践和文化积淀,基本形成了"精诚致功、厚积达人"的大学精神和"敦品尚能、学养日新"的校训,以公诚勤毅、崇德敬业、严谨执教、勤奋博学、善思笃行为主要内涵的具有宝鸡职业技术学院特色的现代质量文化体系已经形成。 2.存在的问题及原因分析 (1)办学文化传承多,专业门类多,学生层次多,质量文化需要进一步凝练、升华和固化。 (2)自主诊改的制度化需要加强,激励机制有待进一步健全,需要进一步提升师生员工对诊改工作的满意度和获得感。	
智能化信息平台建设	1.学校是否按智能化要求对信息平台建设进行了顶层设计,平台架构是否具有实时、常态化支撑学校诊改工作的以下功能。 (1)能够实现数据的源头即时采集。 (2)能够消除信息孤岛,实现数据的实时开放共享。 (3)能够进行数据分析并实时展现分析结果。	1.目标达成情况 目标基本达成。 (1)制定了"十三五"信息化建设规划及其实施方案。投资930余万元建成了能够常态化支撑学校信息化基础保证质量保证建成的21个应用服务系统上线运行,实现了校内各种业务功能的集成,已经建成的生的用户体验感。建立了基于大数据技术的智能化信息平台,基本实现了教学和服务保障工作数据源头即时采集与处理,有效地支撑了诊改工作的常态化运行。 (2)按照信息化建设的顶层设计,建立了统一门户平台、统一认证平台、一数据中心平台、统一智能校园信息化基础平台,融合了教务、学工、OA办公、人事、图书、资产及网络认证等21个应用管理系统,实现了源	1.继续推进智能化信息平台建设,深化平台功能的开发,完善指标管理、绩效管理和过程监控系统功能,全面实现数据的实时、常态化采集和开放共享,发挥对"五横"层面的大数据决策支撑作用。 2.出台学校层面业务方面的信息平台管理制度,健全体制机制,保证信

第一部分　院校自我诊断报告

诊断内容	诊断内容提示	诊断结论	拟采取的改进措施
智能化信息平台建设	2.学校是否按照顶层设计蓝图，扎实推进平台建设。 3.学校在数据分析、应用方面开展了哪些工作，取得了哪些成效。	头数据的实时采集，完成了数据交换共享，消除了各业务系统间的信息孤岛，实现了全校数据的互联互通共享，为全校师生建立了一站式的综合服务平台。 (3)建成了大数据分析与质量监控系统，实现了对"五横"层面的多维度画像，数据分析和监控预警。初步实现了顶岗实习、云课堂等数据的实时采集状况，全面掌握学校人才培养质量状况，为诊改工作提供了技术支撑。 2.存在的问题及原因分析 (1)各业务系统建设和智能化信息平台集成融合的程度差不齐。 (2)大数据分析与质量监控功能尚需完善，强化。 (3)部分教师和管理人员的信息素养有待进一步提升。	息安全，服务质量管理，强化大数据分析与监控应用功能，提升学校的现代化治理水平。 3.开展信息化教学培训，组织信息化教学大赛，提升管理人员的专业素养，提高教师适应信息化管理运用的能力。

校长（签字）：周　义

2019年10月25日

注：1.报告内容必须真实、准确，务必写实，"诊断结论"需简明目标达成情况，尚存在的问题及原因分析，建议在500字左右。
2.每一项的"诊断结论"需简明目标达成情况，尚存在的问题及原因分析，建议在500字左右。
3.每一项的"拟采取的改进措施"需突出针对性，注重可行性，建议在200字左右。

第二部分

诊改典型案例

一、学校和部门诊改案例

西安职业技术学院学校层面诊改案例

一、诊改基础

西安职业技术学院是一所综合类全日制高职院校。学校在长期办学实践中,历经办学初期、整合筹建、改革发展、快速提升、追赶超越等阶段,为国家培养了大批生产、建设、服务和管理第一线的高素质劳动者和技术技能型人才,在社会上有着广泛的影响和良好的声誉。学校地处西安高新技术产业开发区,占地面积25.5公顷(382亩),建筑面积18.88万平方米,在校生9 000余人,年招生人数3 000名左右,2017年毕业生就业率达到96%。学校现有教职工524人,其中,专任教师355人,硕士以上学位教师占比55.2%,高级职称教师占比26.2%,陕西省教学名师2人。

学校现开设三年制高职专业46个,其中,建筑工程技术专业为中央财政支持建设专业,动漫制作技术专业为国家现代学徒制试点专业,电气自动化技术等6个专业为省级一流专业建设及培育项目,物流管理等3个专业为省级专业综合改革试点项目。学校立项建设校级在线开放课程30门,获得陕西省教学成果奖2项,省级教改项目12项,教师在省级以上各类教学竞赛中获奖24项。

学校发挥职教特色,着力提升学生的实践能力,建成校内实训室166个,校外实训基地205个,中央财政支持建设实训基地1个,省级示范性实训基地2个,产教融合性实训基地14个。学校目前是全国物流职业教育人才培养基地、陕西省动漫人才培养基地、西安市机电类专业公共实训基地、西安高新技术产业开发区技能人才培养基地和西安市创业就业培训定点机构,承担了8个工种的高级技能鉴定工作。

二、综合分析学校现状,精心设定目标标准

学校在打造目标链、做实目标链之前,通过运用SWOT分析法,对学校发展能力与发展目标的契合度进行了剖析诊断(图1),为学校科学制定发展战略、实现高效持续发展奠定了基础。通过全方位、深层次地分析,确立了学校、专业、课程、教师和学生5个层面信息化建设的目标标准。

1. 学校层面

明确了以建设"省内一流高职院校"这一总目标为统领,以"四个一流"为着力点的目标链。科学制定了《西安职业技术学院"十三五"发展规划》《西安职业技术学院创新

优势（Strengths）
1. 创新人才培养模式，人才培养质量稳步提高
2. 调整优化专业布局，专业整体实力显著提升
3. 实施人才强校战略，高水平师资队伍逐步形成
4. 持续推进社会服务，助力西安区域经济跨越发展
5. 党的建设全面加强，内部治理结构不断优化

劣势（Weaknesses）
1. 占地面积不足，建设发展受限
2. 缺少行业依托，办学特色不鲜明
3. 事业编制不足

机遇（Opportunities）
1. 国家层面：高度重视职业教育发展
2. 战略层面："中国制造2025""一带一路"
3. 我省层面：陕西省追赶超越、"五新"战略发展
4. 我市层面：西安国际化大都市，经济飞速发展
5. 政策支持：市委、市政府大力支持市属高校发展

挑战（Threats）
1. 国家政策调整带来的挑战（百万扩招后，如何创新人才培养模式，确保人才培养质量）
2. 生源竞争激烈、就业形势严峻带来的挑战
3. 我省高职院校飞速发展带来的挑战，前有标兵、后有追兵

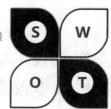

图 1　西安职业技术学院学校层面 SWOT 分析

发展行动计划实施方案》，精心部署了 15 个具体目标、23 个任务和 6 大项目。构建了以"一章八制"为核心的现代大学制度体系，完善了规章制度 272 项，建立、健全了相应的工作流程，形成了规范、科学的内部管理体系。

2. 专业层面

确立了"校级一流、省级一流、国家骨干"的三级专业建设目标，制定了专业建设规划、专业建设标准和专业运行实施标准，各专业编写了建设规划，落实了年度任务。

3. 课程层面

按照"项目带动、循环推进"的建设思路，制定了"校级精品在线开放课程—省级精品在线开放课程—国家精品在线开放课程"三步走的战略。课程建设标准和课程运行标准组成课程标准链，确立了三级课程建设标准，制定了课程运行实施标准。

4. 教师层面

根据学校"十三五"发展规划中提出的目标，制定了学校、二级学院、专业教学团队三年发展规划。根据教师队伍"新手—胜任—成熟—专家"4 个阶段，建立了教师阶梯式发展标准，制定了教师准入、师德师风、培养与培训、激励与奖励、考核与评价标准，形成了系统的标准链。

5. 学生层面

根据学校"十三五"发展规划和学生工作"十三五"规划提出的建设目标，从思想道德素质、专业文化素质、身体心理素质和综合能力素质 4 个方面制定了三年发展规划和学年个人规划。围绕培养德智体美劳全面发展的社会主义事业建设者和接班人的发展目标，综合考虑高职学生的特点，制定了学生全面发展标准，学生结合自身情况制定个人发展标准。

6. 智能化信息平台建设

明确了信息化建设服务教学战略核心方向，坚持服务教学、服务管理、服务学生、服务教师的服务理念，构建创新、协调、绿色、开放、共享的智慧校园。依据《智慧校园总体框架》国家标准、教育部《职业院校数字校园建设规范》等文件精神，结合学校实际，制定了智慧校园建设方案。

三、聚焦年度目标任务,推进诊改有序运行

通过"目标—标准—设计—组织—实施—诊断—创新—改进"的不断循环,形成各自独立、相互依存、纵横联动的"8字形质量改进螺旋"。

1. 学校层面

依据年度党政工作要点,将全年任务分解到各部门,夯实部门年度目标责任,签订部门目标责任书,明确了完成标准、责任人和时间节点。工作中实施每月重点督查、季度报告、年度综合考评等考核制度,强化过程监测预警,推动各层面目标、标准的有效执行,全校上下质量文化意识逐步得到提升。加强制度建设,完善人才培养机制,出台了教师到企业实践锻炼管理办法、"双师"素质教师认定与培养办法、人事代理人员管理办法等,加强了学校人才队伍建设。

2. 专业层面

按照分类指导、全面推进、注重内涵、强化特色、提高质量的发展思路,构建了"4881"专业质量保证体系。建立了以年度为周期的诊改工作机制,从15个维度设计了50个质控点进行专业画像,数据源于招生、教务、精品专业教学平台、顶岗实习等管理系统。利用平台呈现和对比分析,确定建设国家骨干专业1个、省级一流专业6个、校级一流专业8个。结合专业发展和教学运行实际,梳理专业课程类制度文件52个;通过"废改立",出台制度文件37个。专业通过预警,实现了教学管理制度化、教学运行流程化、日常事务清单化、考核评价数据化。

3. 课程层面

按照项目带动、循环推进的建设思路,通过"三步走"战略,建成了混合式课程264门、校级精品在线开放课程30门、中国大学MOOC 3门、省级精品在线开放课程1门。全校推广混合式教学模式,专业课程采用线上自主学习、线下面授辅导的混合式教学模式,实训课程采用线上虚拟仿真、线下实体实训的混合式教学模式,通过"试点课程—专业核心课——师一课"多轮混合式教学实践,推动了课堂教学改革。按照竞赛引领、全员参与的思路,学校制定了信息化教学四级赛制,稳步推广信息化课程教学改革。利用精品专业教学平台和手机移动端,围绕课前、课中、课后实时记录课堂教学轨迹,从课程设计、课程团队、教学资源、课程应用、课程评价等维度进行课堂教学质量监控。

4. 教师层面

教师队伍建设从5个方面设置17个质控点,教师个人从5个方面设置20个质控点。成立了学校、二级教学单位两级师资队伍建设工作机构,形成了两级负责的工作机制,成立了教师发展指导委员会,对师资队伍建设进行指导、统筹安排和组织协调。通过建立教师在线学习平台、开展"西职教师大讲堂"活动、成立名师工作室等,提供教师发展平台。通过评选教学名师、最美教师、师德标兵、先进个人、优秀教育工作者,树立榜样和典型,鼓励教师爱岗敬业、潜心教学。通过开展新入职教职工培训、青

年教师信息化教学能力提升培训、专业带头人及中青年骨干教师培训等,全面提升了教师的能力。

5.学生层面

以立德树人为根本,以学校育人规划、学生发展标准为依据,制定了1个学生德智体美劳全面发展的培养目标、强化制度和队伍2大保障、深化4大方面素质改进、采取6项育人行动重点突破的"1246"学生质量保证体系。建立了以学年为周期的诊改工作机制,围绕学生日常管理、学生资助、学生评优等方面,修订和完善了学生管理类制度41项。通过举办辅导员培训班、辅导员素质能力大赛,编制辅导员工作手册、学生工作手册,不断提升辅导员队伍建设水平。依据学生个人全面发展目标,从学生思想道德素质、专业文化素质、身体心理素质和综合能力素质4个方面设计了可量化的36个质控点。学生在辅导员的指导下,填写个人发展规划,引导学生明确目标、及时改进、不断成长。同时,开展思政引领、身心健康、安全法治、学风建设、校园文化、创新创业等六大育人工程,实现了"三全"育人。

6.智能化信息平台建设

学校以校园信息化建设规划和智慧校园建设方案为指导,将信息化建设分为三期(2018—2020年),总计投资6 000余万元。一期,网络基础设施和应用环境建设;二期,智慧校园平台和应用系统建设;三期,大数据、智慧校园数据治理与应用。每年安排专项资金开展培训,提升教师和管理人员的信息化素养。学校对校园网进行了大二层网络升级改造,实现了三校区裸光纤直通,形成了万兆主干、千兆桌面接入、扁平化网络管理的架构,实现了有线无线一体化认证。全校拥有近4 000个网络接入点,网络出口带宽为10G。学校依托已建成的30个应用系统,实现了办公流程、教务教学管理、学生管理、上网行为等方面的源头数据采集。通过精品专业教学平台,采集、分析课程建设、课程实施、学生学习等数据,推行混合式教学模式改革。通过顶岗实习管理系统,实现了顶岗实习全过程的信息化管理。

四、科学分析目标达成度,总结诊改实施效果

根据《西安职业技术学院"十三五"发展规划》和《西安职业技术学院内部质量保证体系建设与运行实施方案》,通过数据统计,2018年目标达成度为90.24%;截至2019年10月底,目标达成度为83.62%,五年规划目标达成度为76.17%。

通过诊改,学校的教学工作取得了一定成效。

1.学校专业布局契合区域经济发展

以西安五大产业为基准,以市场需求为导向,调整专业结构,初步形成了五大专业群体系(图2)。构建了以装备制造为主干,现代服务和高新技术为两翼,动漫软件及建筑工程为推进器的工、管、经、文相融合的专业建设构架体系(图3)。2019年,西安职业技术学院建筑信息模型(BIM)、物流管理、智能财税3个项目成功获批教育部1+X证书制度试点院校。

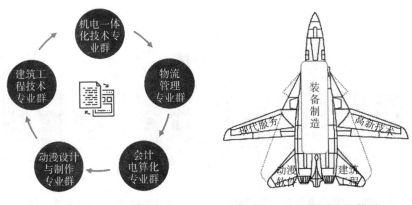

图2　五大专业群体系　　　　图3　专业建设架构体系

2. 教师教学能力大赛成绩斐然

学校以信息化教学大赛为突破口,构建了教技共融、赛教共促的信息化课堂教学改革运行机制,稳步推广应用信息化课堂教学改革成果。近3年学校教师在全国信息化教学竞赛中获得一等奖2项、三等奖3项;在陕西省教学竞赛中获得一等奖20项,一等奖获奖数量连续两年位居全省第一。2017—2019年度教师获奖数据统计如表1所示。同时,学校先后在全国职业院校教师信息化技能培训、陕西省职业技术教育学会、陕西省技能大赛动员会等会议上做了成果分享。

表1　西安职业技术学院教师参加技能竞赛获奖情况一览表

年　度	陕西省教师竞赛获奖数/项			全国教师竞赛获奖数/项		
	一等奖	二等奖	三等奖	一等奖	二等奖	三等奖
2017年	6	1	1	2	—	—
2018年	12	2	3	—	—	3
2019年	2	8	4	—	—	1

3. 学生技能竞赛成绩逐年提升

近3年学生在陕西省高等职业院校技能大赛中获得一等奖12项、二等奖53项、三等奖73项,参赛项目数、参赛学生数和获奖数逐年提升,获奖数位于陕西省高职院校前列。学生在全国大学生数学建模大赛中获得一等奖3项、二等奖5项、三等奖1项,在陕西省高职院校中名列前茅(图4)。

4. 校企合作产教融合取得成效

通过引企入校、校企互动、协同育人、合作研究、共建机构、共享资源等方式,深化产教融合、校企合作。学校与阿里云和慧科集团合作共建阿里云大数据应用学院;与西安市政建设集团有限公司合作,投资900余万元建成了建筑与轨道交通生产性实训基地;与深圳怡亚通公司合作共建怡亚通生产性实训基地。校企合作项目基本覆盖了所有专业群,以此促进了专业建设、师资队伍建设、技能竞赛、教学质量提升等方面的工作(图5、图6)。

图4　学生参加技能竞赛获奖情况

图5　成立阿里云大数据应用学院　　　　图6　建筑与轨道交通生产性实训基地

安康职业技术学院
学校层面诊改案例

安康职业技术学院是一所具有综合办学功能的市属高职院校,先后历经两次整合,2016年北迁并实现了统一集中办学。近年来,在陕西省委教育工委、陕西省教育厅和安康市委、市政府的正确领导下,学校高举习近平新时代中国特色社会主义思想伟大旗帜,紧扣创建省级优秀高职院校的发展目标,坚持以立德树人为根本,以内涵建设为主线,以提高质量为重点,以教学工作诊改为抓手,显著提升发展内涵,追赶超越迈出了坚实步伐。

一、分析诊改基础,确定追赶超越"创优"目标

学校2016年完成市直教育资源整合,实现了统一集中办学。2017年,安康市委、市政府出台《关于支持安康职业技术学院追赶超越加快发展的意见》,对学校追赶超越提出了目标任务和政策支持。学校认真贯彻落实陕西省委、省政府"四个一流建设"和追赶超越决策部署,深入分析学校的质量基础、发展环境、发展阶段,确定了一年调整、三年提高、五年创优的发展目标,凝聚诊改共识,汇聚追赶力量,加速实现超越目标。

一是传承办学底蕴。学校由3所普通中专合并组建,最早可追溯到1905年,具有悠久的办学历史。教育、医疗卫生类专业的历史沉淀深厚,教育教学质量高,具有良好的社会信誉。2016年整合市直8所职业院校后,形成了中等职业教育与高等职业教育于一体、职业教育与技能培训并举、全日制学历教育与成人教育兼顾的具有综合功能的学校。深厚的办学底蕴,为追赶超越和诊改工作奠定了坚实的基础。

二是抢抓发展机遇。近年来,党和国家高度重视职业教育,为职教改革发展注入了强大动力。安康市委、市政府出台了《关于支持安康职业技术学院追赶超越加快发展的意见》,为学校人才培养提供了有力保障,新校区的全面建成使学校发展进入提升内涵的新阶段,为学校追赶超越提供了良好机遇。

三是应对困难挑战。坚持问题导向,针对区域经济发展对高职教育需求拉动作用比较薄弱、实验实训条件不优、师资队伍不强等突出问题,通过争取政策支持、激发内生动力、强化内涵建设等举措,以干克难、定向发力,以诊改补短板、强弱项。

四是找准办学定位。在深入调研论证的基础上,经校党委会、校务会研究,召开教代会,制定通过了《安康职业技术学院"十三五"事业发展规划》,确定了5年建成省级优秀职业院校的奋斗目标,提出了学生第一、教师优先的办学理念,明确了练一技之长、修一身厚德的培养方向,制定了实施教学工作诊改、狠抓教育质量、突出内涵发展、加强教师队伍和实验实训条件建设等重点措施(图1)。

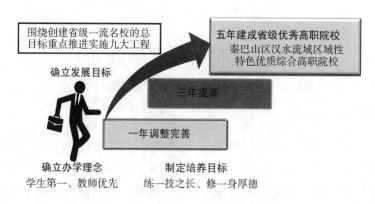

图 1 确立安康职业技术学院发展目标

二、构建诊改体系,建立追赶超越推进机制

坚持把诊改工作作为提质量、促内涵的问题导向和重要抓手,贯穿到教育教学、管理服务的全过程,构建诊改全要素运行的目标标准、质量监控、诊断改进、追踪评价的体系框架和制度机制。制定了《安康职业技术学院内部质量保证体系建设与运行实施方案》,构建了"55821"的内部质量保证体系,不断完善追赶超越的推进机制(图2)。

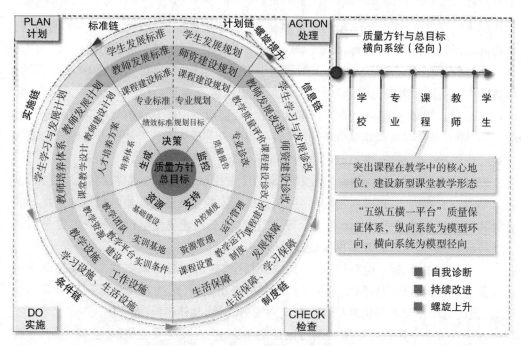

图 2 构建"55821"的内部质量保证体系图

一是强化统一领导的质量保证组织体系。学校成立了由党委书记、院长任组长,班子成员任副组长,各部门和二级学院主要负责人为成员的诊改工作领导小组,设立学术

委员会、专业建设委员会、教学工作委员会、质量保证与督导委员会,形成了党委领导、行政负责、专家治学、齐抓共管的诊改工作领导和推进机制。

二是建立科学合理的目标链和标准链。以学校"十三五"发展规划为统领,出台了追赶超越实施方案、专业建设规划等10项专项规划。学校层面构建了追赶超越、五年创优目标体系,专业层面构建了四级专业发展目标体系,课程层面构建了五级课程发展目标体系,教师层面构建了四级发展目标体系,学生层面构建了基础素质、拓展素质发展目标体系。对应"五纵五横一平台"框架结构,按照决策指挥系统、质量生成系统、资源建设系统、支持服务系统、监督控制系统的分类要求,构建了学校发展标准、专业建设标准、课程建设标准、教师发展标准和学生发展标准,形成了纵向衔接、分层分类的标准链。

三是推进"8字形质量改进螺旋"。对照省级优秀高职院校建设标准,分解年度具体工作任务。抓住事前、事中、事后3个环节,事前规划确定目标标准,进行设计和组织;事中分层分类进行监测,设置质控点,建立预警机制;事后实施跟踪督查,评价问效,诊断改进。加快构建现代职业院校治理体系、专业建设体系、教学质量保证体系、学生发展推进体系、高效运转信息体系、追赶超越保障体系等六大体系,保证了诊改工作的持续推进。

四是加快实施智慧校园建设。制定了《安康职业技术学院教育信息化建设三年行动计划》,确定了分阶段建设目标和实施方案。建成了校本数据库核心机房,加快教学服务、行政服务、学生服务等五大服务平台应用系统建设,支撑诊改工作和引领学校追赶超越。

三、坚持全要素诊改,强化追赶超越措施

诊改工作是一项系统工程,从学校、专业、课程、教师、学生5个层面,统筹兼顾、分层推进、分类衔接,把诊改全面融入学校的各项工作之中,传导到每一个层面,落实到每一个主体,实施全要素诊改。

一是坚持诊改工作重点抓。学校对诊改工作进行了重点研究和部署,年度工作围绕诊改确定重点任务,财务预算着眼诊改进行重点倾斜保障,师生员工考评考核立足诊改予以考评奖惩问效。分年度确定了实施诊改工作重点任务和目标标准,逐项明确了责任领导、责任部门、责任人和完成时限,印发红皮书,定期督办,专项考核,以诊改为抓手,促进内涵发展。

二是坚持改革创新增活力。以就业为导向,实施招生、教学、实习、就业一体化推进。以增强活力为方向,积极深化校企、校地合作和产教融合,广泛开展与国内外合作办学,走开放式办学的路子。完善绩效工资制度,推进分配制度改革。实行二级预算和成本核算,做到责、权、利相匹配。

三是坚持问题导向补短板。聚焦学校改革发展中的短板和薄弱环节,紧扣影响教学质量和内涵发展的重点难点问题,积极回应师生的合理诉求,建立了年度重点工作、

教师诉求、学生诉求3本台账,开展师生广泛参与的10项主题活动,办好师生关切的10件实事,提高师生的满意度和获得感。

四是坚持体制机制强保障。把建立、健全体制机制作为诊改工作的重要保障。坚持和完善党委领导下的院长负责制,修订《安康职业技术学院章程》,全面梳理各项规章制度,"废改立"制度160余项,形成了综合管理等7本制度汇编,加快完善治理体系,提升治理能力和水平。成立了质量保证与督导委员会,设置质量保证与监控中心,使质量监控机构专门化、管理专业化。设置效能督查室,形成了诊改工作年度有计划、责任有主体、过程有督办、结果有奖惩的工作机制。

四、聚焦目标标准,奋力推动追赶超越

依据《安康职业技术学院内部质量保证体系建设与运行实施方案》,按照诊改工作"8字形质量改进螺旋"架构,聚焦学校、专业、课程、教师、学生5个层面发展目标标准,全面推动追赶超越。

一是聚焦学校层面,以诊改加快建设优秀高职院校。按照"一年调整、三年提高、五年创优"的追赶超越目标,重点实施品牌专业建设工程等九大工程(图3),逐项分解落实年度诊改工作目标、标准、任务和重点,印发学校、部门和二级学院年度诊改工作责任分解落实红皮书。实行年度重点工作月督查、季通报、年考核制度,强化过程监测预警、督查督办,夯实了内涵发展基础,全面推动了学校高质量发展。

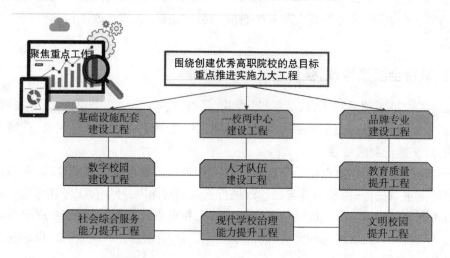

图3　实施品牌专业建设工程等九大工程

二是聚焦专业层面,以诊改培育专业特色品牌。制定了《安康职业技术学院专业建设和发展规划》,构建校级一般专业、校级特色专业、省级一流专业、国家骨干专业的四级目标链。依据专业建设管理办法,制定了专业建设标准,建立了四级专业标准链。围绕专业诊改"8字形质量改进螺旋",开展多维度、全过程、全方位的专业诊改工作。以专业团队为主体,开展骨干带头人牵头、教师全员参与的过程性诊改,二级学院进行年

度任务考核性诊改,学校进行督查性诊改,构成了三级实施监控体系。两年投资1 000万元,建成了专业实训室18个,完成国家骨干专业、省级一流专业建设项目10项,校级特色专业建设项目4项,形成以骨干专业为品牌、一流专业为引领、特色专业为支撑、合格专业为基础的专业建设体系。

三是聚焦课程层面,以诊改建设精品优质课程。制定了课程发展规划、课程建设标准,构建了校级重点课程、校级优质课程、校级精品在线课程、省级精品在线课程、国家精品在线课程的目标链。组建课程团队和教学团队,认定课程负责人,落实课程建设和诊改主体,打造精品课程。通过听课评课、检查巡检、师生评教、测评考试等形式,形成了任课教师自主性诊改、课程团队常态性诊改、二级学院考核性诊改的诊改机制,每学期对课程进行全面诊断,进行适时监控、预警和诊断改进,促进课程质量螺旋上升。通过2018年以来的两轮诊改,投入经费130万元,立项校级精品在线开放课程14门,重点建成了《护理学基础》等20门校级优质课程、40门校级重点课程。

四是聚焦教师层面,以诊改提升教师整体素质。制定了《安康职业技术学院教师队伍建设发展规划》《安康职业技术学院教师职业发展手册》,确立了品德高尚、业务精湛、结构优化、充满活力的师资队伍建设目标。以教师职业标准、职业规范为依据,确定新手、胜任、成熟、专家4个不同阶段的标准。制定了《安康职业技术学院教师师德师风建设实施意见》《安康职业技术学院特聘教授聘用管理办法》《安康职业技术学院兼职教师管理办法》等一系列管理文件,通过外引、内培、搞活,加大教师引进、培训、培育、考核、奖励力度,每年安排200万元用于教师培训。突出师德师风建设,弘扬高尚师德,严惩师德失范行为。建立教学名师、技能大师选拔、培养与管理机制,积极培育教学名师、专业带头人、骨干教师和教坛新秀,形成了教师成长梯队。出台了《安康职业技术学院教师专业培训实施方案》《安康职业技术学院教师攻读学位管理及奖励办法》《安康职业技术学院青年教师导师制实施办法》等制度,加大对教师专业发展的制度保障和激励措施。广大教师分析自身所处阶段,对照相应标准,从学历、职称、培训、教学、教改等方面制定三年规划和学年计划,确定个人发展目标,撰写个人诊改报告,提出努力方向,实施自主诊改。通过教师层面的诊改,师德建设得到切实加强,队伍结构得到改善,能力素质明显提高,优秀人才不断涌现。

五是聚焦学生层面,以诊改促进学生全面发展。制定了《安康职业技术学院学生发展规划》,明确学生个人基础素质标准和拓展素质标准。围绕练一技之长、修一身厚德的培养目标,制定实施了《安康职业技术学院学生自诊实施办法》《安康职业技术学院素质教育实施方案》等,着力构建课程育人、心理育人、文化育人的全员、全过程、全方位多元育人机制,形成以学生发展为标准、以学生素质积分为抓手、以学生发展手册为载体、以学生全面发展为目标的学生诊改运行机制。建成心理咨询室和心理团训室,构建四级心理工作体系,建设专业化心理健康指导教师队伍,开设心理健康教育课程。营造大学文化氛围,通过开学典礼、毕业典礼、体育艺术节、技能竞赛月等文化活动,搭建学生发展展示平台,促进学生多样化和个性化发展。开设就业创业指导课程,组织开展大学生创新创业大赛,学生参加全省技能大赛获得三等奖以上奖项50多项。参加创新创业大赛,获得国家创新创业大赛优胜奖1项、省级复赛铜奖3项。通过诊改,学生的发展获得感显著增强。

几年来,学校紧紧扭住提高教育质量这一核心,聚力抓诊改,齐心促内涵,质量意识明显得到增强,质量基础持续加强,内生动力显著增强,内涵发展取得扎实进展,实现了"五有"成效,有力地促进了学校的追赶超越。一是学校有活力。学校与日本、韩国等国外大学开展了合作办学;建成省级平安校园、市级文明校园;根据互联网2019中国高职高专综合实力最新排名,学校在1 418所院校中排名上升至352位。二是专业有特色。护理专业被教育部确定为高职创新发展行动计划国家骨干专业、校企合作生产性实训基地;申报立项全国1+X证书制度试点项目2个;建设省级一流专业项目3个、校级特色专业4个;新增老年保健与管理、高铁乘务等7个专业。三是课程有质量。学校获得陕西省政府教学成果奖二等奖1项、陕西省教育厅优秀教材奖二等奖1项、陕西省高等职业教育专业教学资源库建设项目1个,重点建成校级在线开放课程10门、校级优质课程20门、重点课程40门;教师在教学比赛中获奖27项,立项省级科研课题3项、省级教改课题1项、校级科研教改项目40项。四是教师有水平。培育国家级、省级技能大师、教学名师5人,获得省级师德先进集体、先进个人、优秀教师各1个,获得2019年陕西省高职院校课堂教学创新大赛二等奖2项、三等奖2项,3人入选第二批安康市有突出贡献专家,2人入选安康市"三区"科技人才专项计划;生师比达到18∶1;"双师"素质教师达188人,占比达42%。五是学生有发展。学生就业率由2017年的86.25%提高到2019年的92%;2019年参加全省职业院校技能大赛获奖27项,获奖率为82.9%;教育专业考证率由2017年的89%提高到2019年的95%;护理专业考证率由2017年的73.1%提高到2019年的85.35%;参加2019年陕西省大学生运动会取得7金4银3铜和团体第二名的历史最好成绩。

培养高素质、高技能人才是高职院校的初心使命。抓诊改、提质量、强内涵、促发展是学校的永恒课题。《国家职业教育改革实施方案》明确了新时代职教改革的方向目标。我们将坚持以诊改为抓手,建立完善的常态化诊改体制机制,奋力实现创建省级优质职业院校发展目标,努力把学校办成秦巴山区汉水流域区域性特色优质综合高职院校。

陕西工商职业学院
教务处诊改案例

根据《陕西工商职业学院内部质量保证体系建设与运行实施方案》和《陕西工商职业学院教务处自我诊改实施方案》，教务处积极落实国家关于高等职业教育的政策措施，制定了年度工作计划，梳理管理制度文件，理清教学工作思路，创新教学管理方法，推进教育教学改革，确保学校人才培养目标的实现和人才培养质量的提升。

一、教务处自我诊改基础

（一）教务处基本情况

教务处是学校职业教育教务教学的宏观管理部门，也是学校教务教学重大工作的牵头实施部门，现有教职员工13人，管理学校高等职业教育专业43个、在籍学生6 699人。

根据学校"十三五"事业发展规划，教务处在充分调研的基础上，制定了学校"十三五"专业建设规划和课程建设规划。每年年末总结当年工作，制订下年度工作计划，教学制度逐步健全，管理队伍不断优化，重点工作取得突破，管理效果稳步提升，各方评价普遍较好。

（二）教务处诊改工作基础

由教务处牵头，学校于2014年通过了陕西省高等职业院校人才培养评估，2016年承担了教育部高等职业教育创新发展行动计划中的13个项目和40项任务，2017年获批陕西省一流专业建设项目。教务处于2017年12月获评陕西省教育厅陕西高等学校教学管理工作先进集体，全省仅有9所高职院校获此殊荣；于2018年5月荣获陕西省教育厅高职院校技能大赛优秀组织奖。

二、教务处诊改工作设计

按照学校对教务处的职责定位与工作要求，结合陕西省教育厅年度高职重点工作安排，教务处制订了年度工作计划。根据专项工作内容设立工作目标，形成目标链；根据具体工作内容制定具体管理办法或实施方案，形成标准链；为更好地完成各项教学管理工作目标任务，设定了6个监测指标、29个质控点，作为学校教务教学管理工作监测预警的依据。

（一）目标链设计

根据学校"十三五"事业发展规划，制定了部门年度工作计划。以学校党政工作要点中对教务处工作的基本要求为年度总目标，以服务学校事业发展、服务教育教学改革和提升人才培养质量为具体目标，形成了教务处教学管理工作的目标链（图1），为各教学院部按计划开展教学工作、制定年度目标任务提供了依据和支撑。

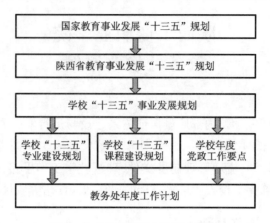

图1 教务处教学管理工作目标链

(二)标准链设计

依据教务处教学管理工作目标链,结合教务处部门岗位职责,分专项工作内容制定了具体的管理办法或实施方案,设计形成标准链。对教学运行管理、学籍管理、人才培养管理、专业建设管理、教师教学竞赛管理、学生技能竞赛管理、教学改革研究管理、教学成果管理、课程建设管理、教材使用管理、专项教学活动管理等方面的标准进行了细化,形成了教务处教学管理工作的标准链(图2)。

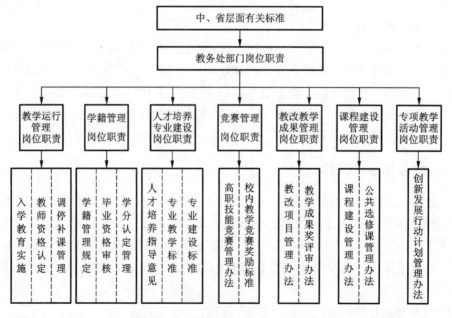

图2 教务处教学管理工作标准链

(三)构建教务处"8字形质量改进螺旋"

制定了《陕西工商职业学院教务处自我诊改实施方案》,确定教务处诊改工作运行管理机制,构建了"8字形质量改进螺旋",从教学管理工作目标和标准出发,学校教学指导委员会、教学工作委员会、各专业建设委员会、教务处、二级院部各司其职、各负其责,共同推动学校整体教学管理工作稳步向前。教务处作为教务教学管理工作的具体实施部门,推进学校整体教学管理工作诊断改进是其职责所在,在实施过程中充分利用信息化平台和其他实时监控手段,构建了"目标、标准、设计、组织、实施、诊断、改进"的"8字形质量改进螺旋",不断加强教学管理工作的诊断与改进,通过监测预警、调整改进、创新提升解决问题,形成教学管理工作质量改进的动态循环。

按照目标和标准将教学管理工作年度任务进行细化,遵循决策指挥、质量生成、资源建设、支持服务、监督控制"五横"系统要求,围绕年度工作计划、部门岗位职责、岗位工作人员、体制机制建设、运行过程监控、运行效果评价6个监测指标设计了29个质控点(表1),分别确定其目标值、标准值和预警值。

表1 教务处教学管理工作质控点分布

监测指标	质控点内容	质控点数量/个
年度工作计划(决策指挥)	工作内容、工作措施、计划安排等	5
部门岗位职责(决策指挥)	岗位设置、工作饱满度、岗位衔接等	3
岗位工作人员(资源建设)	人数、学历、职称、培训、授课、教研等	6
体制机制建设(支持服务)	调研情况、管理制度"废改立"、制度创新等	5
运行过程监控(质量生成)	部门会议、制度执行、任务完成、业务学习等	5
运行效果评价(监督控制)	师生投诉、年度考核、业务获奖、上级评价等	5

三、实施诊断改进

教务处作为学校职业教育教务教学的宏观管理部门和学校自我诊改工作专业、课程质量保证组的牵头部门,全体人员积极参加学校培训,经常性地组织学习中、省两级有关诊改文件精神,研究讨论部门、专业及课程诊改关键要素和质控点,按照《陕西工商职业学院内部质量保证体系诊断与改进工作规划》和诊改工作总体安排要求,将质量改进理念内化为日常教学管理的工作思路和具体实施方法,不断提升教学管理工作质量,确保专业与课程层面建设规划目标逐步实现。

(一)目标标准

契合学校"十三五"事业发展规划,牵头制定了学校"十三五"专业建设与课程建设规划。结合学校年度党政工作要点,制定了教务处年度工作计划,全面履行部门岗位职责,服务学校事业发展,提升专业建设水平和人才培养质量,确保学校党政工作要点中对教务处设定的工作目标和提出的工作任务全部实现。

依据教务处部门岗位职责,对照教务处宏观教学管理工作目标,将各项业务工作具体到部门个人岗位。遵循中、省对相关专项工作的要求和标准,就专业建设、技能竞赛、教学运行等重点工作制定具体管理办法或实施方案,作为教学管理工作执行的标准。

(二)组织实施

根据年度目标设定与岗位职责要求,确定每项业务工作的时间节点与责任主体,严格按照质控点及相关管理制度执行。优化人员配置、经费支持和工作流程,以"主岗+辅岗"双岗位设置确保各项工作落到实处,以"学校自有资金+上级财政专项"双渠道经费确保预定目标顺利实现,以"调研交流+定期研讨"双过程监控确保教学管理质量的提升。统筹规划与分步实施相结合,整体推进与品牌塑造相结合,确保教务处内部质量保证体系运行正常,促进学校教学管理各项工作再上新台阶。教务处教学管理质量保证组织架构如图3所示。

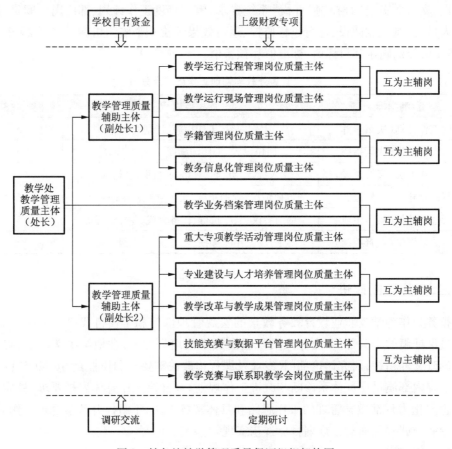

图3 教务处教学管理质量保证组织架构图

(三)监测预警

通过学校管理与服务平台、信息化教学平台、钉钉软件、高等职业院校人才培养工作状态数据采集与管理系统、职能部门统计数据等工具实时监控教学管理过程的组织实施情况,对触碰到预警值的数据信息及时预警,责任主体认真分析监测数据,对照目标,找出存在的不足,分析存在问题的原因,采取相应的改进措施,以保证管理质量。完善后返回设计环节,及时检验改进效果。

（四）诊断改进

教务处于2018年度、2019年度进行了两轮诊改，对教学管理工作推进的全过程进行监控。对照主要监测指标，按照预先设定的目标值和标准值对监控数据进行分析和判断，通过调查研究和认真分析，不断改进工作措施和工作方法，确保教务处教学管理工作各项目标的实现，全面服务学校深化教育教学改革和内部质量保证体系的运行。

（五）激励创新

发挥激励机制作用，根据学校年度考核管理办法，建立部门绩效考核管理机制，把岗位工作、质量改进与年终考核评优结合起来，在学校项目评审中给予优先支持，在外出培训交流中给予更多机会，充分调动部门人员在管理工作和制度创新中的积极性。在教务处牵头的重大教学活动中设立优秀组织奖，给予各教学院部一定的物质和精神奖励，并纳入学校对教学院部的年终考核中，以此激励教学院部对教学活动组织的主动性和创造性。

四、自我诊改成效

（一）教学管理改革不断深化

通过诊改，教务处进一步树立了以教学为中心、管理为教学服务的工作理念，创新管理方式，强化内涵建设，以说课、说专业、说管理、课堂教学等教学竞赛活动推进课程建设与专业建设，不断完善学校以现代服务业为主的旅游酒店、商贸流通、财会金融等六大专业群。2019年7月，酒店管理、物流管理、会计等3个专业被教育部确定为国家骨干专业。

（二）人才培养模式不断优化

通过诊改，教务处深入推进工学交替、产教融合，以学校"双主体"人才培养模式为根本和起点，开展了多种多样的校企合作人才培养模式探索与实践。2018年6月13日，《陕西日报》以《深化双主体模式创新 培养高精尖职业人才》为题报道了学校"双主体"人才培养工作。2019年11月1日，学校报送的"互融共生的校企命运共同体——洲际英才学院实训基地"入选2019中国高等教育博览会"校企合作，'双百'计划"典型案例。

（三）职业技能竞赛不断突破

通过诊改，教务处进一步落实了"技能竞赛月"活动，弘扬劳动光荣、技能宝贵、创造伟大的时代风尚，营造人人皆可成才、人人尽展其才的良好环境，完善管理制度，促进资源转化，实现优质就业。学校省赛获奖数由2017年的15项增加到2019年的25项，全省排名由第20名提升到第12名。

（四）管理团队素质不断提升

通过诊改，教务处深刻认识到教学管理在学校事业发展中的核心地位，不断充实教学管理队伍，提高人员业务素质。2018年9月，新入职两名教职工后，目前全处13人中12人具有硕士学位，其中，三级教授1人，副高职称4人。通过定期或不定期参加境内外多个主题的教学管理业务培训,目前管理团队基本具备了较高的业务水平和较强的管理能力。2018年12月,教务处党支部被陕西省委教育工委确定为"全省高校党建示范创建和质量创优样板支部"建设单位,全省仅有10所高职院校获准立项建设。2019年9月,教务处处长刘志选获评2019年陕西省教书育人楷模,全省高教系统仅有12人当选。

(五)教学管理过程不断规范

通过诊改,教务处更加紧密地围绕高职人才培养和专业建设的重要环节做好各项制度建设工作,2018年9月以来,先后出台了《陕西工商职业学院教学成果奖评审办法》《陕西工商职业学院入学教育实施方案》等制度文件,全面修订了《陕西工商职业学院人才培养方案制定工作指导意见》《陕西工商职业学院技能竞赛管理办法》《陕西工商职业学院教学改革研究项目管理办法》等制度文件。规范从招生到毕业的人才培养各个阶段的管理工作,使教学运行在制度和规定下逐步完善和高效。同时,更加注意落实上级部门各项工作要求的时效性,按时上报各项材料,保质量,不拖延,确保各项教学管理信息的上传下达,不折不扣地执行各级主管部门的教育教学决策与部署,受到上级主管部门和兄弟高职院校的关注和一定程度的肯定。

五、存在问题及改进措施

(一)信息管理过程监测力不强,通过数据分析推进信息化建设

2019年6月,学校采购的管理与服务平台投入使用,教务管理信息化水平得到提升,但是对该系统的深度开发和合理使用仍显不足。下一步要继续推进对管理与服务平台各个模块的使用推广,提升教务处教学管理工作的时效性,充分利用该平台监测教学管理运行过程,实现信息化平台对诊改工作的有力支撑。

(二)教务教学管理执行力不强,通过标志性成果促进内涵提升

下一步要不断统筹规划教务教学管理的整体布局,进一步提升教学管理研究能力和业务水平,加强对教学一线的支持力度和对管理现状的判断改进,在教学能力比赛、学生技能竞赛、教学成果奖等重大活动中取得更多更高级别的标志性成果,使学校教学管理工作在同类院校中有较高知名度和广泛影响力,整体推进教务教学管理工作上台阶。

(三)管理实施过程科学性不强,通过创新理念实现追赶超越

对诊改理念的理解有一定误区,下一步要不断纠正对教学工作诊改的理解偏差,更加严谨、全面地设计教务处教学管理工作的质控点,充分发挥诊改对促进教学管理质量提升的积极作用,创新考核激励制度,学习职教理论政策,形成质量文化氛围,破解部门改进难题,实现学校发展目标。

(陕西工商职业学院　姚　涛)

二、专业层面诊改案例

陕西财经职业技术学院
会计专业诊改案例

一、诊改基础

(一)专业发展历程

会计专业为陕西财经职业技术学院重点建设专业,于 1997 年开始试办高职会计专业,2001 年经陕西省教育厅批准正式设立高职会计专业,2002 年开始招生,会计实训中心为陕西省高等职业教育实训基地。2011 年,会计专业被教育部、财政部批准立项为"国家高等职业学校提升专业服务产业发展能力"项目,2013 年通过项目验收,2014 年获批陕西省高等职业院校专业综合改革试点优秀专业,2016 年获批教育部《高等职业教育创新发展行动计划(2015—2018)》陕西任务(项目)骨干建设专业,2017 年被陕西省教育厅确定为省级"一流专业"建设项目。

(二)专业基础

1. 招生就业

会计专业现有在校生 5 647 人。会计专业报考率一直保持同比持续增长的态势,2018 年招生计划完成率保持平稳。2018 级新生报到率为 95.83%,计划完成率为 91.65%,2018 届毕业生毕业半年就业率近 95.14%。

2. 师资队伍

会计专业拥有两大教学团队。一支是用友·新道会计学院教学团队,主要承担会计专业基础会计、财务会计、成本会计、政府会计、纳税实务等课程教学任务及其课程实训和专业综合实习,现有专任教师 42 人,其中,教授 5 人,副教授 10 人。一支是管理学院教学团队,主要承担会计专业财务管理、管理会计、会计信息化、资产评估等课程教学任务及其课程实训,现有专任教师 46 人,其中,教授 6 人,副教授 28 人。会计专业教学团队中有教育部各类专业教学指导委员会委员 3 人,省级师德先进个人 3 人,省级教学名师 4 人,省级优秀教师 1 人,省级职教名师 5 人。

3. 实践教学

学校拥有 100 多个理实一体化专用教室(配备多媒体、实训资料);建有大财经实训中心,有能一次容纳 200 人实训的会计工作能力训练中心,6 个会计信息化实训中心,1 个 ERP 实训室,4 个会计综合实训室。

4. 技能赛项

会计专业学生多次在专业技能比赛中取得了良好的成绩,连续 8 年在陕西省职业院校会计技能大赛中获得第一名,在全国职业院校会计技能比赛中获得三等奖 7 次、二等奖 1 次。

5. 科研与社会服务

近 3 年,教师主持或参与省级、校级科学研究和教育教学研究课题 10 余项,公开发表论文多篇,教科研成果显著。专业教师每年暑假给公司提供专业咨询,学校定点扶贫陕西省柞水县,每年技术培训 1 000 余人。

（三）会计专业 SWOT 分析

陕西财经职业技术学院会计专业的 SWOT 分析结果见图 1。

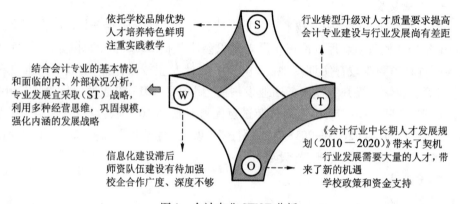

图 1　会计专业 SWOT 分析

二、总体设计

根据《教育部高等职业院校内部质量保证体系诊断与改进指导方案（试行）》《陕西高等职业院校内部质量保证体系诊断与改进实施方案》《陕西财经职业技术学院内部质量保证体系运行与实施方案》《陕西财经职业技术学院"十三五"教育教学工作规划》《陕西财经职业技术学院"十三五"专业建设规划》等相关文件,形成了专业建设的目标链和标准链,并构建了以"目标、标准、设计、组织、实施、诊断、改进"为核心的"8 字形质量改进螺旋"。

（一）目标链

会计专业从学校发展战略出发,依据学校"十三五"事业发展规划和学校"十三五"教育教学工作规划、会计专业发展规划、学校师资、学生发展目标,制定了本专业的目标链(图 2)。

依据目标链进行目标的设定。会计专业的一级目标是建设成国家骨干专业,二级目标是建成省级一流专业,三级目标是人才培养目标、师资队伍建设目标、实践教学条件建设目标、教材与教学资源库建设目标、创新创业与技能大赛目标、课程体系与改革目标、科研与社会服务目标、校企合作与国际交流目标等。

(二)标准链

参照《高等职业教育创新发展行动计划"骨干专业"建设标准》《陕西高等学校"一流专业"建设标准(高职)》《陕西财经职业技术学院会计专业建设标准》,结合目标内容,构建了会计专业标准链(图3)。

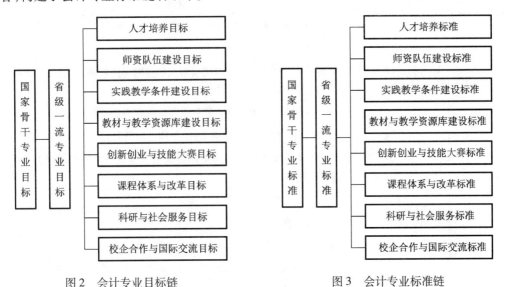

图2 会计专业目标链　　　　　图3 会计专业标准链

(三)质量改进螺旋

"8字形质量改进螺旋"由静态和动态两个螺旋叠加而成。所谓静态螺旋指的是一个完整的工作流程,即"目标—标准—计划—组织—实施—诊断—改进"。其中,诊断与改进在实施完成后进行,而主体因诊断、激励产生学习动力和创新活力,引发知识创新,形成自"目标"开始、比较全面和深刻的改进方案。所谓动态螺旋指的是在质量生成过程中,根据实时监测得到的数据,及时发出预警和即时跟进调控、改进的过程,一般不涉及目标、标准的调整。实施过程中,通过"监测—预警—改进"动态循环进行跟踪、预警、完善并返回设计步骤重新进入质量螺旋,不断提升教育教学质量。

三、诊改运行

(一)目标

会计专业以学校"十三五"教育事业发展规划、陕西财经职业技术学院"十三五"教育教学工作规划、会计专业发展规划、师资队伍建设规划,建立专业诊改的总目标为努力建成国家骨干专业;以企业调研、兄弟院校对比和行业专家指导为手段,围绕教育教学质量提升的总体要求,结合学校发展实际,以专业管理、教学团队建设、实验实训条件建设、课程及教学等作为基本要素,构建多维保证系统组合、循环上升的专业建设质量保证制度,形成专业建设目标体系。全面提高会计专业的专业办学水平,建成教育观念新、校企融合度高、社会认可度高、就业质量优、改革成效显著、特色鲜明的校级品牌专业,将学校的会计专业群打造成为区域内同类专业毕业生就业质量优、社会认可度高、社会服务能力强、标志性成果多的示范引领专业群(表1)。

表1 会计专业建设目标

一级目标	二级目标	三级目标
国家骨干	1.专业定位与人才培养	(1)专业培养目标明确,专业定位准确,招生规模稳定
		(2)企业、行业、专业教师共同成立专业指导委员会
		(3)连续3年就业率达到91%,用人单位对学生的满意度达到95%,近3年报到率达到96%以上
		(4)专业具有标志性成果,在全省同类院校中形成良好声誉
		(5)质量监控体系建设制度文件、架构与运行及记录目标
	2.师资队伍	(6)参与本专业人才培养方案制定及与本专业相关的校级以上教研或科研项目
		(7)有1名校外专业带头人
		(8)生师比合理,小于18:1
		(9)师资队伍结构优化,梯队合理,素质优良
		(10)专业基础课和专业课中"双师"素质教师比例大于95%
		(11)兼职教师素质优良,与专任教师比例达到1:1以上
	3.课程体系与课程改革	(12)课程体系结构合理,能以促进就业为导向,突出能力本位
		(13)实践课学时比例占50%以上
		(14)课程内容对接职业标准,课程标准融合岗位能力需求。教学资源丰富,为学生在线学习提供保障
	4.实践教学	(15)有教学改革立项与结题项目
		(16)实训室管理制度完善,运行良好
		(17)实习实训条件优良,生均仪器设备值达到国家基本要求,大于7 500元
		(18)实践教学基地设施先进、技术含量高,能满足学生职业技能和综合实践能力训练的需要
		(19)校外实习实训基地稳定,不少于6个,硬件条件好、管理水平高,企业指导教师人数多、层次高,校外实训效果好
		(20)实践教学项目的目标指向明确,环节设计科学合理,内容与实际需求结合紧密;必修实践实训课程开出率达到100%,顶岗实习率达到100%,累计时间满足规定的6个月
		(21)实践教学以技术技能训练为基础,注重培养学生的动手实操能力

续表

一级目标	二级目标	三级目标
国家骨干	4.实践教学	(22)构建了至少5门基于专业就业岗位工作要求或工作过程导向的实践课程体系
		(23)校内实践课程考核率达到100%,校外顶岗实习考核合格率为100%
	5.教材与教学资源库建设	(24)具有高职特色的高质量校本教材1部
		(25)使用反映教学改革要求的教材使用率达到60%
		(26)建成2门精品在线开放课程
	6.创新创业与技能大赛	(27)创新创业融入人才培养方案
		(28)校内创新创业竞赛获奖2项
		(29)学生省级或行业以上比赛获奖数不少于1项
	7.科研与社会服务	(30)近3年有与专业相关的校级及以上科研项目2项
		(31)教师平均每人公开发表论文1篇
		(32)开展多种形式的社会培训1 000人次,效果良好
		(33)专业教师提供专业咨询或扶贫技术指导等人均2次以上
	8.校企合作与国际交流	(34)开设订单班
		(35)现代学徒制培养学生10人以上
		(36)国际交流合作管理制度和运行机制完善
		(37)与境外院校在学生交流、教师进修等方面合作顺畅,效果良好
		(38)成立大师工作室
		(39)企业人员共同参与教学指导委员会

(二)标准

依据细化专业目标要求,引入中、省、校标准,对应形成细化建设标准。将所有细化目标和相应标准对应后,确立具体数量的核心指标和标准。

依据学校"十三五"专业建设与发展规划,围绕骨干专业和一流专业建设标准,制定切合实际的专业建设标准,主要包括专业定位与人才培养标准、课程体系与课程改革标准、实践教学标准、创新创业与技能大赛标准、师资队伍建设标准、校企合作与国际交流标准等专业建设标准体系(表2)。

(三)设计

会计专业质控点的设置如表3所示。

表2 会计专业建设标准

一级标准	二级标准	三级标准
国家骨干	1. 专业定位与人才培养标准	(1)一流的人才培养方案
		(2)一流的专业建设标准
		(3)连续3年就业率达到91%,用人单位对学生的满意度达到95%,近3年报到率达到96%以上
		(4)专业具有标志性成果1项,在全省同类院校中形成良好声誉
		(5)质量监控体系建设制度文件、架构与运行及记录标准
	2. 师资队伍建设标准	(6)参与本专业人才培养方案制定及与本专业相关的校级以上教研或科研项目
		(7)专业带头人标准
		(8)生师比合理,小于18:1
		(9)师资队伍结构优化,梯队合理,素质优良
		(10)专业基础课和专业课中"双师"素质教师比例大于95%
		(11)兼职教师素质优良,与专任教师的比例达到1:1以上
	3. 课程体系与课程改革标准	(12)课程体系结构合理,能以促进就业为导向,突出能力本位
		(13)实践课学时比例占达50%以上
		(14)课程内容对接职业标准,课程标准融合岗位能力需求。教学资源丰富,为学生在线学习提供保障
		(15)有教学改革立项与结题项目
	4. 实践教学标准	(16)实训室管理标准
		(17)实习实训条件优良,生均仪器设备值达到国家基本要求,大于7 500元
		(18)实践教学基地设施先进,技术含量高,能满足学生职业技能和综合实践能力训练的需要
		(19)校外实习实训基地稳定,不少于6个,硬件条件好、管理水平高,企业指导教师人数多、层次高,校外实训效果好
		(20)实践教学项目的目标指向明确,环节设计科学合理,内容与实际需求结合紧密;必修实践实训课程开出率达到100%,顶岗实习率达到100%,累计时间满足规定的6个月
		(21)实践教学标准
		(22)构建了至少5门基于专业就业岗位工作要求或工作过程导向的实践课程体系
		(23)校内实践课程考核率达到100%,校外顶岗实习考核合格率为100%

续表

一级标准	二级标准	三级标准
国家骨干	5.教材与教学资源库建设标准	(24)具有高职特色的高质量校本教材1部
		(25)使用反映教学改革要求的教材使用率达到60%
		(26)建成2门精品在线开放课程
	6.创新创业与技能人赛标准	(27)创新创业融入人才培养方案
		(28)校内创新创业竞赛获奖2项
		(29)学生省级或行业以上比赛获奖数不少于1项
	7.科研与社会服务标准	(30)近3年有与专业相关的校级及以上科研项目2项,教师平均每人公开发表论文1篇
		(31)开展多种形式的社会培训1 000人次,效果良好
		(32)专业教师提供专业咨询或扶贫技术指导等人均2次以上
	8.校企合作与国际交流标准	(33)订单班运行标准
		(34)现代学徒制培养学生10人以上
		(35)国际交流合作管理制度和运行标准
		(36)学生交流、教师进修运行标准
		(37)大师工作室成立标准
		(38)教学指导委员会运行标准
		(39)校企协同育人平台建设标准

表3 会计专业质控点的设置

指 标	质控点	判断值	预警条件	目标值
专业定位与人才培养	1.专业定位	有/无	无	有
	2.专业建设规划	有/无	无	有
	3.专业建设年度计划	有/无	无	有
	4.专业建设标准	有/无	无	有
	5.专业调研工作规范	有/无	无	有
	6.编制会计及相关岗位职责	有/无	无	有
	7.编制完成毕业综合实习方案	有/无	无	有
	8.编制完成顶岗实习方案	有/无	无	有
	9.编制完成本专业优质课程标准	有/无	无	有
	10.编制修订人才培养方案	有/无	无	有
	11.在校生人数/人	数值	140	≥150
	12.招生计划完成率/%	数值	<55	≥60
	13.用人单位对学生的满意度/%	数值	<90	≥95

续表

指 标	质控点	判断值	预警条件	目标值
师资队伍	1. 聘请校外专业带头人	有/无	无	有
	2. "双师"素质教师比例/%	数值	<90	≥95
	3. 师资队伍结构优化,梯队合理,素质优良。40岁以下具有硕士学位教师比例/%	数值	<85	≥90
	4. 专业教师保证每2年到企业实践锻炼时间/月	数值	<2	≥3
	5. 培养校级教学名师、省级教学名师人数/人	数值	无	≥1
	6. 聘请校外兼职教师人数/人	数值	<15	≥20
	7. 企业人员承担学生校外综合实习及顶岗实习期间的指导	有/无	无	有
实践教学	1. 编写兼职教师校内外指导实践教学管理办法	有/无	无	有
	2. 加强校企合作,建立深度合作基地/个	数值	<10	≥10
	3. 形成阶梯化的实践教学模式	有/无	无	有
	4. 形成多元化的实践评价体系	有/无	无	有
	5. 实践课程学时占比/%	数值	<45	≥50
	6. 完善的顶岗实训管理制度	有/无	无	有
	7. 顶岗实习考核合格率/%	数值	<95	≥98
	8. 岗位工作要求或工作过程导向的实践课程体系	有/无	无	有
教材与教学资源库建设	1. 与企业合作开发教材	有/无	无	有
	2. 校级网络课程	有/无	无	有
	3. 选用反映教学改革要求的教材	有/无	无	有
	4. 建成省级和校级精品在线开放课程	有/无	无	有
	5. 在行业优秀出版社出版教材/部	数值	<2	≥3
创新创业与技能大赛	1. 融入创新创业课程	有/无	无	有
	2. 每年参加学校创新创业大赛项目/项	数值	<9	≥10
	3. 创新创业比赛奖项	有/无	无	有
	4. 参加省级技能大赛并取得相应成绩	有/无	无	有
	5. 行业技能大赛获奖	有/无	无	有
	6. 技能大赛承办	有/无	无	有
	7. 参加国家级技能大赛并取得相应成绩	有/无	无	有
课程体系与改革	1. 课程内容对接职业标准	有/无	无	有
	2. 理论与实践相融并进的课程体系	有/无	无	有
	3. 教改课题立项/项	数值	<2	≥3

续表

指 标	质控点	判断值	预警条件	目标值
课程体系与改革	4. 教改课题获奖/项	数值	<1	≥2
	5. 代表性教学成果/项	数值	<1	≥2
科研与社会服务	1. 申报校级课题/项	数值	<4	≥5
	2. 加强教师参与行业技术指导或扶贫开发工作	有/无	无	有
	3. 每年参与社会培训人数/人	数值	<180	≥200
	4. 申报省级课题	有/无	无	有
	5. 一般期刊论文/篇	数值	<14	≥15
	6. 横向课题申报	有/无	无	有
	7. 每年参与服务地方经济/次	数值	<1	≥2
	8. 专利申报数	有/无	无	有
校企合作与国际交流	1. 成立大师工作室	有/无	无	有
	2. 企业人员参与教学指导委员会	有/无	无	有
	3. 会计专业教师出国交流人数/人	数值	<1	≥2
	4. 校企协同育人平台	有/无	无	有
	5. 校企合作成立订单班	有/无	无	有

(四)组织

1. 组织专业自诊小组

为了保障诊改工作高效,会计专业成立了以会计学院院长和会计教研室教师为主的诊改团队,以保证该专业诊改的有效实施。

2. 诊改工作小组职责

(1)全面负责会计专业诊改工作。明确专业质量保证体系诊改工作的指导思想、工作目标和总体安排,制定诊改工作的方针、政策,决定专业实施诊改工作的总体方案以及各阶段的工作实施统一领导和督查。

(2)统一协调,共同推进。定期召开会议,进行工作汇报,研究与决策诊改工作中的重大事项,指挥和协调各项任务共同推进诊改。

(3)审定、复核。审定会计专业自我诊改报告以及支撑材料和成果材料等。

(五)实施

依据学校诊改实施的相关办法,主要任务的完成情况如表4所示。

(六)动态循环

1. 监测

通过制度、资源、资料、资金保障、考核模式等数据信息的采集,对课程设计、师资队伍建设、实践教学效果、校企合作力度、技能大赛参加情况、招生就业率、社会服务力度等任务在实际实施过程中的情况予以反馈,判别是否与专业定位、人才培养目标相符,实时对采集的信息予以分析,为下一步改进提供依据。

表4 会计专业建设任务实施情况

内 容	任务细分	完成情况	完成率
专业定位与人才培养	1.专业定位	专业定位准确	100%
	2.专业建设规划	有完整的专业建设规划	100%
	3.专业建设年度计划	有完整的专业建设年度计划	100%
	4.专业建设标准	有专业建设标准	100%
	5.专业调研工作规范	专业调研工作规范有序	100%
	6.编制会计及相关岗位职责	完成会计及相关岗位职责的编制	100%
	7.编制完成毕业综合实习方案	完成毕业综合实习方案	100%
	8.编制完成顶岗实习方案	完成顶岗实习方案	100%
	9.编制完成本专业优质课程标准	完成本专业优质课程标准	100%
	10.编制修订人才培养方案	编制修订人才培养方案	100%
	11.编制完成技术技能型创新创业人才培养方案	编制完成技术技能型创新创业人才培养方案	100%
	12.招生计划完成率	招生计划完成率超过90%	100%
	13.用人单位对学生的满意度达到95%及以上	用人单位对学生的满意度达到95%	100%
师资队伍	1.聘请校外专业带头人	聘请校外专业带头人1人	100%
	2.专业课中"双师"素质教师比例大于95%	专业课中"双师"素质教师比例大于95%	100%
	3.师资队伍结构优化,梯队合理,素质优良。40岁以下具有硕士学位教师比例大于90%	40岁以下具有硕士学位教师比例大于90%	100%
	4.专业教师保证每2年到企业实践锻炼不少于3个月	专业教师每2年到企业实践锻炼3个月	100%
	5.培养省级教学名师1人、校级教学名师1人	省级教学名师1人、校级教学名师1人	100%
	6.兼职教师素质优良,与专任教师比例达到1:1以上	兼职教师素质优良,与专任教师比例达到1:1以上	100%
	7.企业人员承担学生校外综合实习及顶岗实习期间的指导	企业人员承担学生校外综合实习及顶岗实习期间的教育指导	100%

续表

内容	任务细分	完成情况	完成率
实践教学	1.编写兼职教师校内外指导实践教学管理办法	完成兼职教师校内外指导实践教学管理办法的编制	100%
	2.加强校企合作,建立深度合作基地	加强校企合作,建立深度合作基地	100%
	3.形成阶梯化的实践教学模式	正在形成阶梯化的实践教学模式	100%
	4.形成多元化的实践评价体系	正在完善多元化的实践评价体系	100%
	5.实践课程学时占比大于50%	实践课程学时占比大于50%	100%
	6.完善的顶岗实训管理制度	顶岗实训管理制度完善	100%
	7.顶岗实习考核合格率	顶岗实习考核符合要求	100%
	8.岗位工作要求或工作过程导向的实践课程体系	基于岗位工作要求的实践课程体系	100%
教材与教学资源库建设	1.与企业合作开发教材	已与企业合作开发教材	100%
	2.校级网络课程	校级网络课程已建成	100%
	3.选用反映教学改革要求的教材	教材的选用符合要求	100%
	4.建成省级和校级精品在线开放课程	建成校级精品在线开放课程	50%
	5.在行业优秀出版社出版教材3部	在行业优秀出版社出版教材3部	100%
创新创业与技能大赛	1.融入创新创业课程	已体现在培养方案中	
	2.每年参加学校创新创业大赛项目不少于10项	每年参加学校创新创业大赛项目不少于10项	100%
	3.每年获得创新创业比赛奖项	获得创新创业比赛奖项2项	100%
	4.参加省级大赛获奖	获得会计技能大赛省级一等奖	100%
	5.行业技能大赛获奖	行业技能大赛获奖10多项	100%
	6.承办技能大赛	省级技能大赛承办方	100%
	7.参加国家级技能大赛并取得相应成绩	获得国家级技能大赛三等奖	100%
课程体系与改革	1.课程内容对接职业标准	课程内容对接职业标准	100%
	2.理论与实践相融并进的课程体系	已形成理论与实践相融并进的课程体系	100%
	3.教改课题立项3项	教改课题立项3项	100%
	4.教改课题获奖2项	教改课题获奖少	80%
	5.代表性的教学成果2项	代表性的教学成果少	50%
科研与社会服务	1.申报校级课题5项以上	结合行业申报校级课题5项以上	100%
	2.加强教师参与行业技术指导和扶贫开发工作	加强教师参与行业技术指导和扶贫开发工作	100%

续表

内　容	任务细分	完成情况	完成率
科研与社会服务	3.每年参与社会培训1 000人次以上	每年参与社会培训1 000人次以上	100%
	4.申报省级课题1项以上	申报省级课题3项	100%
	5.一般期刊论文数	一般期刊论文人均1篇	100%
	6.横向课题申报	横向课题已立项	100%
	7.每年参与服务地方经济2次以上	每年参与服务地方经济超过2次	100%
	8.专利申报数	专利申报1项	100%
校企合作与国际交流	1.成立大师工作室	成立了大师工作室	100%
	2.企业人员参与教学指导委员会	企业人员已参与教学指导委员会	100%
	3.会计专业教师出国交流	专业课教师出国交流人数不够	40%
	4.校企协同育人平台	已建立校企协同育人平台	100%
	5.校企合作成立订单班	订单班正在组建中	60%

2.预警

在监测过程中若发现课程设计、师资队伍建设、实践教学效果、校企合作力度、技能大赛参加情况、招生就业率、社会服务力度等与原先预设不符,应能及时发现问题、汇总问题并进行反馈,形成线上与线下相结合的内部质量监控预警机制。

3.改进

对预警环节中发现的问题进行讨论,提出新的改进措施,重新讨论相关设计方案,将问题或弊端扼杀在萌芽状态,并进行新的组织、实施,以保证目标得以实现。

(七)诊断、改进

诊断、激励、学习、创新与改进的相关情况汇总在表5中。

表5　会计专业诊断问题分析与改进

诊断问题分析	激　励	学　习	创　新	改进措施
进一步深化订单班培养	学校在政策上给予充分的支持	分析了订单班出现的原因	校企合作的模式与时俱进	与用友·新道公司确定签约共同培养学生200名
国际交流与合作深度不够	各项比赛中获奖的教师优先推荐出国学习交流	学习学校相关推荐赴外学习的文件	根据专业发展需要,有针对性地推荐相关专业教师出国学习交流	选派3人外出学习
在线精品课程开发有待提升	在线课程负责人或主要参与教师可以优先推荐评优及外出培训	学习资源库建设的相关文件	调动师生使用平台的积极性,并监测平台的使用情况	使用量明显增加

续表

诊断问题分析	激 励	学 习	创 新	改进措施
代表性的教学成果少	外部：教科研积分制考核，教科研成果奖励，职称评定，岗位聘用 内部：内生动力激发	学习教学成果选拔的策略及相关文件，参加相关培训会议，关注教科研成果的转化	邀请往届获奖者传授经验	正在诊改中

四、诊改成效

（一）整体成效

确立了"以人为本"的专业建设理念，完善了专业诊改体系，提升了信息化水平，激发了质量提升的内生动力，形成了"诚实守信，操守为重，坚持准则，不做假账"以及"自律＋规范"为特征的专业质量文化，质量意识得到提升。

（二）具体成效

1. 结合市场需求，人才培养方案及专业建设规划不断优化与完善

2019年7月，教育部公布《高等职业教育创新发展行动计划（2015—2018）》项目，认定会计专业为骨干专业。

2. 建成在线开放课程2门，在建2门

随着在线开放课程的建设，信息化教学手段已经进入课堂，教学效果良好。根据职业岗位群确定职业核心能力，完成按项目模块对课程门类的重新划分，主干课程基本实现理实一体化教学方式，改善教师教学过程，激发学生学习的积极性和主动性，提高教学效果。编写特色教材6部、实训指导书3部。

3. 专业教学团队更加合理

加大培养专业带头人和骨干教师力度，基本建成一支具备高学历、"双师"素质、结构合理的校级教学团队。

4. 学习通、智慧树、云班课等网教平台广泛运用

会计学院推广学习在线、青春在线。将创新创意课程引入人才培养中，将创新创业教育融入人才培养的全过程，组织学生参加"互联网＋"大赛。

5. 实训体系的完善，信息化教学技术的运用

跨专业综合实训平台的试用以及云财务共享中心的筹建。

6. 依托师资优势，为各单位继续教育服务

会计专业教师为社会进行会计继续教育、助理会计师、会计师、注册会计师各类职业资格考试辅导等培训工作；为企业职工和社会成员提供多样化继续教育；专职教师参与省级科学研究与开发或大型技术服务项目建设。

7. 国际交流与合作取得实质性进展

学校加入全国财经职业教育集团、陕西省职业教育协同发展中心，并和韩国、马来西亚、泰国、新加坡、英国、加拿大、德国、西班牙、美国等多个国家的多所高校进行了境外本科教育、寒暑假游学和教职工学历提升等项目的交流合作，为会计专业建设搭建了交流平台，给专业开放办学、开门办学和国际化办学提供了窗口。

五、努力方向

1. 加大教学成果申报力度

鼓励教师多参加科研方面的培训，建立激励机制。进一步完善内部质量保证体系，充分利用信息技术，提高教育教学质量及科研水平。

2. 加快课程建设进度，全面铺开课程资源库建设

加大教材与教学资源库的建设力度，不断完善教学内容与结构设置，编写优质专业课程教材，调动教师团队及专业人员建设教学资源库的积极性。

3. 深化校企合作，强化专业建设发展核心

构建学校和企事业单位联合培养人才模式，推动形成产教融合、工学结合、知行合一的共同育人机制。企业全程参与人才培养方案的开发和实施，对实践课程、课程实训及毕业实习进行系统安排，增加人才培养方案的实践性、开放性和职业性，使校企双方互相支持、优势互补，实现优质教学资源的互用互惠、利益共享。

（陕西财经职业技术学院　刘艳妮）

宝鸡职业技术学院
康复治疗技术专业诊改案例

一、诊改基础

(一)专业发展历史

康复治疗技术专业是宝鸡职业技术学院重点打造的优势重点专业之一。该专业于1997年开始中职招生,2005年开始高职招生,2009年被确定为校级重点专业,2010年成为陕西省重点专业,2014年获批陕西省高等职业院校专业综合改革试点专业,2016年被确定为高等教育创新发展行动计划骨干专业建设项目和全国职业院校残疾人康复人才培养改革试点项目,2017年被立项为陕西省一流培育专业。

(二)专业基本情况

1. 生源情况

康复治疗技术专业隶属宝鸡职业技术学院中医药学院,自招生以来,先后为社会输送了2 800余名康复治疗专业技术人才。目前有来自11个省份的在校学生588人,设有13个教学班。

2. 师资队伍

现有专任教师17人,其中,副教授7人,讲师10人;硕士及以上学位教师6人;省级教学名师1人,省级优秀教师1人,省级师德先进个人1人,"双师"率为76.5%。2019年,该专业教学团队获评学校优秀教学团队。

3. 实践教学条件

在校内建立了省级示范性实训基地的康复实训中心,包含言语实训室、康复评定实训室、运动治疗实训室、作业治疗实训室、物理因子治疗实训室、推拿实训室等9个实训室,设备资产总值300万元;建立了包含陕西省康复医院在内的19家校外实训基地。

4. 专业建设成果

康复治疗技术专业先后完善了人才培养方案,形成专业核心课程标准6门;制定了教学管理制度、学生管理办法、学生跟岗实习管理办法、实训中心管理制度等。该专业先后获得省级重点专业等7个全国和省级建设项目;建成了丰富的专业教学资源,包括2门校级精品课程;作为主编、副主编出版教材6部;目前包含6门课程在内的专业教学资源库正在建设之中。

(三)专业SWOT分析

了解国家政策对康复治疗行业的发展趋势和服务模式的变化,对专业进行深入分析,对标国家骨干专业和陕西省一流专业建设标准,结合对专业现状的研究,对该专业进行 SWOT 分析。该专业具有办学特色鲜明、体制健全、办学基础扎实、培养模式合理等优势,但还存在着校企合作深度不够、实训场地不足、社会服务能力需要持续深入、师资队伍需要进一步加强等劣势。在"健康中国"战略布局、深化医药卫生体制改革、健康产业迅速发展、专业人员需求缺口较大等中存在着机遇,同时也面临同类院校竞争激烈、毕业生综合能力需要提升、专业影响力需要进一步扩大等的挑战。

二、总体设计

(一)目标路径

康复治疗技术专业紧扣国家"十三五"发展规划和"健康中国 2030"等国家战略,结合健康产业和区域经济特点,深入行业调研、分析,掌握行业需求动态,依据学校"十三五"专业建设与发展规划,结合专业建设现有成效,确定专业建设的总目标为:建成陕西省一流专业,最终成为国家骨干专业(图1)。

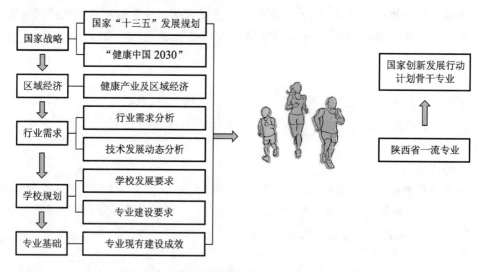

图1 康复治疗技术专业建设目标路径

(二)制定目标链

结合学校、二级学院和专业建设与发展规划,将康复治疗技术专业建设成为人才培养目标与国家需求接轨,课程体系能支持人才培养,有优秀的教学团队、优质的教学资源、多元化的评价体系、良好的招生态势、服务国家战略和区域经济的发展模式,有持续改进机制的专业,使该专业成为省内能引领、西北有影响、国内有地位的陕西省一流专业,最终成为国家骨干专业的目标(图2)。

(三)建立标准链

专业建设目标确定后,必须有建设标准予以支撑。只有制定出合理、可行的建设标准,才能保证建设目标得以实现。依据国家骨干专业、省级一流专业建设标准和要求,借鉴国内不同地区专业建设经验,制定学校专业建设标准。根据学校专业建设标准,结合专业自身建设需要和二级学院层面的相关文件和规划,形成专业建设标准链(图3)。

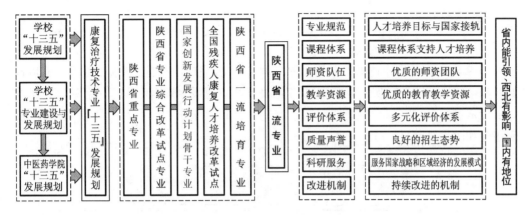

图 2　康复治疗技术专业内部质量保证体系目标链

标准链紧扣目标链并与目标链一一对应,分解为 8 个方面的建设标准,并且每个方面都有相应的制度作为支撑。

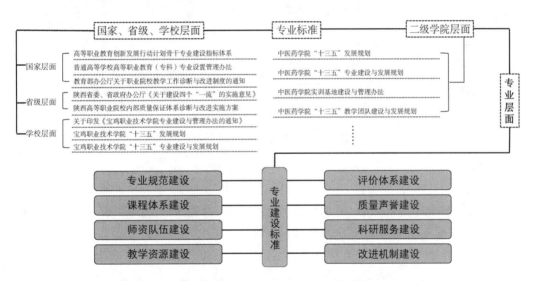

图 3　康复治疗技术专业内部质量保证体系标准链

（四）体系构建

根据学校诊改工作实施方案,康复治疗技术专业将按"8 字形质量改进螺旋"的步骤实施专业建设与诊改。通过"目标—标准—设计—组织—实施—诊断—改进"螺旋上升式往复循环,并通过智能化信息平台对各项工作关键质控点进行即时监测、预警、发现问题、修正纠偏,确保各项工作沿预定轨道运行,形成既相互独立又相互依存,纵横联动的常态化诊改工作运行机制。

三、诊改运行

（一）2019年度总体目标

2019年度康复治疗技术专业建设的总体目标是：完成国家骨干专业、省级一流培育专业和全国职业院校残疾人康复人才培养改革试点建设，依据陕西省一流专业的建设标准设定目标，包括专业规范、课程体系、师资队伍、教学资源、评价体系、质量声誉、科研服务和改进机制（图4）。

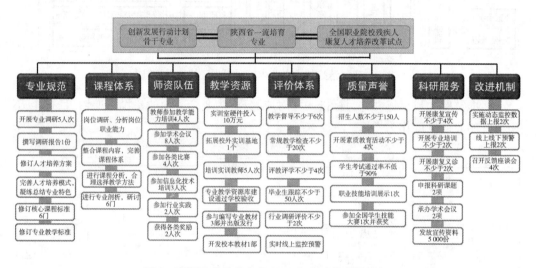

图4 康复治疗技术专业2019年度建设总体目标

（二）标准

按照诊改思路，首先确定2019年度目标标准，将2018年度未完成的4项任务纳入2019年度运行和建设目标中，从专业规范、课程体系、师资队伍、教学资源、评价体系、质量声誉、科研服务、改进机制8个维度建设与改进。

针对专业建设与运行的76项任务确定目标值、标准值和预警值（表1）。

表1 康复治疗技术专业2019年度任务目标值、标准值和预警值

序号	一级指标	二级指标	指标说明	目标值	标准值	预警值
1	专业规范	专业调研/人次	开展专业调研的人次	5	3	0
		调研报告/份	撰写专业调研报告	1	1	0
		人才培养方案/个	修订人才培养方案	1	1	0
		人才培养模式/个	完善讨论人才培养模式	2	1	0
		核心课程标准/门	修订核心课程标准门数	6	3	0
		专业教学标准/个	修订专业教学标准	1	1	0

续表

序号	一级指标	二级指标	指标说明	目标值	标准值	预警值
2	课程体系	专业总学时/学时	专业总学时	2 400	2 200	2 000
		专业总学分/学分	专业总学分	140	133	130
		开设课程门数/门	开设课程门数	9	8	7
		理论学时数/学时	理论学时数	1 300	1 200	1 100
		实践学时数/学时	实践学时数	1 300	1 200	1 100
		公共课程学时数/学时	公共课程学时数	180	170	160
		专业课程学时数/学时	专业课程学时数	1 120	1 030	940
		专业理论学时占专业总学时的比例/%	专业理论课时占总学时的比例	40	45	50
		专业实践学时占专业总学时的比例/%	专业实践学时占专业总学时的比例	60	55	50
		创新创业类课程	是否开设创新创业类课程	有	有	有
		素质拓展类课程	是否开设素质拓展类课程	有	有	有
3	师资队伍	专任教师人数/人	专业名称、专任教师信息	10	8	5
		高级职称教师人数/人	高级职称教师信息	5	3	2
		"双师"素质教师比例/%	专业名称、"双师"素质类型	50	80	60
		参加教学能力培训/人次	教师参加教学能力培训人次	4	2	0
		学术会议/人次	教师参加学术会议人次	8	5	0
		参加各类比赛/次	教师参加各类比赛次数	4	2	0
		信息化技术培训/人次	教师参加信息化技术培训人次	3	2	0
		行业实践/人次	教师参加行业实践人次	3	2	0
		教师获奖人数/人	教师获奖（厅级、省部级、校级）	3	2	0
		教师境外交流/人·日	教师境外交流	40	30	25
		国际交流项目数/个	国际交流项目数	4	3	2
4	教学资源	专业教学资源库个数/个	专业教学资源库（指标注明级别）	1	1	0
		精品在线开放课程门数/门	精品在线开放课程名称	5	4	1
		校内实训基地总数/个	校内实训基地总数	8	5	3
		校外实训基地总数/个	校外实训基地总数	20	10	5

续表

序号	一级指标	二级指标	指标说明	目标值	标准值	预警值
4	教学资源	设备总值/万元	校内实训基地设备总值	300	200	100
		生均仪器设备值/元	生均仪器设备值	6 000	5 000	4 000
		实验实训实际使用课时/学时	实验实训实际使用课时	300	200	100
		实验实训计划使用课时/学时	实验实训计划开设课时	300	200	100
		工位数	实训室提供的工位数	500	450	200
		实训室使用率/%	实训室数量、使用情况	95	90	80
		合作企业家数/家	合作企业家数	8	5	4
		联合开发课程门数/门	联合开发课程名称	2	1	无
		联合开发教材部数/部	联合开发教材名称	2	1	无
		合作企业接收顶岗实习学生人数/人	合作企业接收顶岗实习学生人数	200	150	100
5	评价体系	教学督导/人次	学校进行教学督导的人次	6	3	2
		常规教学检查次数/次	日常教学检查的次数	40	20	10
		学生评教次数/次	学生评教的次数	6	4	2
		教师评学次数/次	教师评学的次数	6	4	2
		毕业生跟踪调查人次/人次	对毕业学生进行跟踪调查的人次	60	50	40
		行业、用人单位评价人次/人次	行业、用人单位、家长评价的人次	4	2	0
		线上数据报送次数/次	线上评价报送次数	10	5	0
6	质量声誉	计划招生人数/人	专业、招生人数、地区	150	100	60
		实际招生人数/人	录取人数	150	105	65
		第一志愿报考率/人	专业名称、第一志愿报考录取人数、招生总人数	170	150	80
		报到率/%	专业名称、报到人数、发放志愿人数	90	80	50
		在校生人数/人	在校生人数（3 年在校生人数总和）	300	240	105
		学生技能大赛获奖数/项	学生技能大赛获奖（校级、省级、国家级）	2	1	无
		学生创新创业获奖数/项	学生创新创业获奖（校级、省级、国家级）	2	1	无

续表

序号	一级指标	二级指标	指标说明	目标值	标准值	预警值
6	质量声誉	学生文艺、体育获奖数/个	学生文艺、体育获奖(校级、省级、国家级)	2	1	无
		学生其他获奖数/个	学生其他获奖	2	1	无
		考试通过率/%	考试通过人数比例	80	60	50
		毕业率/%	毕业学生人数比例	100	95	90
		就业率/%	就业学生人数比例	93	90	85
		优秀率/%	优秀学生比例	20	10	5
		及格率/%	考试及格学生比例	100	95	90
		不及格率/%	考试不及格学生比例	2	1	5
		顶岗实习学生人数/人	顶岗实习学生人数	150	120	100
7	科研服务	科研课题数/个	技术服务(项目数、到款额)	1	1	0
		科研项目到款额/万元	横向课题到款额	2	1	0
		社会服务项目数/个	提供社会服务项目数	2	1	0
		社会服务到款额/万元	提供社会服务到款额	2	1	0
		康复宣传次数/次	开展康复宣传的次数	6	4	2
		康复专业培训次数/次	开展康复技术基层培训的次数	4	2	0
		康复义诊次数/次	开展康复义诊的次数	4	2	0
		宣传资料发放份数/份	发放康复宣传资料份数	6 000	5 000	2 000
8	改进机制	专业建设动态数据监控/次	动态数据监控上报次数	4	2	0
		专业建设数据线上预警/次	专业建设数据线上预警上报次数	4	2	0
		反馈座谈会/次	召开监控反馈座谈会的次数	6	4	0

(三)设计

根据2019年度建设目标,在学校教学质量保证体系下,康复治疗技术专业将严格按照人才培养方案执行相应的教学环节。同时,在专业规范、课程体系、师资队伍、教学资源、评价体系、质量声誉、科研服务、改进机制8个维度有条不紊地实施专业建设和诊断改进。

1. 质控点的设置

从专业建设的目标和标准出发,将专业建设目标的 8 个一级指标、76 个可量化的二级指标按照主要观测要素转化为 45 个质控点,并依据专业建设目标对量化指标和质控点设定预警阈值(图5)。

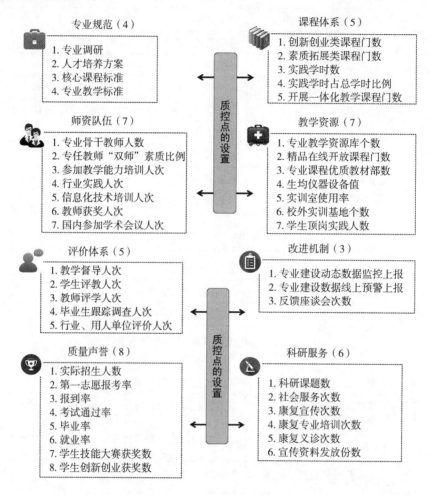

图5 康复治疗技术专业建设质控点的设置

2. 专业建设的实施路径

首先,学院院长带领相关人员做好专业系统设计、专业质控点设计、企业调研、资源配置等。其次,教学副院长和专业带头人等进行人才培养方案的制定,确定人才培养规格,进行课程系统设计。第三,专业带头人带领相关教师进行课程教学设计,制定课程标准,进行课程改革。第四,专业带头人、教研室主任和教师等利用教学资源实施常规教学。最后,院长带领相关人员进行专业剖析、专业评价(图6)。

(四)组织

康复治疗技术专业建设组织框架如表2所示。

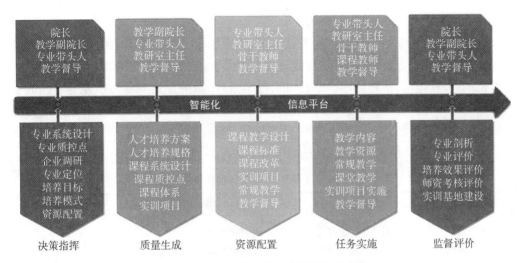

图6 康复治疗技术专业建设的实施路径

表2 康复治疗技术专业建设组织框架

资 源	组 成	责 任 人	职 责
专业建设质控组	学校教学管理委员会	王爱社	指导专业定位,把关人才培养规格
课程建设质控组	课程改革指导委员会	王社利	指导课程改革,把关课程内容整合
师资队伍建设质控组	专业带头人	张维杰	专业建设总体部署、安排
	课程实施负责人	教学管理人员及课程任课教师	课程教学全过程及质量保证
	实训实施负责人	陈楠	实践教学全过程及质量保证
实验实训建设质控组	校内实训条件	王庆芬	总投资400万元的康复治疗技术专业实训中心,主要有PT实训室、OT实训室等10余个实训室,是省级示范性实训中心,能够充分满足学生实训需求
	校外实训条件	王凯涛	以陕西省康复医院、西安中医脑病医院、宝鸡市中心医院、宝鸡市中医医院等为代表的20家校外实训基地
学生发展质控组	学生发展中心	杨彩霞	负责学生教育和发展规划的制定与实施
保障与监督	教学管理人员后勤保障部门	王爱社	管理、服务、保障
	教学督导人员	辛明 王亚宁	检查、监督、考核

（五）实施

以教育教学为中心，通过行业、企业调研，结合国家、学校和部门的发展规划，参照全国康复治疗师执业资格认证标准，制定专业教学标准，修订人才培养方案，完善人才培养模式、课程体系、课程标准、师资队伍、教学条件、服务能力和保障机制等。同时引入毕业生跟踪和多方评价机制，过程监控与达成度、差距性评价，参考学校信息平台反馈信息形成反馈机制。以问题为导向，全面创新改进。

为了达到2019年度专业建设目标，采取了如表3所示的具体措施。

表3 康复治疗技术专业2019年度建设的具体措施

项 目	措 施
专业规范建设	1. 进行行业、企业调研，形成专业调研报告。 2. 开发专业教学标准，修订人才培养方案，修订课程标准6门。 3. 编写运动治疗技术、作业治疗技术操作流程和评分标准。
课程体系建设	1. 进行行业调研，构建课程体系。 2. 依据工作岗位能力要求，重构课程内容。 3. 设计教学方案。
师资队伍建设	1. 通过内培外引、校企深度合作方式培养专业带头人、骨干教师，优化师资队伍结构，提升教师水平。 2. 鼓励教师参加各种比赛，申报各级教改、科研课题。
教学资源建设	1. 加强实验实训基地建设，拓展高层次的校外实训基地，建设1家教学医院；校内建设现代化的PT实训室、OT实训室、理疗实训室等。 2. 健全教学管理制度，完善教学质量保证和监控体系，完善各类学生管理办法、学生跟岗实习管理办法、实训中心管理制度。
	1. 开发校级精品在线开放课程3门，编写教材5部。 2. 建设康复治疗技术专业教学资源库。
评价体系建设	1. 通过目标监控、过程监控、结果监控、实时监控等促进专业建设和专业运行。 2. 完善评价体系，构建全方位多元评价体系。
招生态势建设	1. 以丰富多彩的素质教育活动为载体，突出职业素质培养，重视学生日常行为规范养成教育。 2. 加强教学管理，提升学生培养质量，提高学生执业资格证的通过率、就业率。 3. 积极备战技能大赛，争取获奖项目项数和质量提高。
社会服务 与专业特色	1. 加强社会服务，开展社会培训。 2. 凝练鲜明的康复治疗技术专业特色。
改进机制建设	采用线上线下多方面监测预警，达到改进的目的。

（六）动态循环

"实施—监测—预警—修正—设计"构成小循环,对教育教学质量构成动态监测。

1. 监测

源头即时采集各项目建设完成情况,动态监控完成情况(质控点预警值)。

2. 预警

利用诊改平台,将专业课程的质控点转化为动态监控、预警阈值,实时将专业数据与预警值进行对比,推送专业预警信息。若各项目完成情况达到预警值,系统将会自动预警。

3. 修正

若系统自动预警,应及时修正各项目的建设进度和力度,促进项目落实完成。

（七）诊断

通过近一年的建设,智能化信息平台数据监控显示,结合教学过程中的具体环节,得到如下诊断结果。

1. 2018年转入任务完成情况的诊断

对接目标诊断问题,首先对2018年转入任务的完成情况进行诊断。2019年修订了4门核心课程技术操作规范,专业教学资源库验收完成,行业合作深入融合,立项申报课题2项。

2. 2019年上半年目标达成度

参照质控点中的要素找问题,对比目标和标准找差距,结合制度找原因,通过对比年度目标(76个量化指标已完成43个,29个未完成,4个未统计),得出目标达成度为56.6%,如表4所示。

表4 康复治疗技术专业2019年上半年专业建设任务目标达成情况

序号	一级指标	二级指标	指标说明	目标值	成效	目标达成
1	专业规范	专业调研/人次	开展专业调研的人次	5	7	是
		调研报告/份	撰写专业调研报告	1	1	是
		人才培养方案/套	修订人才培养方案	1	1	是
		人才培养模式/个	完善讨论人才培养模式	2	3	是
		核心课程标准/门	修订核心课程标准门数	6	6	是
		专业教学标准/个	修订专业教学标准	1	1	是
2	课程体系	专业总学时/学时	专业总学时	2 400	3 296	是
		专业总学分/学分	专业总学分	140	158	是
		开设课程门数/门	开设课程门数	9	26	是
		理论学时数/学时	理论学时数	1 300	1 131	是
		实践学时数/学时	实践学时数	1 300	2 165	是
		公共课程学时数/学时	公共课程学时数	180	512	是

续表

序号	一级指标	二级指标	指标说明	目标值	成效	目标达成
2	课程体系	专业课程学时数/学时	专业课程学时数	1 120	2 784	是
		专业理论学时占专业总学时比例/%	专业理论学时占总学时比例	40	24.7	是
		专业实践学时占专业总学时比例/%	专业实践学时占专业总学时比例	60	58.6	是
		创新创业类课程	是否开设创新创业类课程	有	有	是
		素质拓展类课程	是否开设素质拓展类课程	有	有	是
3	师资队伍	专任教师人数/人	专业名称、专任教师信息	10	17	是
		高级职称教师人数/人	高级职称教师信息	5	7	是
		"双师"素质教师比例/%	专业名称、"双师"素质类型	50	76.5	是
		参加教学能力培训/人次	教师参加教学能力培训人次	4	4	是
		学术会议/人次	教师参加学术会议人次	8	5	否
		参加各类比赛/次	教师参加各类比赛次数	4	1	否
		信息化技术培训/人次	教师参加信息化技术培训人次	3	1	否
		行业实践/人次	教师参加行业实践人次	3	0	否
		教师获奖人数/人	教师获奖(厅级、省部级、校级)	3	2	否
		教师境外交流/人·日	教师境外交流	40	0	否
		国际交流项目数/个	国际交流项目数	4	0	否
4	教学资源	专业教学资源库个数/个	专业教学资源库(指标注明级别)	1	1	是
		精品在线开放课程门数/个	精品在线开放课程名称	5	6	是
		校内实训基地总数/个	校内实训基地总数	8	9	是
		校外实训基地总数/个	校外实训基地总数	20	21	是
		设备总值/万元	校内实训基地设备总值	300	300	是
		生均仪器设备值/元	生均仪器设备值	6 000	6 500	是
		实验实训实际使用课时/学时	实验实训实际使用课时	300	360	是

续表

序号	一级指标	二级指标	指标说明	目标值	成效	目标达成
4	教学资源	实验实训计划使用课时/学时	实验实训计划开设课时	300	360	是
		工位数/个	实训室提供的工位数	500	500	是
		实训室使用率/%	实训室数量、使用情况	95	100	是
		合作企业家数/家	合作企业家数	8	0	否
		联合开发课程门数/门	联合开发课程名称	2	0	否
		联合开发教材部数/部	联合开发教材名称	2	0	否
		合作企业接收顶岗实习学生人数/人	合作企业接收顶岗实习学生人数	200	0	否
5	评价体系	教学督导/人次	学校进行教学督导的人次	6	8	是
		常规教学检查次数/次	日常教学检查的次数	40	40	是
		学生评教次数/次	学生评教的次数	6	3	否
		教师评学次数/次	教师评学的次数	6	3	否
		毕业生跟踪调查人次/人次	对毕业学生进行跟踪调查的人次	60	30	否
		行业、用人单位评价人次/人次	行业、用人单位、家长评价的人次	4	3	否
		线上数据报送次数/次	线上评价报送次数	10	0	否
6	质量声誉	计划招生人数/人	专业、招生人数、地区	150	150	是
		实际招生人数/人	录取人数	150	150	是
		第一志愿报考率/人	专业名称、第一志愿报考录取人数、招生总人数	170	150	是
		报到率/%	专业名称、报到人数、发放志愿人数	90	95	是
		在校生人数/人	在校生人数(3年在校生人数总和)	300	588	是
		学生技能大赛获奖数/项	学生技能大赛获奖(校级、省级、国家级)	2	0	否
		学生创新创业获奖数/项	学生创新创业获奖(校级、省级、国家级)	2	0	否
		学生文艺、体育获奖数/项	学生文艺、体育获奖(校级、省级、国家级)	2	0	否

续表

序号	一级指标	二级指标	指标说明	目标值	成效	目标达成
6	质量声誉	学生其他获奖数/项	学生其他获奖	2	0	否
		考试通过率/%	考试人数、通过人数	80	95	是
		毕业率/%	毕业学生人数比例	100	100	是
		就业率/%	就业学生人数比例	93	未统计	否
		优秀率/%	优秀学生比例	20	未统计	否
		及格率/%	考试及格学生比例	100	未统计	否
		不及格率/%	考试不及格学生比例	2	未统计	否
		顶岗实习学生人数/人	顶岗实习学生人数	150	198	是
7	科研服务	科研课题数/个	技术服务(项目数、到款额)	1	0	否
		科研项目到款额/万元	横向课题到款额	2	0	否
		社会服务项目数/个	提供社会服务项目数	2	2	是
		社会服务到款额/万元	提供社会服务到款额	2	50	是
		康复宣传次数/次	开展康复宣传次数	6	2	否
		康复专业培训次数/次	开展康复技术基层培训次数	4	1	否
		康复义诊次数/次	开展康复义诊次数	4	1	否
		宣传资料发放份数/份	发放康复宣传资料份数	6 000	500	否
8	改进机制	专业建设动态数据监控/次	动态数据监控上报次数	4	0	否
		专业建设数据线上预警/次	专业建设数据线上预警上报次数	4	0	否
		反馈座谈会/次	召开监控反馈座谈会次数	6	3	否

3. 存在的问题

(1)院校合作深度不够。

(2)第四届全国康复专业学生技能大赛推进较慢。

(3)纵行、横向科研工作力度不足。

(4)国内外交流培训需要深入,国外交流还未开展。

4. 原因分析

(1)行业积极性不足,投入力度不够。

(2)正在稳步推进全国康复技能大赛承办及培训工作。

(3)教师科研意识不强,科研能力欠缺。
(4)教师侧重于校内教学,国内外交流机会不多。

(八)激励与学习

基于问题导向,开展激励、学习。通过学校出台的相关奖励、激励制度,激发学习的创新动力。

组织康复治疗技术专业建设团队学习国家相关文件、省级部门相关文件和学校相关文件精神,不断提高认识,理清思路,为专业建设奠定基础。

(九)创新与改进

1. 改进措施

(1)深入行业第一线,加强与行业的交流沟通,紧贴行业发展前沿,共同开展行业合作。

(2)稳步推进筹备第四届全国职业院校康复治疗技术专业学生技能大赛,同时做好本校参赛学生的培训工作。

(3)完善教师申报教科研课题奖励机制,鼓励教师积极申报各类教科研课题,开展教科研能力培训。

(4)采取各种措施,鼓励教师参加国内外学术会议和培训,提高专业能力,增加教师国外交流学习的机会。

2. 改进成效

康复治疗技术专业2018年度专业建设改进成效如表5所示。

表5 康复治疗技术专业2018年度专业建设改进成效

项 目	改进成效
专业建设更加规范	1. 形成了专业调研报告,使专业建设目标更加科学合理,发展定位更加准确。 2. 开发了专业教学标准,修订了人才培养方案,修订了课程标准10门。 3. 编写了康复治疗技术常见操作规范。
师资队伍水平得到提升	1. 培养了2名专业带头人、17名骨干教师,教师"双师"率达到82%,高级职称比例达到27.8%,专业教师校内外实践锻炼达到30天/年,兼职教师人数达到74人。 2. 专业教师中有5人获得硕士学位。 3. 专业教师完成科研、教学教改校级课题2项,作为主编等参与编写教材3部。 4. 教师有2人次在各类教学比赛中获奖。
教学条件更加完善	1. 校外实训基地总数达到21家,与陕西省康复医院开展了深度合作。 2. 校内实训基地建成了PT实训室、OT实训室、理疗实训室等。
课程资源更加丰富	1. 建设校级精品课程2门,建设校级在线共享课程6门。 2. 正式出版教材8部。 3. 建设了康复治疗技术专业教学资源库,积极准备申报省级专业教学资源库。

续表

项　目	改进成效
人才培养质量不断提高	1. 2019年度学生就业率达到92.8%，对口就业率达到86.7%。 2. 连续3年第一志愿录取率均保持在110%以上，报到率为98.7%。 3. 6个月以上跟岗实习率达到100%。 4. 学校取得第四届全国职业院校康复治疗技术专业学生技能比赛承办权。
社会服务能力增强，专业特色更加鲜明	1. 社会培训达到528人次。 2. 凝练出了鲜明的专业特色，康复治疗技术专业秉持"敦品尚能、学养日新"的校训，坚持"以立德树人为本、以职业素养为魂、以特色教育为根"，按照"爱心助残、工学交互、课证一体"的人才培养思路和"三模块、两系统、三阶递进、双线并行"的课程体系建设方法，形成了学校康复治疗技术专业的办学特色。 3. 学生一直受到实习医院、带教老师和用人单位的好评，专业办学已在学校和社会赢得良好的口碑。

四、努力方向

根据2019年度目标任务的完成情况，结合2019年度的工作任务和重点工作，现提出2019年度下半年努力的方向。

（1）完成全国残疾人康复人才培养改革试点工作。

（2）做好全国职业院校学生康复技能竞赛承办事宜。

（3）完成陕西省一流培育专业建设任务。

（4）加强院校合作建设力度，联合开发课程。

（5）加大教科研课题申报力度。

安康职业技术学院
临床医学专业诊改案例

一、传承特色,明晰基础

(一)发展基础

安康职业技术学院临床医学专业的前身为原安康卫生学校西医士专业。1986年和原西安医科大学联合办学首次开办了临床医学专业,先后与西安交通大学医学院、第四军医大学、延安大学共同开办了临床医学专科教育。2004年,安康职业技术学院成立;2006年,经陕西省教育厅批准独立招收三年制临床医学专业学生;2008年,临床医学专业被确定为陕西省高职教育重点专业。自2016年医学院成立以来,临床医学专业先后获批为陕西省高等职业院校"专业综合改革试点项目"、教育部高等职业院校创新发展行动计划骨干专业建设项目、陕西省教育厅批准为一流专业(培育)建设项目。

(二)专业基本情况

1. 人才培养模式及专业定位

经过多年的建设和继承发展,立足临床医疗服务能力培养,"三一制"人才培养模式构建了基于工作岗位实际和职业资格标准系统化的专业课程体系。重点面向基层医疗机构和基本公共卫生服务机构培养高素质技术技能医学专门人才。

2. 师资队伍

2017年年底,临床医学专业共有教师41人,其中,专职教师31人、兼职教师10人。专任教师结构为:研究生学历16人、本科学历15人,教授/主任医师2人,副教授/副主任医师17人,讲师/主治医师10人,助教2人;"双师"素质教师21人,专业教师中"双师"素质教师占比81%;省级教学名师1人,校级教学名师1人。

3. 教学资源

共有80间实训室,直属、附属医院2家,校外实训实习基地32家,课程资源较为完善。

4. 生源情况

截至2017年年底,共有临床医学专业在校生680人。

二、聚焦差距,设计建标

(一)目标路径

临床医学专业紧扣学校"十三五"发展规划,集合医学产业特点,根据区域经济发展、行业需求以及已有的专业基础,临床医学专业的建设目标是建成省级一流专业。

(二)找准差距

通过行业、企业调研,对专业进行了SWOT分析。优势是多年来与高等医学院校合作办学,积累了丰富的教改经验和教学经验,优良的教风和学风保障了教学质量,行业标准已融入专业人才培养的全过程。劣势是专业教师学历结构不尽合理,专业建设标志性成果较少,院校合作层次不深。专业发展的良好机遇在于"健康中国"发展战略,地方政府的大力支持,以及临床医学专业综合改革和一流培育建设项目已立项并同步推进。由于开设临床医学专业的职业院校多,竞争性强,高层次学历人才不愿入职担任专业教学工作,品牌影响力不足是专业发展需要应对的挑战。

三、诊断问题,质量改进

(一)体系建设

1.构建临床医学专业质量保证体系

基于学校"五纵五横一平台"内部质量保证体系,结合临床医学专业自身定位和特色,由构建省级一流的目标引领,专业建设方案、人才培养方案、教学文件、教学资源、师资配置、教学设施、实训条件、规章制度的标准规范,人才培养模式改革、教学改革与资源建设、师资队伍建设、实训条件优化、社会服务能力强化、教学管理能力提升、创新创业教育改革、国际交流合作突破的支撑,决策指挥、质量生成、资源建设、支持服务、监督控制系统的协同发力,对招生情况、教学资源、师资队伍、就业情况、科研立项、社会服务等基于实际并结合目标标准开展监测预警和改进。总体上通过建立"8字形质量改进螺旋",按照"目标—标准—设计—组织—实施—(监测—预警—改进—设计)—诊断—改进"运行。

2.确定省级一流专业建设目标,形成目标链

临床医学专业是以服务区域社会、经济建设为宗旨,以深化课程内容和课程体系改革为动力,以临床医学人才需求为导向,构建创新型人才培养模式,提升师资团队的综合实力,培养融素质、知识、能力为一体的高素质、实用型医学专门人才。按照学校规划目标,临床医学专业的建设目标确定为立足省级重点专业,通过3年建设实现一流专业(培育)达标,成为陕西省一流专业(图1)。

按照省级一流专业建设总目标,立足专业规范、师资队伍、教学条件、课程建设、培养质量和社会声誉、社会服务6个层面的任务进行年度分解,确定年度总体目标(表1)。

3.确立专业建设标准,形成标准链

围绕专业建设目标,结合学校层面专业建设标准和专业发展现状,确立专业建设标准,形成标准链。临床医学专业作为陕西省一流专业培育建设项目,按照一流专业建设标准建设,该标准包括专业规范、师资队伍、教学条件、课程建设、培养质量、社会声誉和社会服务6个一级指标、22项二级指标。

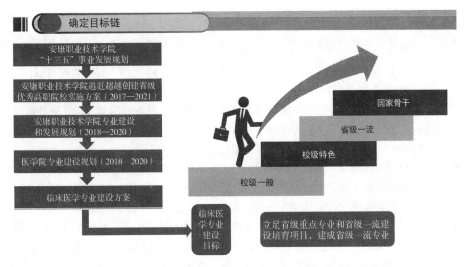

图 1 临床医学专业目标链

表 1 临床医学专业目标年度任务分解

诊改项目	2018 年度建设目标	2019 年度建设目标	2020 年度建设目标
专业规范	确定专业建设目标(省级一流)、建设规划方案；完成人才需求和毕业生调查报告；修订专业人才培养方案、专业建设标准；校企合作修订核心课程标准；开设创新创业课程	开展基层和民营医疗机构人才需求和3年毕业生跟踪调查，形成报告；完善专业及课程标准；确定专业人才培养方案，开设创新创业课程	开展基层和民营医疗机构人才需求和毕业生跟踪调查，形成报告；确定专业人才培养方案，开设创新创业课程
师资队伍	专业带头人1人；高级职称专任教师比例达到30%；"双师"素质专业教师达到70%。研究生学历教师比例达到60%；校级教学名师2人	培养专业带头人1人；高级职称专任教师比例超过30%；"双师"素质专业教师达到80%。研究生学历教师比例提高到70%。培养省级优秀教师或教学名师1人；校级教学名师1人	高级职称专任教师比例超过30%；"双师"素质专业教师达到90%。研究生学历教师比例超过70%。校级教学名师1人
教学条件	新增校外临床和社区实习实训基地3个。必修实践、实训课程开出率达到100%；专业教师保证每2年到企业实践锻炼时间不少于3个月	新增校外临床和社区实习实训基地3个。必修实践、实训课程开出率达到100%；专业教师保证每2年到企业实践锻炼时间不少于3个月	新增校外实习基地2个。必修实践、实训课程开出率达到100%；专业教师保证每2年到企业实践锻炼时间不少于3个月

续表

诊改项目	2018年度建设目标	2019年度建设目标	2020年度建设目标
课程建设	开发新课程1门；校企合作修订10门专业主干课程标准；培育2门校级在线开放课程；参与编写规划教材1部；编写特色实训教材1部	新课程开发计划、标准和教材完善；课程标准对接资格考试；完成2门在线开放课程建设；完成教材的编写和使用	校本教材出版；完成10门主干课课程标准；完成2门在线开放课程建成并应用；参与1~2部规划教材的编写
培养质量和社会声誉	与2家医院建立深层次的合作关系；参加全国临床技能大赛；中外交流项目上有突破。学生参加国家、省级以上技能大赛获得荣誉1项；临床实践技能培训考核合格率达到100%。教师参与省级以上大赛获得荣誉1项	与2家医院建立深层次的合作关系；参加全国职业院校临床技能大赛获得荣誉1项；临床实践技能培训考核合格率达到100%。教师参与省级以上大赛获得荣誉1项	与2家医院建立深层次的合作关系；参加全国临床技能大赛获得荣誉1项；临床实践技能培训考核合格率达到100%。教师参与省级以上大赛获得荣誉1项
社会服务	开展社会服务及培训200人次以上；专职教师申报省级、校级教科研项目2项；横向课题1项	开展社会服务及培训200人次以上；专职教师申报省级、校级教科研项目2项	开展社会服务及培训200人次以上；专职教师申报省级、校级教科研项目2项

（1）标准链的形成(图2、图3)。

（2）支撑专业标准链达成的制度体系(表2)。

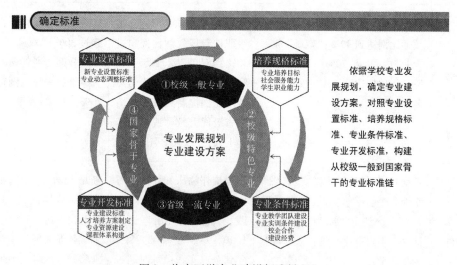

图2　临床医学专业建设标准链(1)

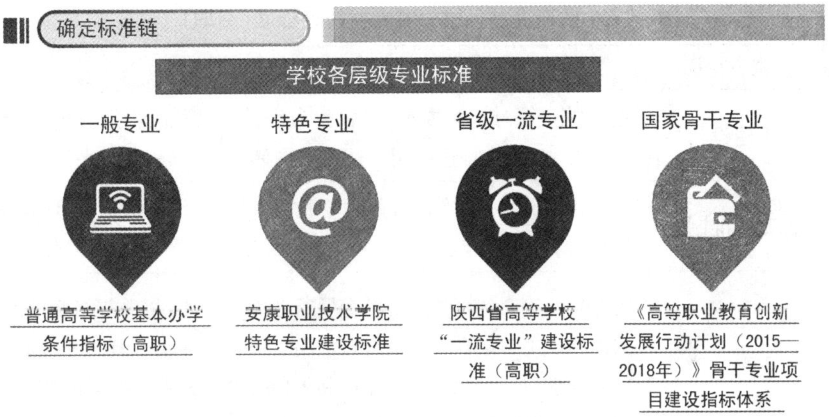

确定标准链

学校各层级专业标准

一般专业	特色专业	省级一流专业	国家骨干专业
普通高等学校基本办学条件指标（高职）	安康职业技术学院特色专业建设标准	陕西省高等学校"一流专业"建设标准（高职）	《高等职业教育创新发展行动计划（2015—2018年）》骨干专业项目建设指标体系

图3　临床医学专业建设标准链（2）

表2　支撑专业标准链达成的制度体系

国家层面标准	教育部关于印发《普通高等学校高等职业教育（专科）专业设置管理办法》（教职成〔2015〕10号），教育部《高等职业学校临床医学专业教学标准》，国务院《关于加快发展现代职业教育的决定》（国发〔2014〕19号），教育部《关于全面提高高等职业教育教学质量的若干意见》（教高〔2016〕16号），教育部办公厅《关于建立职业院校教学工作诊断与改进制度的通知》（教职成〔2015〕10号），教育部关于印发《普通高等学校高等职业教育（专科）专业目录（2015年）》的通知（教职成〔2015〕10号），职业院校医药类相关专业仪器设备装备规范，国家临床执业（助理）医师资格考试标准，高等职业学校临床医学专业顶岗实习标准
省级层面标准	陕西省《现代职业教育体系建设规划（2015—2020年）》（陕政发〔2015〕9号，陕西省《高等职业院校内部质量保证体系诊断与改进实施方案》（陕教高〔2016〕3号），陕西省《关于全面深化高等教育综合改革的意见》（陕发〔2016〕17号），陕西省《关于建设"一流大学、一流学科、一流学院、一流专业"的实施意见》（陕办发〔2016〕33号），陕西省《高等职业教育创新发展行动计划（2015—2018年）》项目建设骨干专业指标体系
学校层面标准	安康职业技术学院"十三五"事业发展规划，安康职业技术学院追赶超越实施方案，安康职业技术学院专业建设和发展规划，安康职业技术学院特色专业（一流、骨干）建设标准，安康职业技术学院师资队伍建设规划，安康职业技术学院课程建设规划，安康职业技术学院内部质量保证体系建设与运行方案
二级学院层面标准	医学院专业发展规划，医学院实训室建设与管理办法，医学院师资队伍建设规划，医学院专业带头人管理细则，医学院顶岗实习管理办法
专业层面标准	临床医学专业人才培养方案，临床医学专业建设方案

（3）一流专业建设标准（表3）。

表3 陕西高等学校一流专业建设标准（高职）

一级指标	二级指标	建设标准
1. 专业规范	1.1 建设目标	坚持以立德树人为根本，以服务为宗旨，以就业为导向；校企合作紧密，成效明显，专业特色鲜明。达到省内领先、全国一流水平
	1.2 标准制定	专业标准具体、明确，与行业、企业技术标准及国际通行的职业资格标准相吻合；课程标准、技能标准和评价标准等科学规范，可操作性强
	1.3 人才培养方案	培养目标符合陕西省经济社会及行业发展要求，培养规格定位准确；培养方案体现工学结合、校企合作、顶岗实习等人才培养模式和全面推进素质教育要求，具有示范性、操作性和可借鉴性。专业有明确的培养方案修订制度，能够依据社会需求、学校及专业自身发展变化对培养方案进行定期评价与修订。修订过程中能吸纳业界专家和毕业生代表的意见
	1.4 创新创业教育改革与实践	将创新创业教育融入办学理念、专业培养、第二课堂和技术服务，开设创新创业教育专门课程，注重学生的创新精神、创业意识和创新创业能力的培养
	1.5 合作办学	在教学标准开发、课程建设、师资培训、学生培养等方面与职业教育发达国家开展交流合作，学习和引进国（境）外优质教学资源，将国际通行的职业资格标准融入教学内容；国际合作交流机制健全，举办国内外合作办学项目，有较好的成效
2. 师资队伍	2.1 师资结构	专业带头人具有较高的教科研水平；教师队伍结构优化，梯队合理，素质优良；专任教师具有硕士及以上学位的比例达到70%以上，高级职称教师比例不低于30%；"双师型"教师比例达到专任教师的90%以上；专业教师保证每2年到企业实践锻炼时间不少于3个月；来自企业的优秀兼职教师与专业教师的比例达到1:1；兼职教师承担的专业课时比例达到50%以上
	2.2 师资力量	围绕提升专业教学能力和实践动手能力，加强师资培养；任课教师教改革意识和质量意识强，教科研水平、技术服务水平较高，在行业内具有较高声誉
3. 教学条件	3.1 专项经费投入增长情况	用于专业调研、师资队伍建设、教学条件建设、课程建设、教学改革等专项建设经费充足
	3.2 实践教学条件	创建实境化、开放式、多功能的实践教学场所，实行"校中厂""厂中校"等实习实训基地建设模式；校内实践教学基地设施先进，现代技术含量高，具有融实训、培训、技能鉴定于一体的生产性实训基地，能满足学生职业技能和综合实践能力训练的需要；具有较稳定的、能满足学生实训要求的校外实习、实训基地，企业指导人员指导效果好；必修实践、实训课开出率达到100%

续表

一级指标	二级指标	建设标准
3. 教学条件	3.3 教学管理	教学管理制度健全、手段先进、执行严格；教学管理改革力度大、效果好；教学质量保障和监控体系健全，运行良好；校企深度合作，联合组建专业建设指导委员会，能实质性、制度性地参与人才培养的全过程；企业提供的岗位能够满足实习、实训的需求，校企联合开展订单培养；实训室实行开放式管理
4. 课程建设	4.1 教学内容与课程体系改革	把职业岗位所需的知识、技能和职业素养融入专业教学中，教学内容、课程体系改革力度大，构建了以能力为核心的课程体系；课程内容能反映当前社会先进技术水平和最新岗位资格要求；教学内容和课程体系改革成效显著
	4.2 教学方法与手段改革	项目教学、案例教学、情景教学、工作过程导向教学，广泛运用启发式、探究式、讨论式、参与式教学，教学过程突出学生的主体地位，因材施教，教学方法、手段多样；专业课程采用理实一体化教学，教学效果好
	4.3 资源建设	主编国家规划教材或优秀教材，开发具有高职特色的高质量自编教材；公共基础必修课程严格选用《职业教育国家规划教材书目》教材，专业课程优先选用《职业教育国家规划教材书目》教材；建设精品在线开放课程 3 门以上，主持或参与职业教育国家专业教学资源库建设；专业教学资源先进、丰富，使用率高，效果好
5. 培养质量与社会声誉	5.1 招生与在校生人数	招生报考率高；在校生超过 300 人
	5.2 学习成果支撑度	专业有明确、公开、可衡量的学习成果，学习成果能够支撑本专业培养目标的达成
	5.3 学习成果评价	专业有学习成果达成评价体系，能够对本专业学习成果的达成情况进行评价
	5.4 人文素养	学生职业技能和职业精神高度融合，公共基础课程设置与教学实施规范，学生思想道德素养和文化素质水平较高，具有较好的专业知识和基本技能；学生计算机、英语应用能力强
	5.5 职业技能	学生职业技能考核与社会职业资格证书接轨，鼓励学生获取职业资格高级证书，社会上开展的职业资格考试专业学生双证书获取率不低于90%；学生半年以上顶岗实习率达到 100%
	5.6 社会声誉	社会声誉高；毕业生普遍受到用人单位的好评，近 3 年来毕业生一次性平均就业率不低于 90%，就业对口率不低于 80%；学生参加各类职业技能竞赛成绩显著，获得国家或行业奖 2 项以上

续表

一级指标	二级指标	建设标准
6. 社会服务	6.1 示范辐射	专业建设成果示范辐射作用成效显著,在省内或行业有较大影响
	6.2 社会服务	社会服务能力强;每年开展高技能和新技术培训100人次以上,参与企业技术创新和研发项目2项以上;为企业职工和社会成员提供多样化的继续教育;专职教师支持省级科技研究与开发或大型技术服务项目2个以上
	6.3 专业特色	在长期办学过程中积淀、创新形成的,与国内、省内其他学校同类专业相比的优势与特色:①体现在办学理念、办学思路上的;②体现在专业教学上的;③体现在专业教学管理上的

(二)体系运行

临床医学专业诊改一年为一轮,实施路径按照"8字形质量改进螺旋"设计,以专业年度目标任务和专业培养目标为逻辑起点,依据制定的专业建设标准设计质控点并组织实施。依据标准全程进行自我诊断,针对诊断出的问题,通过激励机制激发专业课程团队的内生动力,主动学习获取新知识,找到解决问题的新途径,创新解决问题的方法,不断改进提升,建立起更高一层的发展目标。

1. 专业建设的观测点及任务分解的目标值、标准值和预警值

按照省一流专业建设标准,共有6类一级指标、22个二级指标,对观测项目结合实际进行任务分解,设计了51个质控点,定性、定量确定相应的目标值、标准值以及预警值(表4)。

表4 临床医学专业建设各质控点的目标值、标准值和预警值

诊改内容		质控点	目标值	标准值	预警值
1. 专业规范	1.1	专业建设目标	省级一流专业		
	1.2	人才需求调研报告	有	有	无
	1.3	毕业生跟踪调研报告	有	有	无
	1.4	专业发展规划(方案)	有	有	无
	1.5	专业建设标准	有	有	无
	1.6	人才培养方案	有	有	无
	1.7	专业核心课课程标准	有	有	无
	1.8	开设创新创业教育课程	有	有	无
	1.9	校企合作数量/家	≥3	≥2	<2
	1.10	国际交流	有	有	无
2. 师资队伍	2.1	生师比	≤25:1	≤25:1	≥25:1
	2.2	专业带头人人数/人	1~2	1	0

续表

诊改内容	质控点		目标值	标准值	预警值
2. 师资队伍	2.3	兼职教师与专职教师之比	≥1:1	1:1	<1:1
	2.4	兼职教师承担专业课比例/%	≥50	50	<50
	2.5	硕士及以上学位教师比例/%	≥70	70	60
	2.6	高级职称以上教师比例/%	≥30	30	<30
	2.7	专业教师、"双师"素质教师占比/%	≥90	90	80
	2.8	省级优秀教师或教学名师人数/人	1	1	0
	2.9	校级教学名师人数/人	3	3	2
	2.10	教师教学竞赛获奖数/项	5	4	3
	2.11	专业教师每2年赴企业实践时间/月	≥3	≥3	<3
3. 教学条件	3.1	生均仪器设备值/元	≥5 000	5 000	4 000
	3.2	校内实验实训室使用率/%	70	70	<50
	3.3	校外实习实训基地数量/个	35	35	<32
	3.4	必修实践、实训课开出率/%	100	100	<100
	3.5	学生与校外实习基地数量比	≤20:1	≤20:1	>20:1
	3.6	仿真实训室	有	有	无
4. 课程建设	4.1	与资格考试对接的课程标准	有	有	无
	4.2	专业实践学时占总学时比例/%	≥50	≥50	<50
	4.3	校企合作开发课程体系	是	是	否
	4.4	国家规划教材选用率/%	≥85	≥85	<85
	4.5	混合式教学模式课程门数/门	≥2	2	<2
	4.6	信息化教学平台	有	有	无
	4.7	综合性、多阶段考核	是	是	否
	4.8	新开发课程/门	1	1	0
	4.9	开发教材(主、参编教材)/部	≥3	3	<3
	4.10	建设校级精品在线开放课程/门	≥2	2	<2
5. 培养质量与社会声誉	5.1	在校生人数/人	330	315	300
	5.2	新生报到率/%	≥80	≥80	<80
	5.3	学生半年以上顶岗实习率/%	100	100	<100
	5.4	平均就业率/%	90	88	80
	5.5	专业对口就业率/%	≥80	≥80	<80
	5.6	学生满意度/%	≥90	≥85	<85
	5.7	用人单位满意度/%	≥90	≥85	<80

续表

诊改内容	质控点		目标值	标准值	预警值
5.培养质量与社会声誉	5.8	学生专业技能大赛获奖(校级以上)/项	≥2	≥2	<2
	5.9	学生创新创业比赛获奖(校级以上)/项	≥2	≥2	<2
	5.10	学生临床实践技能考核合格率/%	100	≥95	<90
6.社会服务	6.1	开展社会培训/人次	≥300	≥200	<200
	6.2	科研项目数(校级及以上)/个	≥5	≥5	<3
	6.3	横向课题数/个	≥1	≥1	<1
	6.4	技术、行业、专业指导服务	有	有	无

2.组织和实施环节

专业建设组织、实施安排如表5所示。

表5 临床医学专业建设组织、实施安排表

主 体	职 责	负责人	执行组织	人 员
分院负责人	总体部署、安排、督查	朱显武	医学院教务科	各成员
专业团队负责人	执行和检查。完善专业建设规划和专业建设方案,优化人才培养方案,课程负责人修订课程标准,评价各项质控点达标及检查完善……	刘庭明 王燕艳	临床医学专业教学团队,解剖学教研室,生理、药理教研室,生物化学教研室,病理学教研室,病原免疫学教研室,诊断内科教研室,妇产科教研室,儿科教研室,外科教研室,预防医学教研室……	李有贵　赵　鹏 陈雪花　王红梅 王纯伦　谭世余 吴宗妍　代向红 杨成林　刘庭明
教辅人员	管理、服务、保障	张磊	教务科　综合科 学生科　实验室	各成员

临床医学专业教学团队主抓各环节要素,重点从表6中的几个方面组织实施。

表6 临床医学专业建设环节要素及重点内容

环节要素	重点实施内容
专业定位与人才培养	开展行业、企业毕业生调研,形成调研报告;根据岗位需求修订人才培养方案,对接执业资格要求修订课程标准;编写实践技能考核标准及专业课程学习指导。修订人才培养方案序化课程体系,对接教育部标准,提升职业能力,开发课程和教材。校企合作编写校本教材,鼓励教师主编、参编规划教材
师资队伍	内培外引养专业带头人、教学名师、骨干教师、教坛新秀,优化师资队伍结构,提升教师水平。鼓励教师参加各种教学比赛。采取的措施有:青年教师导师制培养,青年教师教学能力培训,微课、信息化、教学设计比赛,青年教师教学大赛;临床教师在临床轮岗锻炼中担任临床实践技能培训考核、临床技能大赛指导教师及评委,医师资格考试考官;临床医生担任教学、实训以及实习带教、技能大赛评委

续表

环节要素	重点实施内容
课程建设	课程教学与改革中,积极申报校级重点课程、优质课程、精品在线开放课程;完善并优化课程资源;完善制度和课程质量保障
校企合作与国际交流	深化与附属医院及社区卫生服务机构的校企合作,拓展江苏常州、无锡等地的实习实训基地;实现国际交流突破;院校协同参与专业建设和标准制定的任务落实
教学条件	健全教学管理制度,完善教学质量保证和监控体系,完善各类学生管理办法、学生跟岗实习管理办法、实训中心管理制度;加强实验实训基地建设,推进临床技能综合实训室建设
创新创业和技能大赛	开展创新创业培训,参加创新创业大赛;积极组织校级技能大赛并参加国家级技能大赛,以赛促教
社会服务	加强社会服务,开展社会培训;鼓励教师积极申报各级各类科研课题,撰写论文

3. 动态循环:监测、预警与改进

依据内部质量保证体系,诊断与改进是提升办学质量、提高人才培养质量的长效工作,建立的内部质量保证体系与诊改运行机制应有效且可持续,按照建立的"8字形质量改进螺旋",对上述实施过程进行"监测—预警—改进",对专业建设质量持续改进。

(1)监测。学校检查、二级学院检查、学期中期评价、学生评教、日常教学检查、每月量化考核等(质控点预警值)监测实施过程中的关键因素,使用蓝墨云、学习通教学平台,可采用线上、线下监测方式对诊改项目中的51个质控点进行实时监测。

(2)预警。利用学校和二级学院的各种信息反馈,质控中心配合二级学院、专业带头人对偏离预设条件的监测结果实施反馈和预警。

(3)改进。针对预警机制中反馈的专业预警问题,根据预警信息发现偏差,结合专业建设实际责任到人,纠偏、改进、完善后再返回至大循环中的设计环节。

4. 诊断

2018年度,临床医学专业六大诊改项目、51个质控点,其中有5个未达标,达标率为90.2%(表7)。

表7 临床医学专业建设主要质控点的设置

主要质控点	目标值	标准值	预警值	完成情况
研究生以上学历教师比例/%	≥60	60	<60	未完成
专业教师每2年赴企业实践时间/月	≥3	3	<3	未完成
必修实践实训课开出率/%	100	100	<100	未完成
校级精品在线开放课程建设/门	≥2	2	<2	未完成
专业教师中"双师"素质教师占比/%	≥70	70	<70	未完成

截至2019年10月,临床医学专业六大诊改项目、51质量控制点,其中有3项尚未

完成,达标率为94.1%(表8)。

表8 临床医学专业建设尚未完成的任务

主要质控点	目标值	标准值	预警值	完成情况
研究生以上学历教师比例/%	≥70	70	<60	未完成
专业教师每2年赴企业实践时间/月	≥3	3	<3	未完成
校级精品在线开放课程建设及运行	≥2	2	<2	未完成

2019年度诊改相比2018年度第一轮诊改,目标达成度提升了3.9%。

5. 主要问题及改进措施

针对本次诊改过程中存在的主要问题,分析原因,重视激励、学习、创新,提出了具体的改进措施(表9)。

表9 临床医学专业建设过程中存在的问题及改进措施

序号	问题	分析原因	改进措施
1	精品在线开放课程建设及运行	团队对精品在线开放课程的建设缺少经验,整体建课能力不高,信息化水平需要提升	积极和智慧树平台的技术人员交流请教,加强在线建课基本知识和能力学习,2020年完成建课、在线运行和应用评价
2	教师高层次学历占比低	引进高层次的专业教师比较困难,尤其是研究生学历临床专业入职担任专业课教学的毕业生意愿低;中年教师缺乏在职提升学历的意愿	激励在职教师进修学习和学历提升,切合实际引进紧缺人才并对其进行培养
3	教师赴企业实践累积时间不够	专业课程多,教师长期从事一线教学工作,教师参加进修学习、参加医院临床实践的机会较少和时间不能保证	利用寒暑假鼓励教师赴企业锻炼,加强与附属医院的深度合作,力争每2年赴企业实践的时间不少于3个月,推行轮岗制

四、总结成绩,彰显成效

1. 总体达成度持续向好

通过两轮的诊改实施,对比2017年的基础情况,对标六大项、22个二级指标、51个质控点,已取得一定成效。六大项诊改项目的年度总达成度2019年度比2018年度提升了3.9%,其中,在师资队伍、教学条件方面取得的实效更加明显(图4)。

2. 发展趋势向好,出现多个亮点

(1)经过诊改,与原基础相比多项指标值得到明显提升,尤其是在省级优秀教师、市突出贡献专家、在线开放课程、专业带头人、横向课题研究、社区实践基地建设、国际交流、新课程开发以及国赛获奖等多个指标上取得了零的突破(图5)。

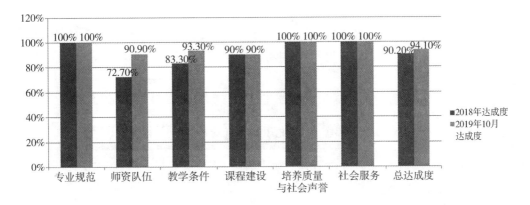

图4 临床医学专业诊改六大项的总体达成度情况

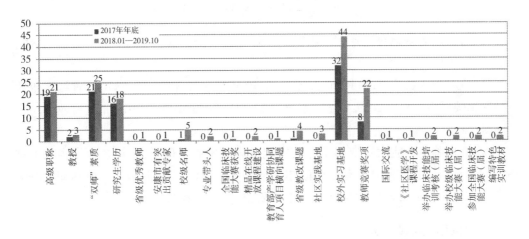

图5 临床医学专业建设一些要素指标的年度比较

(2)开展院校合作调研,为修订专业人才培养方案提供依据。通过用人单位对安康职业技术学院临床医学专业毕业生的评价分析报告,用人单位对毕业生职业能力和职业素养的满意度达到96.8%。对毕业生实践技能要求高,对社区医疗规范要求高,立足调查修订人才培养方案,方案特点重实用、有创新。创新点是通过学生早接触临床(病人、病案)、社区和实践调查提升临床实践技能和社区卫生服务能力,开发社区医学课程,增加社区卫生实习次数。

(3)师资队伍建设取得实效,专业教学团队被学校评为2019年度优秀教学团队,2名专业带头人分别为省级教学名师和省级优秀教师,尤其是高级职称、省级优秀、"双师"素质、研究生学历、校级名师人数均得到较大幅度的提升(图6)。团队教师在各级各类比赛中的获奖数从2017年度的3项提高到2018年度的14项、2019年9月的13项,特别是获得省级荣誉已超过5项,师资队伍整体得到优化,教学水平显著提升。

(4)科研教改项目方面,2018—2019年省级课题立项增加了3项,校级课题立项增加了4项。以科研课题带动教改,以教改促进教学。

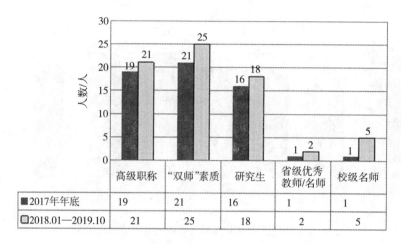

图6 师资队伍建设重要指标比较

（5）校外实习基地数提升，由2017年的32家发展到目前的44家，省外发达地区实习渠道已经建立。

（6）在校生人数连续超过300人，截至2019年年底共有在校生533人，连续5年就业情况比较平稳。相比2017年度的就业率82.5%，2018年度和2019年度就业率均高于90%。

（7）全国临床技能大赛取得了零的突破。对接执业助理考纲，校企合作实现了对10门主干课程的标准修订。专业教育、技能培训考核、社区实践制度化。国际交流取得了突破。2门精品在线开放课程在建，已在智慧树平台试运行。

五、存在问题及改进措施

通过自我诊断，对两轮诊改过程中发现的问题制定了诊改措施，在2020年的建设中将继续完善目标，持续改进（表10）。

表10 临床医学专业存在的问题及改进措施

环节要素	存在的问题	改进措施
专业建设	1. 标志性成果不够明显。 2. 教材建设水平较低，主编、参编规划教材少。 3. 校企合作教改科研课题数量相对较少。	1. 标志性成果。专业综合项目2019年已提交验收，等待结果；一流培育项目2020年达标验收；17GY048教改课题2019年9月已提交申报结题，等待结果；教育部横向课题2019年6月份已结题；还有2个省级课题处于在研阶段。教改项目还在培育中，准备申报陕西省教学成果奖；全国临床技能大赛缺乏高级别奖项；精品课程还在积极建设中，2020年上线并运行拓展服务。 2. 教材建设。加强教师高级别进修培训和学术交流，提升建设素养和教材出版机会。 3. 校企合作教改科研。发挥专业团队和附属医院的职能，基于教研室双岗沟通，双方协同对医学教育教改研究形成有效支撑。

续表

环节要素	存在的问题	改进措施
课程建设	1. 精品在线开放课程建设未达标。 2. 信息化教学手段运用率不高。	1. 加强学习建设标准,提高在线课程建设技能和运行水平,丰富各项资源,提高数量和质量,建好各种题库,加强和信息技术部门的沟通,在在线运行中提升与省级精品达标的建设能力。 2. 紧跟学校信息化建设步伐,加快课堂教学信息化改革力度,继续在蓝墨云、学习通等信息化教学手段中使用,实现考勤、课堂测试、作业批改、小组讨论、无纸化考核等环节利用手机移动APP操作,提升信息化水平。
师资队伍建设	1. 研究生学历教师比例尚未达标。 2. 教师赴企业实践时间短、次数少。	1. 适当降低医学基础课程教师准入门槛,加大青年教师外出学习培训力度,鼓励青年教师在职攻读硕士和博士学位,出台优厚的激励措施。 2. 落实双岗、双责制和轮岗制度,附属医院和教师资源共享,完善制度和交流方案,医疗骨干参与教学和专业教师赴企业实践双赢。

汉中职业技术学院
汽车检测与维修技术专业诊改案例

一、梳理要素，明晰基础

汽车检测与维修技术专业是汉中职业技术学院近年来大力扶持的重点专业。该专业2015年被确定为省级示范校重点建设专业,2017年被确定为校级一流建设专业,建立了特色鲜明的"三级能力递进"人才培养模式。该专业面向汽车制造、销售和售后服务领域,培养思想政治坚定、德技并修,掌握实际工作所需的专业知识和技术技能,具有创新精神和实践能力的高素质技术技能型人才。

（一）学生规模

截至2017年年初,汽车检测与维修技术专业共有在校班级10个、在校生398人。

（二）师资队伍

汽车检测与维修技术专业共有专职教师13人,其中,具有高级专业技术职称1人、讲师8人、硕士及以上学位教师6人、"双师型"及"双师"素质教师11人、有企业工作经历者6人,另有企业兼职教师2人。

（三）实训条件

现有校内实训室9个、校外实训基地5个,正在规划、执行利用德促贷款建设实训室。

（四）教学资源

正在筹建校级专业教学资源库1个,规划包含7门资源共享课程。

二、分析差距，确立目标

（一）分析优劣

通过广泛调研,在专业建设水平、课程建设、实践教学、职业能力与职业素质教育、教学资源库建设等方面对专业进行了SWOT分析(图1)。

（二）找准差距

以省级一流专业建设标准、校级一流专业建设标准、省级示范校重点建设专业预期目标为依据,找准差距:主要在师资队伍、教学改革、教学资源建设、社会服务、示范辐射、合作办学等方面。

（三）建立目标

在明确差距的基础上,本专业深入学习国家"十三五"发展规划、《中国制造2025》等国家战略,结合《汉中职业技术学院"十三五"专业改革和发展子规划》,对地方汽车

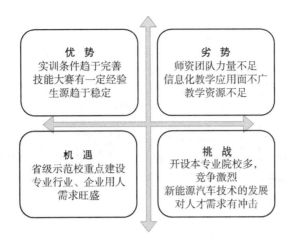

图1 汽车检测与维修专业 SWOT 分析

行业及市场进行全面调研,与各院校类似专业充分交流学习,预估行业及专业发展趋势和发展速度,确定"十三五"期间专业建设的总目标为完成省级示范校重点专业建设、建成校级一流专业。

1. 目标链

依据《汉中职业技术学院"十三五"改革和发展规划》《汉中职业技术学院"十三五"专业改革和发展子规划》《汽车与机电工程学院"十三五"改革和发展规划》《汽车与机电工程学院"十三五"专业改革和发展子规划》,结合汉中市现代交通运输体系及交通服务业实际情况,广泛开展企业调研、分析,厘清了专业建设目标链(图2)。

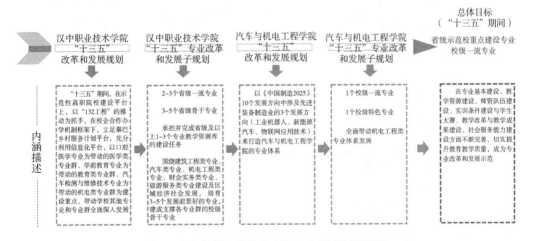

图2 汽车检测与维修专业"十三五"期间目标链

2. 标准链

结合国家、行业、省级、校级、二级学院层面对职业教育发展、人才培养、专业发展要求,对照目标链,梳理专业建设标准链(图3)。

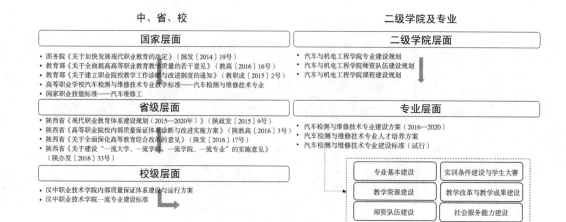

图3 汽车检测与维修专业"十三五"期间标准链

对标目标链和标准链,将具体目标分解为专业基本建设、教学资源建设、师资队伍建设、实训条件建设与技能大赛、教学改革与教学成果建设、社会服务能力建设6个类别(表1)。

表1 汽车检测与维修技术专业"十三五"期间建设目标指标规划

序号	类别	规划指标(目标)	建设目标	2016年	2017年	2018年	2019年	2020年
1.1	专业基本建设	在校生人数/人	600	400	450	500	530	600
1.2		本专业是否继续开设	是	是	是	是	是	是
1.3		修订人才培养方案/项	5	1	1	1	1	1
1.4		修订课程标准/项	16	10	10	16	7	16
1.5		省级一流专业/个						
1.6		校级一流建设专业/个	1			1	1	1
1.7		省级专业综合改革/项						
1.8		毕业生就业率/%	93	93	93	93	93	93
2.1	教学资源建设	公开出版教材/部	6			6		
2.2		优质资源共享课程/门	3		1	2		
2.3		云教材/门	1				1	
2.4		校级专业教学资源库/个	1			1		
2.5		省级专业教学资源库/个	1					1
2.6		省级精品在线开放课程/门	1					1
2.7		校级精品在线开放课程/门	1			1		
2.8		省级优秀教材/部	1					1

续表

序号	类别	规划指标（目标）	建设目标	2016年	2017年	2018年	2019年	2020年
3.1	师资队伍建设	引进培养高层次人才/人	2					2
3.2		新进教师/人	5	1	1	1	1	1
3.3		校级优秀教学团队/个	1					1
3.4		省级优秀教师、教学名师（新增）/人	1					1
3.5		校级教学名师/人	2			1		1
3.6		十佳教师（新增）/人	3	1		1		1
3.7		教坛新秀（新增）/人	3	1		1		1
3.8		培养校级骨干教师/人	4		1	1	1	1
3.9		兼职教师人数/人	8	2	3	4	5	8
3.10		"双师"素质专任教师比例/%	90	50	60	70	80	90
3.11		高级职称教师比例/%	28	15	18	20	24	28
3.12		硕士及以上学位专任教师比例/%	45	41	42	43	45	45
4.1	实训条件建设与技能大赛	国家级校企共建生产性实训基地/个						
4.2		校级校企共建生产性实训基地/个	1				1	1
4.3		校外实训基地/个	13	5	7	11	12	13
4.4		学生省级及以上技能竞赛获奖/项	20	4	5	5	5	6
4.5		毕业生"双证书"获取率/%	90	90	90	90	90	90
4.6		生均仪器设备值/万元	1.3	1.0	1.0	1.3	1.3	1.5
4.7		合作企业每年接收学生实习/人次	根据实际人数	50	80	100	120	140
5.1	教学改革与教学成果建设	现代学徒制试点专业/个	1				1	
5.2		省级教学改革研究项目/项						
5.3		校级教学改革研究项目/项	3		1	1	1	
5.4		省级教学成果奖/项						
5.5		校级教学成果奖/项	1					1
5.6		教师参加省级教学竞赛获奖/项	3			1	1	1
5.7		教师参加校级教学竞赛获奖/项	6			1	2	3
6.1	社会服务能力建设	社会服务合同额/万元	40	2	8	8	8	16
6.2		社会培训（含技能鉴定）/人·日	600	50	50	100	200	200
6.3		教师出国（境）进修培训/人次	1				1	
6.4		合作办学项目/项	1					1

三、开展诊改,提升质量

(一)构建专业内部人才培养质量保证体系

依据国家规划、行业及企业调研、学校规划、部门目标,确定了培养目标,对照目标结合国家行业相关标准,确定了专业教学标准。在培养模式、课程体系、教学团队、实践体系、教学资源、教学保障等方面展开专业建设,对学生实施培养,同时利用综合考核、课程考核、实习考核等方式,考核学生是否在知识能力素养方面满足毕业条件,最终达成汽车领域高素质技术技能型人才培养目标。同时,利用对毕业生的跟踪调查、用人方评价、培养目标达成度过程性监控,对培养质量进行反馈,不断调整培养目标,形成闭环的人才培养专业内部质量保证体系(图4)。

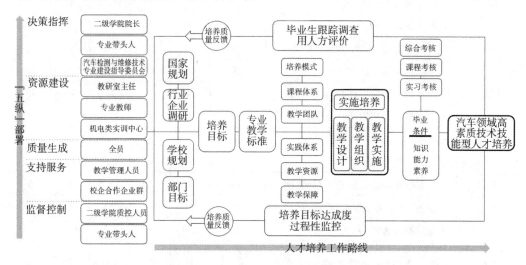

图4 汽车检测与维修专业内部人才培养质量保证体系

(二)构建"8字形质量改进螺旋"

从专业建设目标标准出发,制订专业建设年度计划,围绕专业建设要素设定质控点。按照事前设计建标、事中实时监控、事后诊断改进三大环节,确定专业诊改工作机制和诊改思路,构建专业建设"8字形质量改进螺旋"。

(三)设计年度任务

经过3年的示范校建设,所有建设任务已经完成。但对照校级一流专业建设标准,还有高级职称教师比例、兼职教师人数、现代学徒制试点专业3项尚需努力。2018—2019年,常态化运行的还有3项指标:修订人才培养方案、修订课程标准、校级专业教学资源库建设。因此,2019年度专业建设共有28项目标指标(表2)。

在专业建设目标指标的基础上,融合专业建设人才培养过程中的关键性、可量化参数,形成了34个诊改质控点(表3)。

(四)组织

基于专业"五纵"平台,专业建设、专业诊改的六大类别任务全部落实到责任人,专业教学团队全员参与,保障全员、全过程、全方位进行人才培养、专业建设和教学诊改(图5)。

表2 汽车检测与维修技术专业2019年度建设目标指标规划

序号	类别	规划指标	目标值	标准值
1.1	专业基本建设	在校生人数/人	530	200
1.2		本专业是否继续开设	是	是
1.3		修订人才培养方案/项	1	1
1.4		修订课程标准/门	7	7
1.6		校级一流建设专业/个	1	1
1.8		毕业生就业率/%	93	75
2.3	教学资源建设	云教材/部	1	1
2.4		校级专业教学资源库/个	1	1
2.7		校级精品在线开放课程/门	1	1
3.2	师资队伍建设	新进教师人数/人	1	1
3.8		新增培养校级骨干教师人数/人	1	1
3.9		兼职教师人数/人	5	3
3.10		"双师"素质专任教师比例/%	80	60
3.11		高级职称教师比例/%	24	20
3.12		硕士及以上学位专任教师比例/%	45	40
4.2	实训条件建设与技能大赛	校级校企共建生产性实训基地/个	1	1
4.3		校外实训基地/个	12	11
4.4		新增学生省级及以上技能竞赛获奖/项	5	3
4.5		毕业生"双证书"获取率/%	90	90
4.6		生均仪器设备值/万元	1.3	1.0
4.7		合作企业接收学生实习/人次	120	当年毕业生人数×75%
5.1	教学改革与教学成果建设	现代学徒制试点专业/个	1	1
5.3		校级教学改革研究项目/项	1	1
5.6		教师参加省级教学竞赛获奖/项	1	1
5.7		教师参加校级教学竞赛获奖/项	2	1
6.1	社会服务能力建设	社会服务合同额/万元	8	3
6.2		社会培训(含技能鉴定)数/人·日	200	200
6.3		教师出国(境)进修培训/人次	1	1

表3 汽车检测与维修技术专业2019年度诊改质控点的设置

序号	类别	质控点	目标值	标准值	预警值
1	专业基本建设	建设目标/个	1	1	1
2		人才培养方案/套	1	1	1
3		专业建设指导委员会/个	1	1	1
4		每年报到人数/人	170	60	120
5		报到率/%	85	80	83
6		课程考试通过率/%	85	60	80
7		毕业生就业率/%	93	75	80
8	教学资源建设	教材与云教材/部	1	1	1
9		新增校级专业教学资源数/(条/月)	350	200	300
10		校级精品在线开放课程/门	1	1	1
11	师资队伍建设	师生比	1:24	1:24	1:24
12		新进教师人数/人	1	1	1
13		硕士及以上学位专任教师比例/%	45	40	45
14		新增培养校级骨干教师人数/人	1	1	1
15		兼职教师人数/人	5	4	5
16		"双师"素质教师比例/%	80	60	80
17		高级职称教师比例/%	24	20	24
18	实训条件建设与技能大赛	生均仪器设备值/万元	1.3	1.0	1.3
19		实训项目开出率/%	100	100	100
20		校外实训基地/个	12	11	11
21		新增学生省级及以上技能竞赛获奖/项	5	3	4
22		毕业生"双证书"获取率/%	90	90	90
23		校级校企共建生产性实训基地/个	1	1	1
24	教学改革与教学成果建设	现代学徒制试点专业/个	1	1	1
25		1+X职业技能等级证书制度试点专业/个	1	1	1
26		订单班数量/个	2	2	2
27		线上线下混合式教学课程/门	5	4	4
28		校级教学改革研究项目/个	1	1	1
29		教师参加省级教学竞赛获奖/项	1	1	1
30		教师参加校级教学竞赛获奖/项	2	1	2
31		校级课改课程/门	3	3	3

续表

序号	类别	质控点	目标值	标准值	预警值
32	社会服务能力建设	社会服务合同额/万元	8	3	5
33		社会培训(含技能鉴定)数/人·日	200	200	200
34		教师出国(境)进修培训/人次	1	1	1

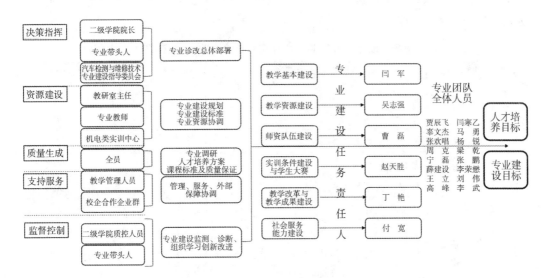

图5 专业建设及专业诊改人员组织图

（五）实施

主要采取如下措施推进专业建设：深入开展行业、企业调研；修订、完善人才培养方案；扎实推进招生宣传工作；积极引进（企业兼职）教师；鼓励教师转型升级；积极选派教师外出培训、到企业锻炼；继续推进校级教学资源库建设；根据行业发展状况增开新课；继续推动线上线下混合式教学及智慧教学平台应用；引进设备、扩充新能源及其他实训室；协调联系新增校外实训基地；开展第二课堂，激励学生参赛获奖；申报开展1+X职业技能等级证书制度试点专业申报并推进实施；鼓励、教师申报教改课题；鼓励、协助教师参加教学类比赛；多方协作开展技术培训；鼓励教师申报国家专利。

（六）监测—预警—改进

监测方式主要有线上和线下两种。线下监测的主要方式有教师自主性诊断、专业团队常态性诊断、二级学院检查性诊断、学校质量监控机制实时性诊断和学校考核性诊断，线上监测的主要方式是利用校本数据平台及各业务系统平台、校级教学资源库平台、第三方智慧教学平台。

案例一 通过校级教学资源库平台新增资源数，监测到资源创作速度慢，分析后找到原因并加以改进。

案例二 通过云班课监测线上线下混合式教学课程门数，分析找到教师不愿开展混合式教学的原因并加以改进。

案例三 通过智慧校园教学业务系统子平台监测学生考试的平均通过率,找到通过率低的原因并在常规教学中加以改进。

(七)诊断

截至2019年10月,对2019年度专业建设规划指标完成度进行诊断,28个指标中有25项达标,还有3项正在建设中,任务达成率为89%(表4)。预计到2019年年底,任务达成度可达到92%。

表4 汽车检测与维修技术专业2019年度目标达成情况(截至2019年10月)

序号	类 别	规划指标	目标值	成 效	目标达成
1.1	专业基本建设	在校生人数/人	530	539	100%
1.2		本专业是否继续开设	是	是	100%
1.3		修订人才培养方案/套	1	1	100%
1.4		修订课程标准/门	7	7	100%
1.6		校级一流建设专业/个	1	1	100%
1.8		毕业生就业率/%	93	94	100%
2.3	教学资源建设	云教材/部	1	1	100%
2.4		校级专业教学资源库/个	1	1	100%
2.7		校级精品在线开放课程/门	1	0	0%
3.2	师资队伍建设	新进教师人类/人	1	1	100%
3.8		新增培养校级骨干教师/人	1	1	100%
3.9		兼职教师人数/人	5	5	100%
3.10		"双师"素质专任教师比例/%	80	83	100%
3.11		高级职称教师比例/%	24	6	25%
3.12		硕士及以上学位专任教师比例/%	45	47	100%
4.2	实训条件建设与技能大赛	校级校企共建生产性实训基地/个	1	1	100%
4.3		校外实训基地/个	12	12	100%
4.4		新增学生省级及以上技能竞赛获奖/项	5	5	100%
4.5		毕业生"双证书"获取率/%	90	40	50%
4.6		生均仪器设备值/万元	1.3	2.3	170%
4.7		合作企业接收学生实习/人次	120	135	110%
5.1	教学改革与教学成果建设	现代学徒制试点专业/个	1	1	100%
5.3		校级教学改革研究项目/项	1	2	200%
5.6		教师参加省级教学竞赛获奖/项	1	1	100%
5.7		教师参加校级教学竞赛获奖/项	2	2	100%

续表

序号	类别	规划指标	目标值	成效	目标达成
6.1	社会服务能力建设	社会服务合同额/万元	8	8	100%
6.2		社会培训(含技能鉴定)数/人·日	200	234	115%
6.3		教师出国(境)进修培训/人次	1	1	100%

未完成的指标主要集中在以下几个方面：

(1)教学资源建设。校级精品在线开放课程、省级精品在线开放课程还未实现突破。

(2)师资队伍建设。骨干教师、高级职称教师比例较低，师资结构不均衡。

(3)教学改革与教学成果建设。教学成果奖申报还未实现突破，仍在积淀中。

对未达成的原因进行分析，主要是这三方面的建设都是长期积累的过程，需要在教学资源、师资队伍、比赛参赛、课程建设方面持续努力才能厚积薄发，从量变转为质变；教师对精品在线开放课程、教学成果奖等相关文件及精神学习不够，理解不到位。

(八)改进

(1)针对校级精品在线开放课程、省级精品在线开放课程还未实现突破的问题，组织教师不断学习在线开放课程的实践方法，实现优质资源共享课程向在线开放课程及精品在线课程转化。

(2)针对教学成果奖申报还未实现突破的问题，组织学习先进院校校级、省级教学成果培育及成长的经验，从各方面沉淀，厚积薄发。

(3)针对骨干教师、高级职称教师比例较低、师资结构不均衡的问题，规划好各团队的发展方向，给青年教师提供充分发展的平台和提升途径，激励教师多出成果，成功晋级。

四、总结成效，持续诊改

(一)诊改成效

1. 专业基本建设

招生宣传覆盖面扩大，专业社会影响力逐步增大，2018年汽车类专业在校生508人，2019年上升到539人；"德技并修，与岗位需求对接的三级能力递进"人才培养体系逐步完善，与地方中等职业教育院校联合，开展"三二连读制"人才培养。

2. 教学资源建设

持续了几年的校级教学资源库基本建成，包含资源共享课程15门；根据行业、企业发展状况，新增开设专业拓展课程1门，新增云教材1部。使用智慧教学平台开展线上线下混合式教学的课程门数从2018年年底的2门增长到2019年10月的8门。

3. 师资队伍建设

部分教师逐渐实现了转型升级，从公共基础课教师转为专业基础课教师，从专业基础课教师转为专业核心课教师。引进企业兼职教师1人,教师团队由2018年的19人上升至2019年的22人。教师外出培训、到企业锻炼累计达到20余人次,师资队伍扩大,教师能力得到提升。

4. 实训条件建设与学生大赛

建设完成了新能源实训区1个;通过第二课堂的实施以及以赛代考、以工代考,累计获得省级职业院校技能大赛奖项4项、行业大赛奖项3项,其中,国家级大赛奖项2项。新增校外实训基地1个。

5. 教学改革与教学成果

1+X证书制度建设顺利实施,预计2019年12月实施试考评。申报校级科研教研课题2项,推进专业课程改革;教师参加省级课堂教学创新大赛获得三等奖;订单班运行高效,学生在暑期参加吉利汽车"成蝶计划"夏令营,收获丰富。

6. 社会服务能力

基于军地合作框架开展技术培训,获得部队官兵的一致好评。帮扶地方职教事业,对城固职教中心在专业建设、实训建设、比赛参赛等方面开展帮扶。组织成立汉中市汽车类专业建设指导委员会,收到地方兄弟院校的欢迎。教师成功申报国家发明专利1项,实现了突破。

(二)持续改进

本轮诊改将继续实施至2019年年底,在2019年12月将再次对汽车检测与维修技术专业进行诊断分析并提出新的改进措施。

2019年度没有完成的目标将转到2020年度,与新目标、新标准融合,形成2020年度的总体目标、标准,形成下一轮专业建设的"8字形质量改进螺旋"。

陕西艺术职业学院
音乐表演专业诊改案例

一、专业基础

(一)专业发展历程

2010年学校开始筹备,音乐表演专业筹建,2013年招收第一届大专生,2016年启动高等职业教育创新发展行动计划骨干专业建设工程,2017年启动陕西省普通高校一流专业培育项目。

(二)专业基础

(1)人才培养模式。音乐表演专业按照"突出特色、面向市场、服务基层"的专业思路,立足学生音乐表演能力发展,创建了"科研、教学、实践"相结合的人才培养模式。

(2)师资队伍。2017年年底,师资队伍中专业带头人3人,骨干教师8人;具有高级职称教师11人;具有硕士学位教师18人。"双师"素质教师比例为77.5%,兼职教师与专任专业教师比例为1.3:1。

(3)教学改革情况。获批科研教改项目9项。

(4)实习实训条件。有1个校内实训基地,1个校外实训基地以及80间实训室。

(5)校企合作情况。与陕西省歌舞剧院等10余家单位签订了校企合作协议;获得国家知识产权局专利1项。

(6)创新创业及技能大赛情况。开设职业能力培训课,承办陕西省高等职业院校技能大赛1届及各类考级活动。

(7)社会服务情况。举办文化和旅游部艺术发展中心师资培训认证班,陕西筝曲师资研修班等。

(8)生源情况。自2013年以来音乐表演专业共招生5届,截至2017年12月在校学生共有370人。

(三)人才培养模式

(1)坚持产教融合,深化校企、校政、校校合作。

(2)注重理论与实践"两手抓""重点抓"。

(3)以剧目引领教学,推进分层分类教学、现场教学、案例教学、项目教学等,实行"做中教,做中学",演学结合。

(4)将现代学徒制培养模式融入教学。

(5)搭建艺术生产性实训基地,形成集科研、教学实践与创新于一体的人才培养模式,使毕业生更加符合社会艺术文化市场人才需求。

（四）课程建设

（1）课程设置。公共基础课、专业课、创新创业课、选修课。

（2）课程改革。实践教学课时占总课时的63%。

（3）实践教学。将项目实施活动引入课堂,定期举办教学实践音乐会,积极参与技能大赛培训、比赛等艺术实践活动。

（4）教材与教学资源建设。创作与编配新作品11首用于实践教学;开发校本教材2套4部,影像出版物2张。

二、目标标准

（一）设定目标

音乐表演专业基于国家"一带一路"战略基础,依托区域发展、行业需求,根据《陕西艺术职业学院"十三五"事业发展规划》《陕西艺术职业学院专业建设规划》《陕西艺术职业学院音乐表演专业建设规划》等文件对音乐表演专业的规划,结合专业建设现有成效,确定专业总目标为建成国家骨干专业（图1）。

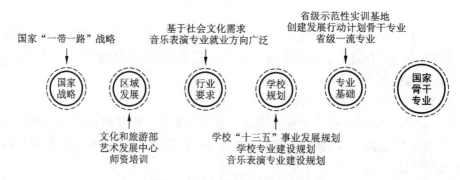

图1　音乐表演专业建设目标链

（二）找准差距

在音乐表演专业建设规划初期进行了专业调研、专业基础现状分析,明确了专业建设内容。通过问卷、走访、座谈、咨询等方式,从人才培养模式、教学模式与课程体系、师资团队建设、实训建设与社会服务等方面收集数据,对专业现状进行了分析,找准专业发展中的优势、劣势、机遇和挑战。

（三）问题梳理

对照国家骨干专业建设标准,结合专业现状,经团队分析、研究,确定专业建设中需要解决的问题有以下5个。

（1）高层次人才数量不足。

（2）国家级科研课题项目成果不足。

（3）专任教师社会服务水平有待提高。

（4）课程资源及校本教材少,资源库建设不足。

(5)实训实践设备仍需改造升级。

(四)建设目标

对标演员岗位、艺术培训人员岗位、群众文化指导员等相关工作岗位,音乐表演专业将人才培养目标设定为:掌握专业技术技巧,具备一定的舞台表演能力,具有创新精神的复合型技术技能人才。未来音乐表演专业将紧跟时代发展步伐,服务社会;争取在专业人才培养模式、专业教学团队建设、校企合作等多方面领先于兄弟院校同类专业;课程改革取得新进展,科学研究取得新突破,教学成果取得新高度;毕业生就业率和就业质量得到明显提升,人才培养质量得到社会普遍认可。

(五)建设标准

为了能够有效地达到建设目标,音乐表演专业遵循国家标准、省级标准、学校标准、系部标准,制定了本专业的运行标准和建设标准。对标存在的问题,制定了专业建设方案和年度任务分解目标,并按年度任务分解主要指标,逐步完成计划(图2)。

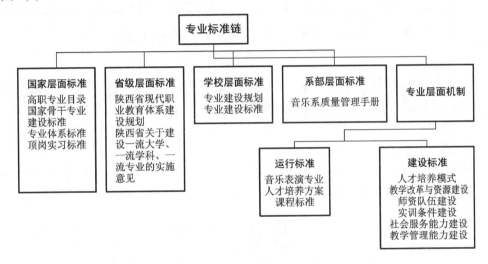

图2 音乐表演专业建设标准链

三、诊断改进

(一)细化"8字形质量改进螺旋",保证目标达成

音乐表演专业诊断与改进以专业人才培养为主线,按照"8字形质量改进螺旋"设计实施。从专业建设目标标准出发,制定了专业建设年度计划,实施专业建设与改进,对焦目标、诊断问题、激励学习、创新改进,形成静态循环。实施过程中通过监测预警、改进、设计对专业建设与运行构成动态循环。

(二)运行

1. 建设目标

依据"十三五"专业建设规划确定专业建设目标,2018年度专业建设规划共有8个专业要素、30项目标任务。其中,29项任务已完成,1项未完成,完成率达到96.7%。2019年根据8个专业要素设定了30个分项目标,并规划了54项完成标准;2018年度未完成的1项目标已转入2019年度(图3)。

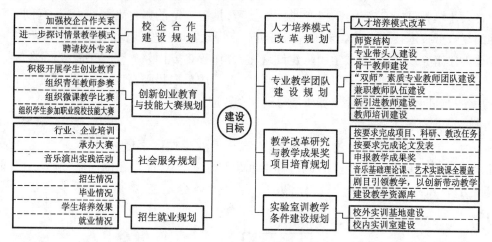

图3 音乐表演专业2019年度建设的8个专业要素、30个分项目标

2. 设计

根据专业建设规划和人才培养方案,在学校质量监控体系下,围绕8个诊断要素,细化制定了2019年度专业建设计划,明确了实现的目标、验收的标准等,并设置39个质控点(图4)。

3. 组织

根据学校"五纵五横一平台"内部质量保证体系架构,建立专业层面的纵向"五纵"系统组织架构,明确各方的工作职责,确定音乐表演专业建设工作分工。

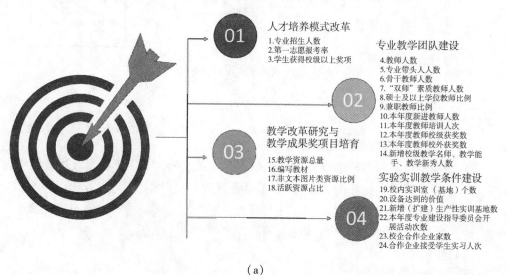

(a)

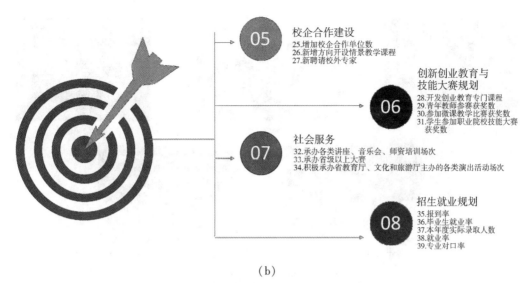

(b)

图 4 音乐表演专业质控点的设置

4. 实施

明确 8 个专业要素,为实现各项目标制定了 23 个具体措施。依据专业年度建设计划,不断探索人才培养模式改革;完善人才培养方案,优化课程内容,提高实践课及拓展类选修课比例;各方质量主体协同发力,落实各项建设任务。在人才培养的过程中,开展了丰富的职业教育实践活动,覆盖 3 个年级的所有学生;编写、修订各课程校本教材;遵循音乐表演专业人才培养规律与特点,积极组织学生参加全省、全国高等职业院校技能大赛并开展形式多样的艺术实践活动(图 5 至图 9)。

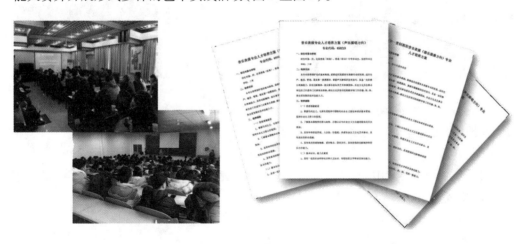

图 5 修订音乐表演专业人才培养方案

5. 监测、预警

常态化预警监测能够确保质量生成。根据目标值设置预警值,通过高等教育综合管理服务平台、协同办公管理平台、云班课、喜鹊儿和习讯云管理平台等实施学生预警、

人才培养方案解读与学习

学生参与学校活动

音乐系直属党支部党日活动

2019年暑期"三下乡"活动

学生参加校外活动

图6 "三全"育人过程

图7 编写、修订校本教材

教师预警、课程预警、专业建设和运行预警等。

6. 改进

根据8个诊断要素中的39个质控点,通过对比目标值和实际值间的差距,需要进行改进的问题如下。

(1) 教学资源总量不足。

(2) 聘请行业专家作为兼任教师的人数不足。

(3) 校企合作企业合作家数不足。

根据预警提出改进措施,在小循环内解决问题。

(1) 设置教师在固定周期内必须更新自己所授课程的教学资料功能,鼓励录制微课,提升在线资源库利用率,提高教师、学生利用在线资源的主动性。

图8　积极组织学生参加全省、全国高等职业院校技能大赛

图9　开展形式多样的艺术实践活动

（2）提高行业专家兼职待遇，增加校企合作家数，借鉴其他职业院校的先进经验，开展信息化教学能力培训；培养教师自主科研精神。

（3）鼓励教师多与企业联系，与学生实习单位保持沟通，定期走访可合作的企业，多和同类、同专业院校联系以获取信息。

7. 诊断

对照2019年度本专业建设目标（主要指标），共有54项任务，2项未完成，目标达成度为96.3%（表1）。

8. 改进

针对上述诊断出的省级教学资源库使用率低和新增行业专家不足这两个问题进行分析，分别提出了激励、学习、创新和改进的措施。

表1 音乐表演专业2019年度专业建设任务目标达成情况

专业要素	建设目标	完成标准	完成情况
1.人才培养模式改革	人才培养模式改革	制定完成2019级人才培养方案	完成
		构建2019级专业课程体系	完成
2.专业教学团队建设	师资结构	学历结构:硕士及以上学位教师占55%以上	完成
		职称结构:高级、中级、初级职称教师比例达到2:4:4,其中,教授至少1人	完成
		年龄结构:30~50岁中青年骨干教师达到65%左右	完成
	专业带头人建设	培养专业带头人1人	完成
	骨干教师建设	培养骨干教师3~4人	完成
	"双师"素质专业教学团队建设	"双师"素质教师比例达到95%	完成
	兼职教师队伍建设	新增行业专家2人	未完成
	新引进教师建设	新引进教师2人	完成
		新增教学名师1人	完成
	教师培训建设	专业课专任教师到现场锻炼6人	完成
		教师参加进修培训80人次	完成
		教师获得校级奖励4项	完成
		教师获得校外奖励5项	完成
3.教学改革研究与教学成果奖项目培育	按要求完成项目、科研和教改任务	教育部及国家行业指导委员会项目2项	完成
		省级项目1项	完成
		省级科研课题1项	完成
		校级科研课题2项	完成
		省级教改项目1项	完成
		校级教改项目1项	完成
	按要求发表论文	在国家核心期刊发表学术论文1篇以上	完成
		公开发表学术论文5篇以上	完成
	申报教学成果奖	申报省级教学成果奖1项	完成
	音乐基础理论课、艺术实践课全覆盖	音乐基础理论课、艺术实践课覆盖各个方向	完成
	剧目引领教学,以创新带动教学,开创课程改革新模式	至少排演剧目2个,带动教学	完成

续表

专业要素	建设目标	完成标准	完成情况
3.教学改革研究与教学成果奖项目培育	完善教学资源	省级教学资源库使用率达到80%	未完成
		教学资源总数达到1 500条	完成
		建设精品在线开放课程1门	完成
		编写教材、讲义6部	完成
4.实验实训教学条件建设	校外实训基地建设	新增校外实训基地1处	完成
	校内实训室建设	预计投入经费20万元弥补硬件设备的不足	完成
5.校企合作建设规划	加强校企合作关系	增加3家校企合作单位	完成
		合作企业接受学生实习达到50人次	完成
	进一步探讨情境教学模式	新增1个方向开设情景教学课程	完成
	聘请校外专家	新聘请校外专家1人	完成
6.创新创业教育与技能大赛规划	积极开展学生创业教育	开发创业教育专门课程1门	完成
	组织青年教师参赛	省级三等奖以上1项	完成
	组织微课教学比赛	校级二等奖以上1项	完成
	组织学生参加职业院校技能大赛	省级三等奖以上2项	完成
		国家级二等奖以上2项	完成
7.社会服务	行业、企业培训	承办各类讲座、音乐会、师资培训等活动达到3次以上	完成
	承办大赛	承办1次省级以上大赛	完成
	音乐演出实践活动	积极承办陕西省教育厅、陕西省文化和旅游厅主办的各类演出活动8次以上	完成
8.招生就业规划	招生情况	本年度实际录取人数达到150人	完成
		第一志愿报考率达到75%	完成
		报到率达到75%	完成
	毕业情况	毕业率达到95%	完成
		课程考试及格率达到85%	完成
	学生培养效果	获得校级奖项	完成
		获得省级奖项	完成
		获得国家级奖项	完成
	就业情况	工作与专业相关度达到80%	完成
		入职半年就业满意度达到80%	完成

（1）多运用在线资源库，设置教师在固定周期内必须更新自己所授课程的教学资料；学习《国家级职业教育专业教学资源库建设与应用分析报告》，学习其他职业院校经验；合作创新在线开放课程，录制微课；收集、整理教材资源，完善现有教学资源库，对标省级标准改进完善。

（2）提高行业专家兼职待遇，增加校企合作家数；借鉴其他职业院校的先进经验，开展信息化教学能力培训；培养教师的自主科研精神。

四、诊改成效

对比诊改前后的各项指标，可以看到诊改的成效主要体现在以下3个方面。

（一）目标达成度高，专业质量显著提升

1. 人才培养模式改革与实践

创建"以剧目引领教学、以实践检验教学、以创新带动教学"的"三融合"人才培养模式，对标职业岗位需求，构建"三类一体"课程新体系（图10）；实施分层教学、分类指导、师生双选，使课堂教学质量显著提高，教师的主观能动性增强；助推教育教学、科研水平全面提升。音乐表演人才培养模式改革与实践已获得2019年度陕西艺术职业学院教育教学成果奖特等奖。

2. 教学团队建设

以省级教学名师为代表，引入鲁日融等8名专家设立名师工作室，组建专业发展核心团队，同时提升骨干教学团队水平；完善艺术实践教师团队建设；敦促"双师型"教学团队教学与实践水平持续提升，"双师"教师比例已升至90%；现已完成相关课题16项、发表论文40篇，已组建理论研究、创作与实践创新型教学团队，使本专业始终走在同类院校的前列。

3. 新增特色课程，完善教材建设

新增特色课程，实现世界级非物质文化遗产《西安鼓乐》、国家级非物质文化遗产《陕西地方戏曲音乐》、省级非物质文化遗产《秦筝》艺术文化传承课程进高校；开发《职业能力培训》《秦筝基础调音与维修》《古筝情境教学》课程，为学生自主创业提供了支撑。

进一步加强教材建设，已编写校本教材5套20部，其中《陕西筝曲精品课程》为全国唯一一部集音、像、声、影为一体的陕西筝曲书谱教程，由名师教学团队讲解、录制并出版发行。

4. 强化校企合作，取得显著成绩

音乐表演专业与陕西省歌舞剧院、陕西钢琴学会、西安秦岭乐器有限公司等18家单位建立了校企合作关系，保证师生能充分深入企业调研、实习、实践，被教育部、文化和旅游部认定为高等职业院校校企共建表演艺术生产性实训基地。

5. 提升社会服务能力

师生参加高雅艺术进校园、惠民演出等艺术实践活动43场。通过各类艺术实践活动的开展，为学生和教师创造了展示表演才能的空间，在服务地方民众文化生活的同

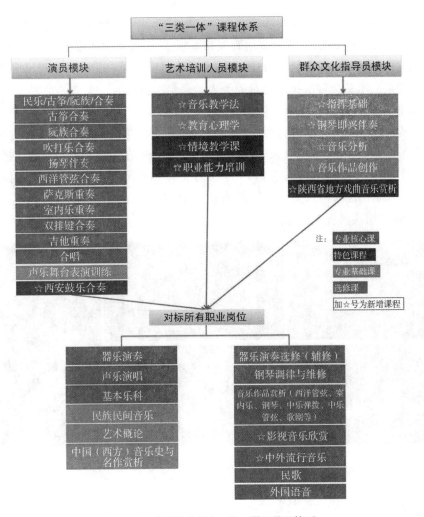

图10 音乐表演专业"三类一体"课程体系

时,扩大了学校的社会知名度和影响力。

(二)学生质量意识增强,综合素质全面提升

自诊改以来学生共获奖50余项,其中,国家级政府奖9项、省级政府奖9项、行业协会奖11项,获奖级别及含金量大幅提高。学生获得各类奖学金人数明显增加。

(三)创新思维,专业发展取得重大突破

1. 全国职业院校技能大赛

音乐表演专业共有7人次获得全国职业院校技能大赛奖一、二等奖。自2017年钢琴专业学生获得第一名并填补了陕西省在该赛事上的空白后,在弹拨乐赛项、声乐赛项中又获佳绩,连续三年蝉联一等奖。在2019年教育部公示的音乐表演全国职业院校技能大赛获奖排名中,陕西艺术职业学院位列同类院校第一名。

2. 科研成果多

自诊改以来,音乐表演专业获批(在研、结项)的课题有:全国文化艺术职业教育教学指导委员会项目1项;高等职业教育创新发展行动计划项目3项;陕西省教育厅科研项目3项、教改项目2项,一流专业培育项目1项;陕西省文化和旅游厅作品创作资助项目3项;国家知识产权局专利4项;国家艺术基金项目2项。其中,"秦腔音乐作曲人才培养"为国家艺术基金首次批准的秦腔类人才培养项目。

3. 原创中国首部跨界融合筝乐剧《丝路筝途》

由音乐表演专业联合戏剧、影视、舞蹈、戏曲专业师生共同创作并成功演出了筝乐剧《丝路筝途》(图11)。2 000余人现场观摩,11万余人在线观看了当晚的直播演出,受到各界的广泛好评。此剧目入选2019年9月文化和旅游部主办的第六届国际丝绸之路艺术节,并获得优秀剧目奖。该剧的成功上演,对探索舞台表演艺术发展方向、改革艺术教育教学模式具有积极意义。

图11　原创中国首部跨界融合筝乐剧《丝路筝途》

4. 专业建设取得重大突破

由于陕西艺术职业学院音乐表演专业于2019年被教育部、文化和旅游部认定为国家骨干专业,并且高等职业院校校企共建表演艺术生产性实训基地,达成了该专业的建设目标,属于诊改的突破性成果。

五、存在不足及改进措施

(一)存在的不足

对照2019年建设目标任务完成标准,本专业现有待完成任务以下3项。

(1)师资培训次数少,教学质量不均衡。

(2)学生学习的自主能动性不强。

(3)课程内容仍需优化。

(二)改进措施

1. 根据存在的不足提出的改进措施

(1)组织教师培训,包括:职业教育理念、政策规划;职业教育模式、人才培养模式、教学方法;精品课程建设方法论与工具;教学资源开发、专业课程开发、多媒体课件开发等。

(2)坚持用优秀的传统文化进行思想道德教育;加强公德教育,培养学生高尚的道德情怀;拟建立健全的培训机制,多形式、多渠道对教师进行培训;树立正确的信念,能够辨别传统文化中哪些是可取的、哪些是应该摒弃的。

(3)课程体系优化与改革要体现"三类一体"模式,在课程结构、课程设置、课程标准、课程核心或精品课程建设、校内生产性实训课时、实践教学课时等核心环节要达到骨干专业标准。

2.2020年度本专业改进的工作思路

(1)深化产教融合,提高人才培养质量。

(2)明确师资队伍建设思路,组建高质量的教学团队。

(3)拓宽专业培养渠道,提升社会服务能力。

六、诊改收获

诊断是手段、改进是目的,要变"管理"为"治理",将诊改工作和日常工作融为一体,形成常态化全覆盖,促进专业质量管理标准化、规范化和系统化。通过自我诊断、改进提升,达到不断提高人才培养质量的目的。

榆林职业技术学院
应用化工技术专业诊改案例

一、专业基础

（一）专业发展历程

应用化工技术专业是榆林职业技术学院最早开设的专业之一，2010年9月三年制首次招生，2014年9月五年制首次招生，目前已形成三年制和五年制并举的专业办学格局。2014年12月，应用化工技术专业被学校确定为特色专业；2016年6月，应用化工技术专业被陕西省教育厅确定为专业综合改革试点项目，2019年9月，通过项目验收；2017年1月，应用化工技术专业被陕西省教育厅确定为创新发展行动计划（2015—2018）骨干专业建设项目；2018年5月，应用化工技术专业被陕西省教育厅确定为陕西省一流专业建设培育项目。

（二）专业建设基本情况

1. 专业人才培养模式及定位

经过不断探索与实践，应用化工技术专业已形成了"一个中心，二条主线，三个结合，四级递进"的工学结合人才培养模式（简称为"1234"模式）。该模式坚持以服务区域现代能源化工产业发展为一个中心；以学生职业素养和专业技能为导向的综合职业能力培养为两条主线；以专业理论与实践教学、虚拟仿真与企业现场实训、职业素养教育与专业技能培养为三个结合；以行业、企业认知实习，校内单元技能训练，企业跟岗实习和毕业顶岗实习为四级递进，形成了应用化工技术专业科学有效的人才培养模式。本专业定位为培养适应区域经济社会发展需要和现代能源化工产业发展生产一线从事化工生产装置操作、化工生产工段班组长等管理工作的高素质技术技能型人才。

2. 学生规模

截至2018年8月底，应用化工技术专业共有在校班级3个、在校生108人，近3年毕业生累计224人。

3. 师资队伍

应用化工技术专业共有专、兼职教师31人（表1）。2015年10月，应用化工技术专业教学团队被中国石化联合会授予"全国石油化工行业优秀教学团队"称号。

4. 教学条件

应用化工技术专业有化工实训中心（化工单元操作实训场、化工仪表及自动化实训场）1个，化工原理实验室、化工工艺模型室等校内实验实训室7个，主要服务于专业实

表1 应用化工技术专业师资基本情况一览表

职称	专职教师（19人）				兼职教师（12人）			
	教授	副教授 高级讲师 高级工程师	讲师 工程师	其他	教授	副教授 高级讲师 高级工程师	讲师 工程师	其他
	—	2人	14人	3人	2人	3人	7人	—
学历	博士	硕士	学士	其他	博士	硕士	学士	其他
	1人	16人	2人	—	—	4人	8人	—
备注	专职教师中，荣获石油化工行业教学名师称号1人，已取得技师证书16人							

验实训教学、职业技能训练、技能大赛训练等实践环节。其中，化工实训中心于2013年被陕西省教育厅确定为陕西省应用化工技术示范实训基地和化工行业职业技能鉴定实训基地。为满足认知实习、跟岗实习和顶岗实习要求，学校已与陕西延长石油榆林煤化有限公司等企业签署"校企合作协议"，实现校企合作，协同育人；与榆林学院现代煤化工实训基地签订"校校合作协议"，实现校校合作育人。目前共建有校外实践基地11个。为促进专业建设，学校购买了化工工艺、工业反应器等教学素材7类，收集了《化工单元操作及设备》《无机化工生产技术》等20多门课程的说课、微课、课件及视频等教学资源。

5. 建设成果

应用化工技术专业建设成效显著。根据用人单位及社会各界的反馈意见，均认为本专业毕业生专业基础知识、实践动手能力、职业精神和敬业态度等普遍优于同类院校毕业生。近年来，该专业学生参加技能大赛以及创新创业项目多次获奖（表2）；通过科学、全面的专业建设，应用化工技术专业教师团队也获得了丰硕的教科研成果（表3）。

表2 应用化工技术专业学生获奖情况一览表（2015年9月—2018年8月）

级别	项目	参赛时间	获奖情况	指导老师	参赛学生
省级技能大赛	化工生产技术	2016年3月	三等奖	连锦花 王 鼎	常 硕 杨 帆 陈 顺
		2017年3月	三等奖	连锦花 杜松山	李 恒 李百倍 连志余
		2018年3月	三等奖	李建法 潘 欣	杨陕江 辛 奥 张 栋
		2018年6月	三等奖	李建法 潘 欣	杨陕江 辛 奥 李更更
		2018年3月	三等奖	李建法 潘 欣	李更更 陈国焱 王 晨
	化工仪表及自动化	2016年5月	二等奖	杜崇鹏 惠园园	吴亦凡 高 斌
	工业分析与检验（中职）	2018年5月	三等奖	赵 美 崔彩花	郝 鑫 王 娇
	金属冶金与设备维修	2018年6月	三等奖	杜崇鹏 孙瑞霞	张 显 张 旭 曹宇贵 张 栋 王 晨 陈国焱

续表

级别	项 目	参赛时间	获奖情况	指导老师	参赛学生
行业技能大赛	现代化工HSE技能大赛	2016年11月	二等奖	高玫香 李培艳	韩 磊 鲁 西 王增娥
		2016年11月	三等奖	高玫香 李建法	杨 帆 马川川 何亮亮
		2017年11月	二等奖	张 彤 李培艳	魏浪平 黄郭锃 杨 康
		2017年11月	三等奖	高玫香 张 彤	刘婷婷 周欣蕊 南聪聪
		2017年11月	三等奖	张 彤 李培艳	朱兴元 李 恒 连志余
国家级	创新创业大赛	2018年8月	二等奖	常恩山	王 博 王 川 冯琦琦

表3 应用化工技术专业教师科研及教学成果一览表(2015年9月—2018年8月)

序 号	项 目	成 果
1	省级教改科研项目	8项。其中,6项结题,2项在研
2	市级教改科研项目	10项在研
3	校级教改科研项目	6项。其中,3项结题,3项在研
4	发表论文	20余篇
5	编写校本教材	3部
6	出版教材	1部

二、总体设计

根据榆林"国家高端能源化工基地"区域发展定位、现代能源化工产业发展特点、学校及化学工程系"十三五"专业建设发展规划、专业建设基础等,对专业进行了SWOT分析(图1)。据此,结合专业人才培养,按照省级一流专业到国家骨干专业打造目标链、标准链,构建"8字形质量改进螺旋",对应用化工技术专业进行诊断与改进,以实现全

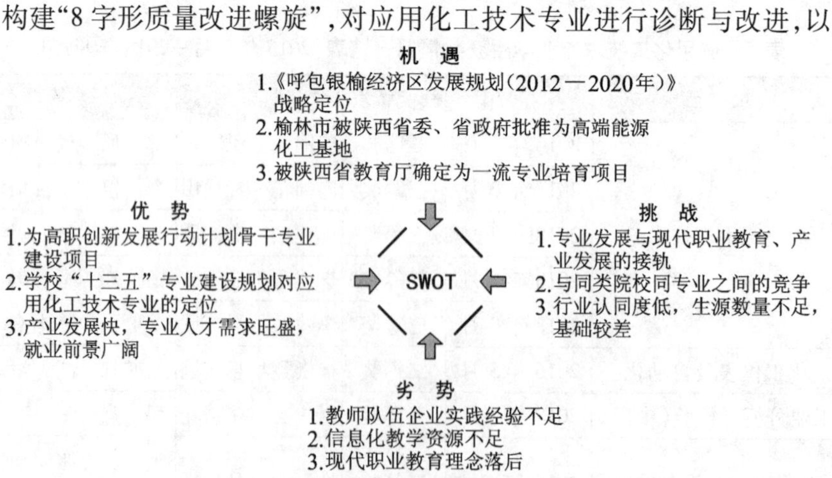

机 遇
1.《呼包银榆经济区发展规划(2012—2020年)》战略定位
2.榆林市被陕西省委、省政府批准为高端能源化工基地
3.被陕西省教育厅确定为一流专业培育项目

优 势
1.为高职创新发展行动计划骨干专业建设项目
2.学校"十三五"专业建设规划对应用化工技术专业的定位
3.产业发展快,专业人才需求旺盛,就业前景广阔

挑 战
1.专业发展与现代职业教育、产业发展的接轨
2.与同类院校同专业之间的竞争
3.行业认同度低,生源数量不足,基础较差

劣 势
1.教师队伍企业实践经验不足
2.信息化教学资源不足
3.现代职业教育理念落后

图1 应用化工技术专业SWOT分析图

面持续提升人才培养质量的目标。专业建设与诊改同步进行,以3年为一个大周期,1年为一个小循环。鉴于学校目前尚未启动信息化监测平台,本轮诊改依据事实监测为主,同时依托现有的业务平台辅助监测。

(一)两链打造

1.目标链

依据《榆林职业技术学院"十三五"事业发展规划》《榆林职业技术学院"十三五"专业建设发展规划》以及《化学工程系"十三五"专业建设发展规划》,确定将应用化工技术专业于"十三五"末打造成为职业教育理念先进、专业特色鲜明、教学质量优秀、服务区域经济发展的省级一流专业。在此基础上逐步提高,螺旋式上升,争取在"十四五"末将应用化工技术专业建设成为国家骨干专业。

围绕省级一流专业建设总目标和专业人才培养总目标,将专业建设分为专业规范、师资队伍、教学条件、课程建设、培养质量和社会声誉、社会服务6个要素的具体建设目标。根据《榆林职业技术学院应用化工技术一流专业建设实施方案》,应用化工技术一流专业建设目标计划在2018—2020年3个年度内完成,形成目标链(图2)。

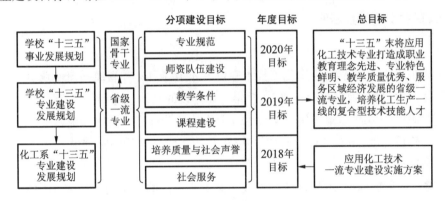

图2 应用化工技术专业建设目标链

2.标准链

参照陕西省普通高等学校一流专业建设标准(高职)和应用化工技术人才培养方案,专业各项建设指标要符合所要求的各项建设标准,同时专业建设年度目标要对应相应的年度标准。专业建设中执行的有国家级、省级、校级、系部及专业5个层面的标准,由此形成标准链(图3)。

(二)构建质量改进螺旋

在《榆林职业技术学院内部质量保证体系建设与运行方案》指导下,应用化工技术专业将按照"8字形质量改进螺旋"步骤实施专业建设与诊改。

实施专业建设的各个环节,以教育教学为中心,以提高人才培养质量为宗旨,依据事实并依托现有业务平台对质控点进行监测。对照设定的目标值、标准值和预警值,对数据实行源头采集,按照"目标—标准—设计—组织—实施(监测—预警—改进)—诊断—改进"的步骤形成周期较长的动态循环,同时与"监测分析—发布预警—调整改进"

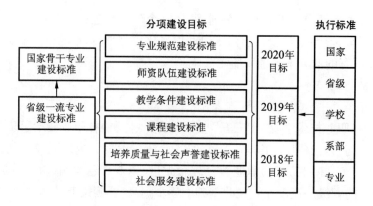

图 3 应用化工技术专业建设标准链

的步骤构成周期较短的动态循环。两环共同作用促进专业建设与诊改,保证专业建设各环节顺利进行,实现专业建设质量螺旋上升。在专业建设和诊改中,若设定的目标值不切实际,则需对目标值进行调整。

三、自我诊断与改进

(一)建设目标

根据 2018—2019 学年应用化工技术专业人才培养目标和省级一流专业 2018 年度、2019 年度建设目标,确定 2018—2019 学年专业建设的具体任务目标共 58 个。

参照 2018—2019 学年应用化工技术专业人才培养标准和省级一流专业 2018 年度、2019 年度建设标准,结合专业自身建设实际,确定本学年建设的标准值。

(二)设计质控点

对照建设目标标准,本轮诊改将省级一流专业建设的 6 个建设要素细化为 19 个建设指标,通过设置 58 个质控点,确保目标可测。

(三)组织

实施诊改离不开事前确定目标标准,事中设计、组织、实施,事后诊断、激励、学习及创新改进,全程监控。因此,应用化工技术专业诊改的组织构架由决策指挥、质量生成、资源建设、支持服务、监督控制和数据采集 6 个部分组成。每一部分由相应处室、系部等部门履行职责,各方职责明确,资源合理配置,监督控制严格,服务保障有效。在"五纵"系统保证下,以专业建设团队为质量生产主体,专业建设的各项任务具体落实到责任个体,严格按照应用化工技术一流专业建设实施方案和专业人才培养方案执行。

在专业教学质量保证体系下,专业诊改实施中以专业建设为统领,以人才培养为主线,以目标链和标准链为导向,以教学工作环节为路径,以现存问题为切入口,聚焦目标,按照专业学年建设计划和人才培养计划,各方质量主体同心协力、反思分析、制定措施、寻找方法。

（四）监测与预警

1. 监测

本轮诊改依据事实监测为主,同时依托现有业务平台,如教学管理服务平台、PU口袋校园、喜鹊儿以及榆林职业技术学院办公平台等辅助监测。事实监测包括纵向层面的监测和横向层面的监测,监测过程贯穿于专业建设的各个环节,监测方式主要有会议监测、督导组监督、教学巡查、教学活动研讨、自我监测等。事实监测组织结构如图4所示。

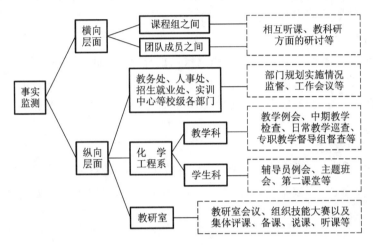

图4　事实监测组织结构图

2. 预警与改进

通过学校现有业务平台和事实定期对质控点进行监测,将质控点的监测数据与目标值进行对比,发现问题及时推送预警信息,积极改进。针对预警反馈的问题,结合专业建设实际,分析原因,落实问题发生的环节和责任主体,提出改进方法,对相关内容实施有效改进。

（五）诊断分析

通过质量主体的自我诊断和考核性诊断,梳理分析目标达成情况。对照2018—2019学年专业建设计划的58项任务目标,诊断出9项未达标,达成度为84.5%。专业建设团队对未完成的目标进行认真分析并提出改进措施,对完成较好的项目将螺旋上升并提出新的建设目标。

（六）创新与改进

针对诊改工作中存在的问题,通过建立相关激励机制,激发内生动力,同时创新工作思路进行改进,具体改进措施有以下几个方面。

1. 合作育人

继续深化校企合作,以订单班为突破口实现合作育人;尝试推行校校合作,拓宽合作育人途径;积极开展国际交流合作,加强国内学习、进修的力度,学习和引进国内外先进职业教育教学理念和优质教学资源,优化合作育人模式,全面提升人才培养质量。

2. 师资队伍建设

在学校内部质量保证体系下,做好个人发展规划,建立个人内部质量保证体系,保证个人学年计划的顺利实施;利用企业技术人员、专业带头人、教学名师实现"传帮带",提高青年教师的教科研水平和社会服务能力,为青年教师评定职称创造条件,为教师参加各类比赛奠定基础;完善教师企业实践锻炼长效机制,充分利用挂职锻炼、暑期实践、指导学生实习等机会完成每年不少于1.5个月的企业实践任务;通过外出学习、校内培训、教学观摩等方式全面提高教师信息化技术应用水平;完善激励机制,激发内生动力,全面提高教师的职业能力和职业素质。

3. 实践教学条件

做好校内实践教学条件建设专项经费投入预算,继续加强校内实践教学基地建设;稳定已建立的校外实习实训基地,努力与榆林市周边新兴起的大中型化工企业建立合作关系,促使专业发展与区域产业发展有效对接;与其他兄弟院校及企业建立共享性实验实训基地,充分实现资源共享。

4. 课程资源建设

启动并全面推进精品在线开放课程建设;搜集、采购先进工艺技术、教学素材、仿真软件等,不断完善、充实教学资源库;制定相关激励制度,鼓励教师开发优秀教材和国家规划教材。

5. 招生

结合线上线下两条线创新招生宣传方式;实现全员、全过程、全方位参与招生宣传;科学地宣传化工行业、岗位、专业以及就业4个方面的相关知识和发展动态,提高人们对行业的认同度;努力扩大学校的社会影响力,提高社会公众对学校的认可度;通过宣传毕业生较高的薪酬待遇和良好的工作环境促进招生工作,使招生与就业形成良性循环。

四、诊改成效

1. 初步形成了专业建设内部质量保证体系

初步建立了专业建设诊改工作体系,形成了专业建设与改进的长效运行机制;完善了专业建设、运行的相关制度,保障了专业建设的顺利实施;修订了2019版人才培养方案和专业课课程标准,确保人才培养过程更加科学有序。改进的人才培养方案课程体系更加科学合理,如将《化工安全与环境保护技术》从专业拓展课程改成专业核心课程,重新将《化学反应过程与设备》设置为专业核心课程,调整了《化工仪表及自动化》《现代煤化工生产技术》《煤化工仿真》等7门课程的课时数和教学内容;修订的课程标准内容更加贴合职业岗位需求,课程教学加强了理实一体,同时融入了思政理念。

2. 教师综合职业能力显著提高

培养专业带头人1人,骨干教师3人,高级职称教师增加了3人;15人次外出参加课程建设、技能大赛、实验实训以及科研等方面的学习培训;国际交流有所突破,1人赴德国学习交流。整个教师队伍在教学能力、科研能力、指导技能大赛方面均有所提高。

(1)教学能力。2门课程全面开展了项目化教学,1门课程基本形成了理实一体化教学模式。团队成员可以更加灵活地运用多种教学方式和手段,教学效果得到明显改善。通过本学年对专业教师进行教学效果评价,学生的满意度达到93%以上。实践教学方面,专职教师中能承担理论兼实训课程教师比例达到89.5%,其中,能承担《化工单元操作实训》课程的教师有12人,同上一学年相比增加了6人;能承担《化工单元仿真》《化工工艺仿真》《煤化工仿真》3门课程的教师有6人,同上一学年相比增加了2人。2017—2018学年,专职教师中能承担理论兼实训课程的教师比例为73.7%。

(2)科研能力。新增校级教科研项目8项,省级科研项目2项;发表论文21篇,其中,核心期刊论文14篇,同上一学年相比有较大幅度提高。2017—2018学年,新增校级教科研项目3项,省级科研项目1项;发表论文8篇,其中,核心期刊论文2篇。

(3)指导技能大赛方面。同上一学年相比,各赛项指导教师在人数上均有所增加,指导质量上也有所提高,如指导学生参加《化工生产技术》赛项的教师增加了4人,指导学生参加现代化工HSE应用技能大赛和《工业分析与检验》赛项的教师各增加了1人,其中,指导学生参加《化工生产技术》和《工业分析与检验》两个赛项突破了省赛,学生分别获得国家级竞赛二等奖和三等奖。

3.教学条件得到进一步改善

重新调整了专业建设委员会,有效地推动了2019年版人才培养方案和专业课程标准的修订以及"1234"人才培养模式的实施;优化和整合了校内实践教学资源,使得实践课开出率达到100%,并启动实行实验实训室全天开放管理模式;稳定了已有的校外实习实训基地,新增3个校外实习实训基地,校外实习学生签到率达到99.6%;扩充了现有教学资源,新增1门课程教学素材;引入优秀企业兼职人员,企业优秀兼职教师与专职教师比例大于1∶1,兼职教师承担的专业课比例达到50%。同时,还编写了《化工总控工(中级工)实操》和《化工仿真实训》2部校本教材。

4.学生培养质量和社会声誉进一步提高

技能大赛和创新创业大赛成绩显著。本学年应用化工技术专业学生参加技能大赛和创新创业大赛共获得10个奖项,其中,国家级2项、省级6项、行业级2项;学生职业资格证书获取率达到100%;学生敬业精神、坚强自立的工作作风,赢得了用人单位的广泛赞誉;学生半年以上顶岗率达到100%,用人单位对学生满意度评价优良率达到100%。2019年9月,新生报到率由原来的49.23%(2018年9月)提高到81.08%,一次就业率高达93.6%,就业质量得到明显提高。

5.社会服务能力进一步增强

辐射带动化工系其他专业持续发展。其中,化工装备技术专业和陕西延长石油化建股份有限公司成功启动了1个校企合作订单班,同时带动其他专业的招生数量有所增加。校企合作进一步加深,扩大了社会影响力。目前,已与陕西煤业神木煤化工产业有限公司签订了校企合作协议,开展职工常规技能培训和职业资格取证鉴定;教学团队受聘全市专业技术人员,进行继续教育和专业培训达到1 000人次以上,部分人员受邀担任项目评审专家、技能大赛评委等。

五、诊改展望

1. 内部质量保证体系科学有效,专业诊改成效显著,质量文化逐渐形成

通过本轮专业诊改,应用化工技术专业在一流专业建设中的目标设计更加合理,标准有效对应,质量改进螺旋上升;专业教学团队成员的质量意识明显提高,现代质量文化逐渐形成,由内部质量保证体系理念触发的内生动力不断加强,自我激励不断强化,促进了教育教学管理水平和自我质量保障能力的持续提升,推动了全员、全过程、全方位育人。持续诊改,创新改进,螺旋提升,将成为今后应用化工技术专业建设和人才培养的常态化工作方式,确保如期完成省级一流专业建设任务和达到全面提高人才培养质量的目标。

2. 创新思路,突破瓶颈,高质量完成遗留任务

(1)创新合作育人模式。以打造榆林成为国家高端能源化工基地和《呼包银榆经济区发展规划(2012—2020)》战略为契机,启动校校和校企合作育人模式,开设订单班,开展协同教研、双向互聘、岗位互换等合作,与企业形成教师培养、培训、研究和服务一体化的合作共同体;以学校创建中德学院为契机,探索德国"双元制"人才培养模式。

(2)努力扩大招生规模。创新招生宣传方式,继续加强招生宣传力度,改变社会大众对化工行业的认同度;全方位提高学校教育教学质量,扩大学校的社会影响力,提高人们对学校的认可度;进一步提升学生培养质量,提高就业质量和企业对学生的满意度,以就业质量促进招生人数和质量提高。

(3)进一步优化师资结构,加强教学团队建设,扩大团队和专业在化工行业的影响力。继续推行外引内培方式,优化教师结构;通过下厂实践、企业拜师、外出学习、校内培训等方式全面提高教师的教科研能力和社会服务能力。

3. 抓住重点,细化任务,稳步推进2019—2020学年建设任务

(1)强化"系部+专业+课程+教师+学生"五横诊改联动机制,持续推进专业诊改,促进专业建设。

(2)继续完成人才培养和专业建设双重任务,打造一流的师资队伍,建设一流的课程,培养一流的学生,早日实现建设一流专业的目标。

(3)充分发挥榆林高端能源化工基地优势,深入推进校企合作,强化协同育人机制。

三、课程层面诊改案例

陕西财经职业技术学院
《基础会计》课程诊改案例

一、基本情况

(一)课程基本信息

《基础会计》属于会计专业的专业核心课程,适用于高职院校会计专业、审计专业、财务管理专业以及相关经济类专业(表1)。

表1 《基础会计》课程基本信息表

课程定位	会计专业的专业核心课,114学时(理论84学时、集中实训30学时)
培养目标	理解会计及相关基本概念的含义 掌握7种会计核算方法的意义及运用;熟悉会计标准体系框架,使学生具备从事会计工作的基本知识、基本技能和操作能力
课程团队	课程团队44人。其中,校内专职教师33人,企业兼职教师11人,副高以上职称教师占专任教师的34%
课程教学资源	《基础会计》教材1部 《基础会计实训指导》1部 拥有教学视频、教学PPT、教案等数字化课程教学资源
所属部门	用友·新道会计学院
授课时间	第一学期
实践教学条件	学校拥有181个理实一体化的专用教室(配备多媒体、实训资料),建立了一次能容纳200人开展实训的会计工作能力训练中心,建立了6个会计信息化实训中心、1个ERP实训室、4个会计综合实训室,可一次性容纳2 400名学生同时开展实习实训,各专业共用共享的大财经实训中心,为会计专业学生校内仿真模拟实训提供了保障 学校建立了50多个会计专业校外实训基地,用于学生校外顶岗实习

(二)课程建设基础

《基础会计》课程已于2014年作为校级精品在线开放课程建成上线,在学校官网网教平台可以浏览。

该课程标准由学校和企业联手、专任教师和企业专家共同完成。教学内容基本符合职业教育的特色和规范，能够适应行业、企业发展和职业需求。教学素材丰富多样，能够满足学生、企业员工等各种教学对象培训之需。教学活动以学生为中心，教学形式灵活多样，既适合学生在线下自主学习，也能辅助教师在线课堂教学。教学方法根据课程内容和学生特点，灵活运用案例分析、启发引导等教学方法，采用云班课教学APP进行线上教学，实现师生、学生之间问题在线交流与协作。随着会计专业的不断发展，该课程也在不断进行完善。

(三)课程SWOT分析

(1)优势。本课程具有优质的教学团队和丰富的教学资源以及良好的实训条件，是校级精品在线开放课程。

(2)劣势。本课程实践教学比例小，教学信息化水平有待提高，在线资源更新滞后，课程服务社会能力有限。

(3)机会。会计专业是国家骨干专业和省级一流专业建设项目，信息化技术对会计专业教学具有促进作用，对诊改工作具有督促指导作用。

(4)挑战。新形势下，同类在线开放资源的竞争；信息时代，倒逼教学方法改革和教学内容完善，迫切需要重新规划课程核心内容，提高育人质量。

(四)诊改工作安排

本轮《基础会计》课程诊改工作的总体安排依照"8字形质量改进螺旋"进行。依据职业岗位修订课程标准，对课程进行科学合理规划，丰富课程内容，完善课程授课计划，开展多元化课程教学评价，积极提高课程教学质量，提升信息化技术应用手段，加强质量监控以及评价的作用，实现《基础会计》课程建设内容持续更新。通过"目标—标准—设计—组织—实施(监测—预警—改进)—诊断—改进"不断循环，形成教学质量保障体系闭环，以促进教育教学质量持续提高。在实施过程中，参照标准检查质量控制与达成目标之间的差距，进行比较后发现实施过程中存在的问题，并寻找解决问题的途径和方法，解决并处理问题。

二、总体设计

(一)目标链

对照陕西省《高等职业教育创新发展行动计划》项目建设指标体系，按照《高等职业院校内部质量保证体系诊断与改进指导方案(试行)》以及《陕西财经职业技术学院课程诊断与改进工作实施方案》等文件精神，《基础会计》课程自诊工作按照"目标—标准—设计—组织—实施(监测—预警—改进)—诊断—改进"的"8字形质量改进螺旋"进行。

通过深入企业、回访毕业生，在广泛调研的基础上，《基础会计》教学团队根据专业课程体系和学校"十三五"课程建设发展规划，制定了符合本课程现状的目标链(图1)。《基础会计》课程建设的目标是：以现代教育理念为指导，以培养高素质、创新型、技术技能型人才为目标,整合前期教学改革和课程建设成果,加强科研与教学的紧密结合,加大教学过程中使用现代信息技术力度,深化实践教学改革,通过3~4年的努力,使课程建设的各项标准达到国家精品在线开放课程建设要求。《基础会计》课程建设围绕课程设置、教学内容、教学方法与手段、教学团队、实践条件、教学效果6个方面的目标,完善基础资料,细化子目标。

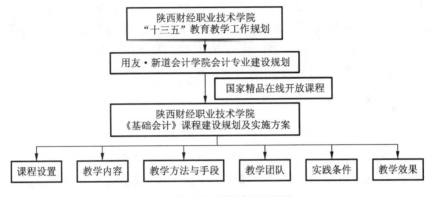

图1 《基础会计》课程目标链

(二)标准链

以打造国家精品在线开放课程为总目标,以国家精品在线开放课程建设标准为参考,结合《基础会计》课程在专业课程体系中的定位,根据《陕西财经职业技术学院内部质量保证体系诊断与改进实施方案》以及陕西财经职业技术学院课程建设标准等文件精神,以《基础会计》课程诊改目标链为依据,确定陕西财经职业技术学院《基础会计》课程的标准链(图2)。

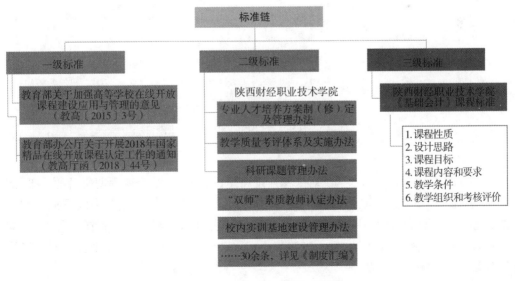

图2 《基础会计》课程标准链

(三)质量改进螺旋

根据质量改进螺旋的设计思路,结合《基础会计》课程在课程体系中的定位与特点,设计适合该课程的质量改进螺旋。

《基础会计》课程建立质量改进螺旋的基本思路是:确定课程建设目标,根据校级精品、省级精品、国家精品在线课程标准建立课程标准,设计实现目标的路径,建立组织保障体系并按照计划实施。在实施过程中,通过对数据的实时采集、跟踪实施环节的相关影响因素,对不满足预设条件的监测结果进行实时反馈,并对预警的相关内容进行完善。检查目标达成度并分析存在的问题与原因,总结凝练创新及特色,针对存在的问题提出改进措施,设立新的建设目标并进入下一轮循环。

三、自我诊改

(一)目标

为了实现国家精品在线开放课程目标,2018—2019学年,《基础会计》课程从课程设置、教学内容、教学方法与手段、教学团队、实践条件、教学效果6个方面进行建设和目标任务分解,分解出23个年度建设目标任务(图3)。

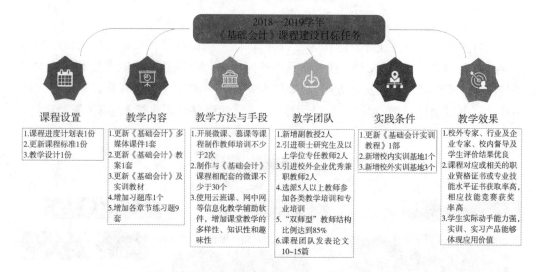

图3 《基础会计》课程2018—2019学年建设目标

(二)标准

根据陕西财经职业技术学院对课程开设和建设的要求,结合课程调研后的成果,制定了《基础会计》课程标准和《基础会计》教学大纲。以打造国家精品在线开放课程为总目标,以国家精品在线开放课程建设标准、《基础会计》课程诊改目标链为依据,从课程设置、教学内容、教学团队、教学方法与手段、实践条件、教学效果6个方面确定了课程建设标准(图4)。

(三)设计

《基础会计》课程教学过程遵循课程标准,统筹《基础会计》课程建设、教学实施及

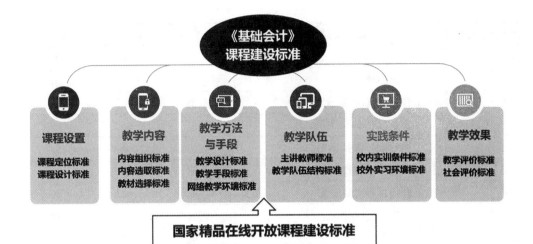

图 4 《基础会计》课程建设标准

教学定位,规范课堂教学过程,保证课堂教学质量。从《基础会计》课程建设目标和标准出发,结合《基础会计》课程教学实际,从 6 个维度设置了 27 个教学质控点,规范课堂教学管理,确保课程建设及课堂教学规范实施(表2)。

表 2 《基础会计》课程层面质控点的设置

序号	指标名称	质控点	类别	预警条件	目标值
1	基本信息	基本信息	有/无	无	有
2		教学任务书	有/无	无	有
3		教学进度计划表	有/无	无	有
4		课程教材	有/无	无	有
5		教学大纲	有/无	无	有
6		教学教案	有/无	无	有
7		课程建设规划及实施方案	有/无	无	有
8		课程标准	有/无	无	有
9		成绩单及分析报告	有/无	无	有
10		听课记录	有/无	无	有
11	课程资源	课程组、教研组人数/人	数值	≤5	10
12		微课数/门	数值	≤20	30
13		教学资源	有/无	无	有
14	实训教学	实训案例数量/个	数值	≤33	40
15		实训成绩优秀率/%	数值	≤5	20
16		校外实训基地数/个	数值	≤5	20

续表

序号	指标名称	质控点	类别	预警条件	目标值
17	课堂教学	WIFI环境	有/无	无	有
18		投影扩音	有/无	无	有
19		作业布置次数/次	数值	≤4	6
20		作业批改率/%	数值	≤75	100
21	教学队伍	"双师型"教师比例/%	数值	≤80	85
22		外聘及兼职教师比例/%	数值	≤15	25
23		教师每年实践天数/天	数值	≤15	30
24	教学评价	学生签到率/%	数值	≤92	100
25		调课占比/%	数值	≥15	5
26		考试及格率/%	数值	≤85	100
27		考试优秀率/%	数值	≤5	20

（四）组织

《基础会计》课程的教学过程与日常诊改工作具体由教研室负责，直接由教研室主任负责课程教学的组织与管理，课程负责人带领课程组成员实施对课程的教学与诊改工作。该课程形成课程负责人推动、企业专家指导、专职教师与外聘教师协同的教学团队，教师结构比例如图5所示。

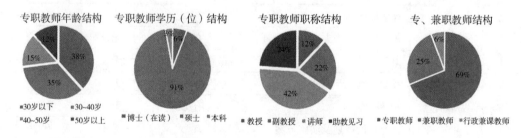

图5 《基础会计》教学团队结构

（五）实施

《基础会计》课程的实施运行是整个课程诊改工作的核心环节。本课程教学任务的实施过程主要分为3个环节：课前计划、课中控制、课后提升。以一学期为一循环单位。

第一，课前计划。学期末，教务处下达下学期的教学任务，课程组负责人推荐、选择教材；开学初，检查教师教案、课件、教学设计等教学资源，编制教学进度计划，严格依据教学大纲和课程标准确定教学内容。

第二，课中控制。任课教师利用云班课、网络平台等教学资源，采用多样化的教学手段组织课堂教学，线上线下实时互动。设置教学情境，让学生分组讨论，自己动手制作课件，组织教学内容，调动学生学习积极性。

期中进行教学检查,检查教师教案、教学进度、作业批改情况,生成《任课教师教学计划进度执行情况检查评分表》《教师授课教案检查评分表》《教师作业布置批改情况检查评分表》;召开学生座谈会,整理生成《学生座谈会记录》;进行学生评教,对《基础会计》课程授课教师授课情况及师德师风评分,生成《教师授课情况学生问卷调查表》《教师师德师风评分表》。以上所有评价得分,综合计算得到任课教师的《中期教学检查评分汇总表》。同时,要求同头课教师互相听课、相互评教。

第三,课后提升。期末进行课程考核,制定《基础会计》课程期末考试命题安排及命题标准。考试结束之后,授课教师对试卷进行分析,根据学生的成绩和评价,从课程性质、授课情况、主要经验和存在的问题及改进4个方面总结课程,发现问题及时改进。

在课前、课中和课后,线上线下和课内课外整个课程实施运行过程都进行监测和预警,发现问题及时改进。

1. 监测

依托数据平台,采集课程在诊改过程中的数据,借助云班课平台数据、线下教学检查等方式进行实时监测(图6),形成动态数据库,发现问题及时改进。诊断监测的具体内容有教学内容、教学方法与手段、课堂教学组织、学生到课听课情况及回答问题、完成作业、实训实验、考试成绩等环节,通过学生评教、教师互评、用人单位对人才培养质量进行评价反馈等方式,了解企业对人才的需求、对课程的要求;通过对日常教学检查等一系列教学活动的监控、评价与反馈,不断改进和提高课程教学质量。

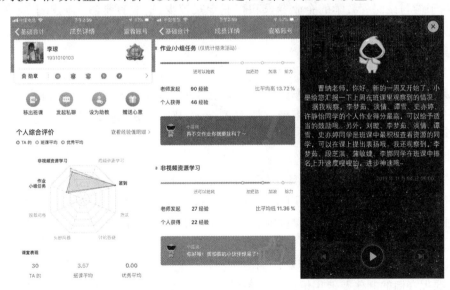

图6 《基础会计》课程云班课平台学生学习状态监测

2. 预警

依托现有质量监控体系,利用学校诊改数据平台对课堂教学过程实施实时监控,合理设置预警阈值,对课堂到勤情况、学习成绩、教学资源配置等内容构建课程预警体系。通过对课堂教学大数据的实时采集分析进行课程预警,形成常态化的预警机制,对不满足预设条件的监测结果进行实时反馈。

3. 改进

对监测过程中遇到的问题在达到预警值后,需要对其进行改进,改进方案与改进过程主要由任课教师负责,教研室与课程组负责审核与考察。

(六)诊断

通过线上质控点相关数据、云班课平台数据、线下日常教学检查等对一系列教学活动的监控、评价和反馈,结合学生评教、教师互评、用人单位对人才培养质量进行评价反馈等形式,诊断出存在以下问题。

1. 课程资源量不足,更新滞后

由于课程资源制作周期长、难度大,教师制作水平有限,《基础会计》课程网教平台资源建设相对滞后,资源内容陈旧单一,没有将课程资源真正转化为优质的教学资源和学习资源。

2. 信息化教学手段不充分,平台利用率低

伴随着网络信息时代数据处理和传递技术水平的飞速发展,会计专业群建设必须紧跟信息技术和专业技术发展的潮流,创新教学模式、改革教学方式方法、升级教学内容。但是,由于部分教师的信息化水平有限,不能适应新的课程改革形势,教学方法单一,再加上使用学校资源的激励机制不到位,导致平台资源利用率低。

3. 课程实践教学比例小,理论知识多

由于参与该课程教学的企业专家和行业专家较少,造成日常教学偏重于理论知识的讲授。另外,校内外的实训基地在数量上还不能完全满足学生实习和实训之需,导致学生实践机会较少。

4. 考试方式单一,考核手段传统

课程教学应更注重学生教学过程评价和操作能力评价,然而目前《基础会计》课程考核仍然采用传统的学期末线下考试的方式,无法及时反映学生线下学习过程和线上学习效果,考核方式和手段单一。

5. 专职教师本身的实践经验不足

《基础会计》课程教学团队部分专职教师是从学校学生到学校老师的身份转变,也就是毕业之后没有到企业从事实际工作的经历就直接进入高职院校任教,自身的实践经验不足。学校尽管要求专业课教师暑期顶岗实习,但往往是流于形式。

(七)激励

在课程建设过程中,建有针对性的激励机制。有效落实学校教师绩效考核评价办法,对课程资源的制作及使用情况记入教学工作量,教学工作量超标准部分,以及教学质量高和承担教育教学改革项目的都在职称评审时予以加分。同时,学校科研成果奖励办法对教师发表论文以及参与竞赛等,都给予一定的物质奖励和精神奖励,以此来激发教师和学生的积极性和主动性,从而切实提高教育教学质量。

(八)学习

对于诊断环节出现的问题,需要有针对性的学习和研究。首先,关注《企业会计准

则》的最新变化以及管理会计指导意见,在课程教学过程中及时调整教学内容;关注每年职业资格考试大纲,适当增加和删减知识点。其次,利用云班课等教学管理平台,实现线上线下混合式教学,创新课堂教学模式;利用平台进行在线考核,体现过程性考核和实践性考核,切实提高教师的信息化水平。同时,课程组专任教师每年到企业顶岗实习不低于1个月;每年派出课程组成员参加各类学术会议和培训,切实提高教师的实践水平。最后,在专业课程讲授过程中融入思政教育,使专业知识和思政教育自然结合,履行专业课教师既教书又育人的角色。

(九)创新

对采用传统方式不能解决的问题,需要寻找新的方法和途径。依据《基础会计》课程的自诊内容,不断提高课程的教育教学质量,努力提升学生对专业知识的理解和应用能力。

1. 以管理会计指导意见为方向,重构理论教学体系

会计行业在迭代升级中逐步实现了数字化管理。会计人员的定位由核算型的"账房先生"向业务型、管理型、战略型的"价值创造者"转变,会计人才面临着转型培养与能力升级的多重机遇与挑战。作为教师,要改变原有的只注重核算不注重管理的教学惯例,不仅要重视《管理会计》课程的开设,更要在讲授会计课程时融入管理会计的知识和理念。

2. 以会计信息化规范为方向,升级实践教学层次

当前,大数据、人工智能、移动互联网、云计算、物联网、区块链等新一代信息技术进一步发展,会计工作岗位的边界界限也逾显模糊,会计专业教育从专业实践技能上向信息化、无纸化转变已成趋势。教师要逐渐转变课堂形象与角色,由实体教师转变为虚拟的演员,由给学生教授知识转变为给学生创造学习环境、解决学习困难。

3. 产教融合,深化校企合作,共同开发课程,联合培养人才

学校与新道科技公司签订了专业共建方案,会计专业课程的理论部分由专任教师讲授,实训部分由新道公司派人讲授,学生定期到企业顶岗实习,真正做到产教融合,提升了教师的教学能力和学生的实践能力(图7)。

图7 校企联合培养人才

(十)改进

针对诊断过程中存在的问题,主要通过以下4个方面进行改进。

（1）加强在线开放课程资源建设，形成动态调整机制。根据教学需要，及时更新网教平台资源，包括教案、课件、习题、微课等，加强在线开放资源建设。

（2）以应用能力提升为主线，改进教学手段与方法。授课过程采用案例导入、任务驱动，线上学习、线下讨论，小组展示，分组指导，最后由任课教师进行点评与总结的形式。

（3）考核方式多元化，构建新型考核评价体系。改变传统教学模式下以线下期末考试为主的考核评价体系，重点关注学生的日常学习过程和线上学习效果，实现线上线下相结合的课程考评手段，最终提升《基础会计》课程的教学质量（图8）。

（4）注重课程组教师的培训交流，加强实践性教学环节。加大课程组教师的培训力度，拓宽培训渠道，增加企业实践经历；提升国际视野，加强国际交流与合作，促进教师专业能力提升。

图8 《基础会计》课程线上线下混合式教学

四、取得成效

2018—2019年第一轮诊改期间，《基础会计》课程建设了23个年度目标任务，目前已完成21个，完成率为91.3%。

针对诊改工作中存在的问题，通过本轮诊改，《基础会计》课程建设取得了初步成效（图9）。

第一轮诊改最大的成果是完成了《基础会计》国家精品在线开放课程建设，该课程

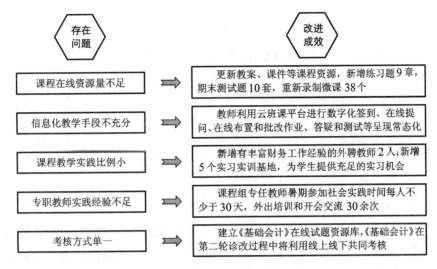

图9 《基础会计》课程诊改成效

已通过国家级 MOOC 平台"学堂在线"审核并上线运行。通过本轮诊改,教师可以在国家级平台上展现自己,课程服务于社会,学生可以利用手机随时随地登录平台免费学习,师生的获得感增强。

五、努力方向

(一)整合数字化资源优势,完善在线开放课程

继续完善和更新《基础会计》课程资源,计划在第二轮诊改期间将《基础会计》在线开放课程的相关资源在国家级 MOOC 平台上运行两轮以上。

(二)创新多元化的考评手段

创建与在线开放课程学习模式相配套的课程考核评价体系,依托线上考核及学生日常学习数据统计、自动阅卷、自动等级评定和数据分析,关注学生的学习过程。

(三)充分利用信息化教学手段,大力提升教学效果

采用仿真教学法、案例教学法、角色扮演法、头脑风暴法、微课、试点翻转课堂等教学方法,提高学生对该课程学习的兴趣,从而全面提升学校教育教学质量。

(陕西财经职业技术学院 曹 纳)

陕西工商职业学院
《西餐服务与管理》课程诊改案例

一、诊改基础

(一)课程基本概况

1. 课程定位

《西餐服务与管理》课程是酒店管理专业的专业基础课和必修课。课程通过西餐基础知识、西餐服务方式、西餐服务礼仪、西餐服务基本技能、西餐酒水服务、西餐零餐服务与管理、西餐宴会服务与管理、自助餐会服务与管理8个模块的学习,实现人才培养中"将学生培养成'高素质的酒店西餐服务员'和'高素质的西餐厅运营管理人员'"的目标。

课程开设于第二学期,每周3学时,共54学时3学分。同时,与本课程配套开设的专业课程为《中餐服务与管理》《餐饮酒水知识》各54学时3学分。

2. 课程教学团队

《西餐服务与管理》课程团队共有教师5人,其中,副教授3人、讲师1人、企业外聘教师1人。

3. 课程教学条件

(1)教材建设与使用。选用的教材是《西餐服务与管理》,主编为党春燕、王仕魁,浙江大学出版社,2016年版,目前已有2届学生使用。

(2)实践教学条件。本课程现有西餐服务与管理、咖啡吧校内实训室2个,总面积130平方米,设备数200多台(套),总价值17.8万元。与洲际酒店集团旗下酒店、西安天域凯莱大饭店、西安凯悦酒店共建校外实训基地8个。

(3)课程教学手段及资源。本课程已建成在线开放课程,使用智慧树作为教学平台,采用混合式教学模式。课程资源包括课程标准、教学设计及教案、教学课件、习题库、试题库、微课、教学录像、图片库、案例库等。

(二)课程质量基础

2017年,酒店管理专业团队辅导的学生参加教育部全国高职院校职业技能竞赛,获得西餐宴会服务赛项一等奖。2018年,《西餐服务与管理》课程从原有的《餐饮服务与管理》课程中划分出来,组建以校内教师为基础的核心教学团队;制定课程标准,建立课程网站,丰富课程静态资源。2019年,修订课程标准,建设智慧树线上开放课程,参加第十一届"鼎盛诺兰杯"全国旅游院校西餐宴会摆台大赛获得三等奖。

二、两链构建

(一)目标链

依据陕西工商职业学院"十三五"事业发展规划、课程建设规划以及二级学院课程建设规划,结合课程建设基础,形成了本课程的三级目标链(图1)。以省级精品在线开放课程建设为首要目标,力争建设成国家精品在线开放课程,建立课程定位、教学团队、课程资源、信息化教学平台和教学条件等方面的具体目标。根据实际情况将课程建设目标、任务分解到年度。

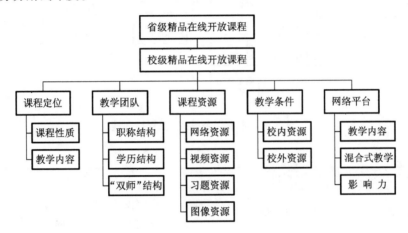

图1 《西餐服务与管理》课程目标链

(二)标准链

标准链的构建从课程内容到课程实施两个方面进行。依据专业人才培养方案,课程调研结果,国家及酒店、餐饮行业相关服务管理规范、标准等修订课程标准,明确课程定位,制订授课计划。依据省级、校级精品在线开放课程建设标准,参考国、省、校现有的关于教学团队课程资源、教学条件等管理文件及标准,确定标准链(图2)以及每个具体任务的建设标准(表1)。

三、运行实施

根据目标链、标准链,按照"目标—标准—计划—组织—实施—诊断—改进"的"8字形质量改进螺旋"实施课程诊改。

(一)目标与标准

《西餐服务与管理》课程的总目标是在5年内建成省级精品在线开放课程,2018—2019年课程建设目标如表2所示。

(二)设计与组织

根据课程建设目标,从课程定位、教学团队、课程设计、课程实施、课程考核、在线课程、其他课程资源7个方面设计了质控点40个。

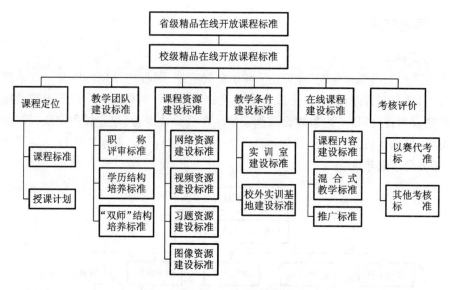

图 2 《西餐服务与管理》课程标准链

表 1 《西餐服务与管理》课程建设标准

一级目标	二级目标	建设标准
课程定位建设	修订课程标准	高等职业院校酒店管理专业教学标准,陕西工商职业学院关于修订课程标准的通知
教学团队建设	优化教学团队结构	陕西工商职业学院教学团队建设标准
	强化教师信息化教学能力	
	强化"双师型"教师能力	
课程资源建设	建设课程实训教材	国家及行业标准
	丰富课程资源	课程标准,国家及行业标准
	优化教学课件	
	规范教学设计、教案	
	优化课程考核方式	
	以赛促教、以赛促学	国赛比赛规则
在线课程建设	教学内容选择	国家、省级精品在线开放课程标准
	混合式教学组织	
	扩大影响力	
教学条件建设	完善校内实训条件	高等职业院校酒店管理专业教学标准
	深化校企合作	
	规范实践教学管理	陕西工商职业学院实践教学管理方法

表2 《西餐服务与管理》课程2018—2019年建设目标

一级目标	二级目标	2018年建设内容	2019年建设内容	建设标准
课程定位建设	修订课程标准	修订课程标准	修订课程标准	高等职业院校酒店管理专业教学标准,陕西工商职业学院关于修订课程标准的通知
	修订授课计划	修订授课计划	修订授课计划	
教学团队建设	优化教学团队结构	引进1名专业教师	组建教学团队	陕西工商职业学院教学团队建设标准
	强化教师信息化教学能力	开展教师培训3人次	开展教师培训5人次	
	强化"双师型"教师能力	教师顶岗实践不少于3人次,参与社会服务不少于2人次	教师顶岗实践不少于4人次,参与社会服务不少于3人次	
课程教学改革建设	编写课程实训教材	制定课程实训方案	完善课程实训方案	国家及行业标准
	丰富课程资源	制作微课28个,录制教学视频2个	制作微课28个,录制教学视频2个	课程标准,国家及行业标准,国赛比赛规则
	优化教学课件	制作教学课件245个	优化教学课件321个	
	规范教学设计、教案	制订授课计划	完善授课计划	
	优化课程考核方式	制定课程考核方案	完善课程考核方案	
	以赛促教、以赛促学	组织校内竞赛	参加国家级比赛	
在线课程建设	教学内容选择	讨论确立线上线下教学内容	完善课程实训方案	国家、省级精品在线开放课程标准
	混合式教学组织	立项建设	完成平台建设,开展教学	
	扩大影响力	立项建设	在本专业、校内和兄弟院校推广实施	
教学条件建设	完善校内实训条件	提高校内实训室利用率	布置整理,完善实训室管理,增加餐具(10套)、布草等实训器材	高等职业院校酒店管理专业教学标准
	深化校企合作	企业教师参与教学	企业教师参与教学	
	规范实践教学管理	梳理实践教学项目	完善实践教学管理	陕西工商职业学院实践教学管理方法

1. 专业课程调研把脉课程定位

每年开展专业课程调研,优化课程定位,研究确定课程三维目标。制定、调整课程建设规划、方案,奠定课程建设基础。

2. 教师培养机制引导团队建设

严格落实学校骨干教师、教学名师培养机制,从课程负责人、主讲教师、兼职教师3个方面强化团队建设,优化教师结构。

3. 专业培养目标引领课程标准

以专业人才培养方案为基础,依据典型工作岗位、典型工作任务分析,结合星级酒店评定标准等国家标准、行业规范,修订课程标准,制定教学计划,优化教学设计。

4. 质量监控体系监控课程实施

以学校听课教学监控为中心,以督导教学检查、学生评价机制为辅助,初步形成了课程质量监控体系。

5. 数据分析机制渗透课程评价

根据学生学习成绩,学校、二级学院教学督导听课,学生评教反馈信息等,进行数据分析,及时反馈学生、同行及领导对课程的评价结果。

6. 用课程建设标准规范在线资源

参考国家精品在线开放课程建设标准,制定在线资源类型和建设数量、质量,课程资源结构如图3所示。

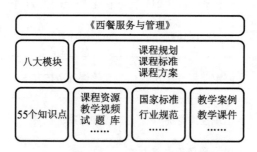

图3 《西餐服务与管理》课程资源结构

7. 实训指导书建设

在已选用教材的基础上,结合国家规范、合作企业需求、教学目标拓展等,编写《西餐服务与管理实训指导书》。

8. 科学设置课程质控点

结合教学团队成员特长,对质控点进行责任分工(表3)。

(三)实施(监测—预警—改进)

1. 监测

依托教务管理系统对课程教学团队、教学条件等进行宏观监测,通过常态化的期初、期中、期末检查督导简报、教学反馈等措施,对课程教学过程实施动态监测和学生挂科风险预警。

表3 《西餐服务与管理》质控点的设置

序号	内容	质控点	目标值	标准值	预警值	实施人	进度要求
1	课程定位	课程建设规划	有	有	无	万苗苗	2019.06.30
2		课程建设方案	有	有	无		
3		总课时/学时	54	54	≤54		
4		理论与实践课时的比例	1:1	1:1	6:4		
5		周学时/学时	4	4	≤4		
6		总学分/学分	3	3	≤3		
7	课程团队	课程负责人人数/人	≥1	≥1	无	万苗苗	2019.06.30
8		课程负责人学历	研究生	研究生	本科		
9		课程负责人职称	副教授以上	副教授以上	副高以下		
10		主讲教师人数/人	≥3	≥3	≤3	全体成员	2019.12.30
11		主讲教师学历	本科	本科	低于本科		
12		主讲教师职称	讲师	讲师	助教		
13	课程设计	课程标准	有	有	无	万苗苗	2019.06.30
14		学期授课计划	有	有	无		2019.03.01
15		学时授课计划	有	有	无		2019.03.01
16		课件	有	有	无	任课教师	2019.06.30
17	课程实施	教学内容对接职业岗位	有	有	无	任课教师	2019.12.30
18		教学内容对接职业标准	是	是	否		
19		理实一体教学	是	是	否		
20		混合式教学	是	是	否		
21		信息化教学平台	是	是	否		
22		考核方案或试题	有	有	无		
23		过程考核	有	有	无		
24		实践考核	是	是	否		
25		课程成绩单	是	是	无		
26		成绩分析报告	有	有	无		
27		课程及格率/%	≥80	≥80	≤80		
28	课程评价	学生评教满意度/%	≥85	≥85	≤85	本学期任课教师	2019.12.30
29		教师评价满意度/%	≥85	≥85	≤85		
30		督导评价满意度/%	≥85	≥85	≤85		
31		领导评价满意度/%	≥85	≥85	≤85		

续表

序号	内容	质控点	目标值	标准值	预警值	实施人	进度要求
32	在线课程建设	国家认定的数字资源平台	有	有	无	全体团队教师	2019.12.30
33		课程资源占总课时比例/%	40	40	≤40		
34		在线学生人数/人	≥100	≥100	≤90		
35		在线教师人数/人	4	4	≤3		
36		原创性教学资源比例/%	≥40	≥40	≤40		
37	其他教学资源	实训教材	有	有	无	全体团队教师	2019.12.30
38		企业资源	有	有	无		
39		校内外实训教学条件	有	有	无		
40		多媒体教室	有	有	无		

2. 预警

宏观方面针对课程建设目标,围绕课程定位、团队建设、课程教学改革、课程考核评价、课程资源、教学基本条件等 7 个方面的质控点及其预警值,对达到预警值反馈的教学活动及时进行干预。微观方面针对学生的学习行为进行过程性动态考核,实现实时挂科预警。

3. 改进

根据反馈的信息对设计环节进行修正,修正后重新进入实施步骤,直至达到本轮诊改目标要求后方可进入诊断环节。例如,针对"部分学生参与教学的主动性不足"这一预警,采取"将出勤率加入考核比率和过程性考核比重,实行学生组内、组间和教师评价相结合的评价机制",大幅提升了教学参与度。

(四)诊断

围绕 7 个方面的质控点,借助教学督导和智能化信息平台进行诊断,查找课程在教学团队建设、教学资源建设等方面存在的问题和不足。

1. 课程资源开发有待加强

线上开放平台尚未完全展开使用,在线学习人数未达到 100 人这一目标。主要原因是课程开设周期短,课程团队承担的管理工作任务较重,数字资源开发技术和经验都有不足。

2. 教材建设与开发存在欠缺

没有自主开发教材,实训指导书的编写还未完成。主要原因是课程开设周期短,国内相关可供借鉴的经验较少。

3. 实践教学环节落实有待提高

由于班级人数多,实训场地受到限制,实践教学工作没有充分开展。下一步将划分学习小组,开展小班化教学,完善实训条件建设。

(五)激励与学习

1. 激励

在课程建设过程中,有效地落实了学校教师绩效考核评价办法、岗位目标责任考核、微课大赛、信息化大赛、学生技能大赛等奖励性政策,激发了教师和学生的积极性与主动性。

2. 学习

对诊断环节出现的问题,进行了针对性的学习及研究。先后赴世界一流的瑞士洛桑酒店管理学院以及国内桂林旅游学院、陕西职业技术学院等兄弟院校进行调研,认真研读信息化教学和专业建设基本标准等政策文件,深入分析产生问题的原因。

(六)创新与改进

1. 教法更新

利用QQ、微信等平台初步实现了线上线下混合式教学,尝试了翻转课堂。在教中学、学中做,以赛代练,以赛促教。

2. 考核创新

混合式教学模式带动了考核创新,采用"课程总评成绩=60%过程性考核(线上)+40%结果性考核=50%理论考核(线上)+50%实践考核(线下)"的考核方式,体现过程性考核和实践性考核的考核创新。

四、诊改成效

通过实施诊改,《西餐服务与管理》课程体系及其教学团队建设取得了初步成效。

1. 课程质量保证体系初步建立

一是根据2017级、2018级人才培养方案修订了课程标准,进一步明晰了课程目标定位,明确了课程教学内容。二是制订了学期授课计划,编写了学时教学设计,将课程教学内容细化到课时。三是混合式教学模式初步形成。

2. 教师团队综合能力有所增强

一是团队结构得到优化。引进课程负责人1人;天域凯莱大饭店西餐厅经理余昌锋加入到课程团队;专兼职教师比例达到4:1。二是教师的信息化教学能力有所提升。1人参加信息化教学大赛;教学创新大赛获得校级二等奖1项、三等奖1项。三是教学团队教研能力稳中有进。立项教改项目"高职酒店管理专业教学质量监控体系研究"1项;发表论文3篇。四是教师培训累计9人次。五是学生评教满意度达到93.2%,教学评价满意度达到94%。

3. 课程资源建设稳步推进

制订了课程资源开发计划,与视频资源开发公司签订了合作协议,已完成55个视频共560分钟;已完成8章内容的321张PPT课件,题库资源400道题等。

4. 实训条件进一步完善

一是完善了校内实训条件。对原有的西餐实训室进行了升级改造,新添置了实训设施,购置了实训耗材,确保每位学生都能有机会上手练习。校外增加了中晶华邑酒店作为实训基地,专业校外实训基地增加到 8 家,满足了教学需求。

5. 学生专业素养进一步提高

一是学生及格率由 82% 增加到 86%。二是学生实践技能水平有所提高。共有 25 人次参加校内技能大赛,1 人参加中国旅游协会举办的技能大赛,获得三等奖 1 项。

五、努力方向

1. 教学团队

进一步优化团队的职称结构,提升团队的学历、学位水平,提高"双师"教师比例。

2. 教学条件

进一步加强校内实训室建设,深化校企合作,规范实践教学管理。

3. 在线课程

进一步加强课程资源建设,优化混合式教学模式,完善多元化考核方式。

4. 教材建设

2020 年完成实训指导书的编写,3 年内完成校本教材的编写。

5. 监控平台

完善线上监控平台,实时预警,改进提高。

(陕西工商职业学院　万苗苗)

宝鸡职业技术学院
《成本会计实务》课程诊改案例

一、诊改基础

(一)课程定位

课程是专业的构成元素,专业人才的培养需要通过课程来实现。《成本会计实务》课程是会计专业的专业核心课程,本课程开设在《财务会计实务》课程基础之上,主要内容是成本核算及成本的控制与分析,属于《财务管理实务》等课程的前导课程。高职院校大二学生的第二学期开设这门课程,共108学时6学分。这门课程的开设,在会计行业发展应用的新时代具有举足轻重的地位。

《成本会计实务》课程经过了十多年的建设发展,2008年建成校级精品课程、2010年建成省级精品课程、2018年完成精品资源共享课程建设。本课程通过持续地建设,塑造了成本会计实务课程团队,改善了教学条件,丰富了教学资源,2012年开发完成了理实一体融合的校本教材《成本会计实务》和《成本会计实务演练》。随着信息技术的应用,落实《国家职业教育改革实施方案》、贯彻高职百万扩招专项计划,线上线下融合教学已成为发展趋势,这为《成本会计实务》课程指明了新的发展方向。

(二)师资队伍

一门好的课程离不开优秀的教学团队。《成本会计实务》课程团队是一支专兼结合的"双师型"教学队伍。其中,专职教师9人,高级职称教师3人,具有硕士学位教师4人,实训指导教师2人;"双师"素质教师8人,专业带头人2人,教学名师2人。教学团队先后获得陕西省师德建设先进集体、宝鸡市总工会"五一"巾帼标兵岗和创新示范岗等荣誉。

(三)教学条件

教学条件是基础。学校建立了理实一体化教室、会计手工模拟实验室、多专业综合实训室、网中网仿真实训平台等,具备相对完善的成本会计实务理实一体教学实训校内条件。同时引企进校,共育人才,与多家校外企业建立了实习合作关系,有工业企业、商业企业、物流企业和施工企业等。基于成本岗位任务的特殊性,新增中小记账公司及会计师事务所等合作单位,满足了学生理实一体学习的需要,为增强学生的动手操作能力提供了教学保障。

(四)教学资源

课程教学资源主要依托精品课程网站、资源共享课程网站和云班课平台,形成了丰富多元的视频资源、课件资源和题库资源,同时辅以初级会计实务考证教材作为参考资源,结合整合校企合作的优质资源,丰富了课堂教学,为学生学习提供了便利条件。

(五)课程调研

课程、专业服务于区域经济。为了更好地实施课程建设,满足社会对人才的需求,适应学生现状,教学团队深入行业、企业调研并进行了深度分析,做到有的放矢,培育课程发展,实现因材施教。

(六)诊改分析

对《成本会计实务》课程进行了 SWOT 分析,得出了该课程的优势、劣势、机遇及面临的挑战(图1)。

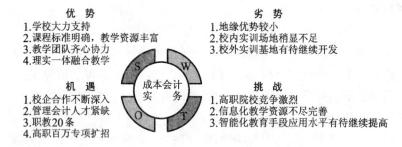

图 1 《成本会计实务》课程 SWOT 分析

二、总体设计

(一)目标链

在 2018 年共享资源课程建设的基础上,依据《宝鸡职业技术学院"十三五"发展规划》《宝鸡职业技术学院"十三五"课程发展规划》《宝鸡职业技术学院财经商贸学院"十三五"发展规划》及会计专业 2018—2020 年度建设规划提出的《成本会计实务》课程建设目标,参照国家、省级、校级精品在线开放课程建设目标,如图 2 所示,以构建《成本会计实务》省级精品在线开放课程为建设目标,以期在教学培养目标、教学团队建设目标、教学内容目标、教学条件目标、教学资源建设目标和教学设计目标等方面提高教育教学质量。

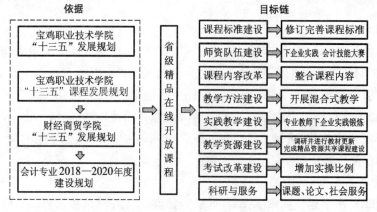

图 2 《成本会计实务》课程目标链

（二）标准链

依据《宝鸡职业技术学院课程建设标准》，进一步完善课程设计标准、教学团队建设标准、教学内容标准、教学条件标准、资源建设标准和评价标准。依据财经商贸学院会计专业人才培养方案，参照国家、省级、校级精品在线开放课程建设标准，构建课程标准链。以省级精品在线开放课程标准为主标准，分化出课程设计标准、教学团队建设标准、教学内容标准、教学条件标准、资源建设标准和评价标准等具体实施标准（图3），保证该课程在课程建设、教学过程、教学团队培养、质量管控等方面的规范化和可持续提升，最终达到省级精品在线开放课程标准要求。

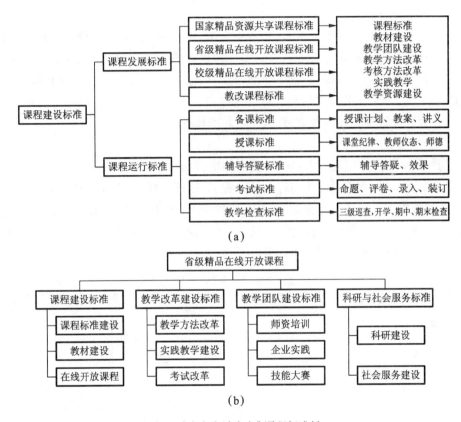

图3 《成本会计实务》课程标准链

（三）建立"8字形质量改进螺旋"

参照学校内部质量保证体系中的"8字形质量改进螺旋"，以建立课程内部质量保证体系为抓手，通过构建针对课程质量提升的"目标—标准—设计—组织—实施—诊断—改进"内部质量改进螺旋，进行课程内部质量保证体系建设和完善。

三、诊改运行

（一）目标

根据课程建设计划和2018年度建设成效，在2018年校级精品资源共享课程基础上,以省级精品在线开放课程建设为总目标,通过教学资源建设目标、课程教学团队建设目标、实训教学建设目标、信息化建设目标及科研与社会服务目标5个方面,确定2019年度建设目标共有15个二级指标。教学资源建设目标主要包含优化课程资源和修订课程标准等。教学团队建设目标包含课程团队能力提升、校外兼职教师合作和实训指导教师引入等。实训教学目标主要包含开发新的实训项目以提升实训设备利用率,同时结合兼职教师来指导实践教学,达到提升技能水平的目的。信息化建设目标主要是全课程应用信息化教学手段,同时结合学情分析,进行信息化教学改革。科研与社会服务建设目标主要是参与课题研究,到企业服务锻炼。

(二)标准

以课程建设运行标准为出发点,从专业发展、师资队伍、教学管理和教科研项目等方面,以《高等职业院校国家专业教学资源库建设标准》《省级在线开放课程建设标准》《省级在线开放课程评审标准》《宝鸡职业技术学院调课、停课及调换任课教师的规定》及《宝鸡职业技术学院教材建设与教材管理办法》为本课程建设标准,对标省级精品在线开放课程建设标准,加强对本课程教学资源的建设。

(三)设计

根据2019年度本课程建设目标和建设标准,结合学校内部质量保证体系建设与运行实施方案,设计课程建设实施路径。从课程信息、课程团队、教学条件、教学方法与手段、信息化教学和教学效果等方面,凝练为6个维度,细化为37个课程建设指标,设置了32个质控点(表1)。根据智能化信息平台数据进行实时动态监测,课程建设和诊改同步运行,逐步达到本年度课程建设目标要求。

表1 《成本会计实务》课程建设指标

序号	项目	任务	目标值	标准值	预警值
1	课程信息	课程定位	准确	准确	无
		总课时/学时	96	90	80
		总学分/学分	6	6	无
		周学时/学时	6	6	无
		实践课时占总课时比例/%	50	40	≤35
		课程内容对接职业标准	对接	对接	无
		教学内容对接生产过程	对接	对接	无
2	课程团队	课程负责人	有	有	无
		课程团队人数/人	6	5	≤3
		课程团队年龄结构	有	有	无
		课程团队职称结构	有	有	无
		课程团队学历结构	有	有	无

续表

序号	项目	任务	目标值	标准值	预警值
3	教学条件	教材选用级别	校本	校本	无
		教材出版年份/年	2017	2016	2015
		数字资源个数/个	45	38	≤30
		实验实训室个数/个	5	4	≤3
		课程实验实训开出率/%	100	>80	≤80
		实践教学项目数/个	20	15	≤10
4	教学方法与手段	教学模式	有	有	无
		课程考核方式	有	有	无
		学生到课率/%	95	90	≤75
		课程调课率/%	<10	15	≥20
		随堂测试次数/次	>5	3	≤2
		小组讨论次数/次	>3	2	≤1
		作业布置次数/次	>8	6	≤5
		作业批改率/%	>90	85	≤80
5	信息化教学	课程信息化平台/个	4	3	≤2
		信息化教学课时占比/%	80	60	≤50
		信息化教学手段使用率/%	80	60	≤50
6	教学效果	课堂满意度/%	85	70	≤50
		学生评教满意度/%	90	85	≤80
		教师评价满意度/%	75	70	≤60
		二级学院评价满意度/%	85	70	≤50
		课程考核合格率/%	90	80	≤70
		课程考核优秀率/%	20	15	≤10
		督导评价满意度/%	80	70	≤60
		教学团队成果数量/个	6	4	≤2
		学生比赛获奖状况	优	良	有

（四）组织

进一步构建团队组织架构和教学组织架构。团队由课程负责人、主讲教师、骨干教师、校内兼课教师和企业兼职教师组成，依据课程建设的各项任务及标准，在现有课程的基础上进行组织分工。梳理各责任主体在工作中的主要内容和职责，规范其行为准则和标准，各司其职，确保课程建设按方案和计划顺利实施。教学组织按照"理实一体—项目演练—信息化应用—跟岗实习"4个层级递进模式组织教学（图4）。

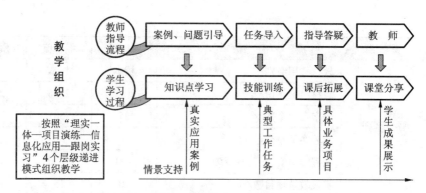

图4 《成本会计实务》课程教学内容的组织与安排

(五) 实施

教学团队具体负责课程建设的实施,将"立信、励能"的课程质量文化融入实施过程。结合质量改进螺旋,在课程建设的同时从3个方面实施本课程的诊改。

实施1 重组课程内容,对接成本岗位任务;整合资源,优化完善平台建设(图5、图6)。

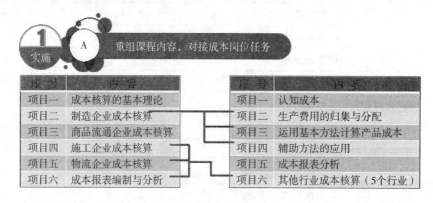

图5 重组课程内容

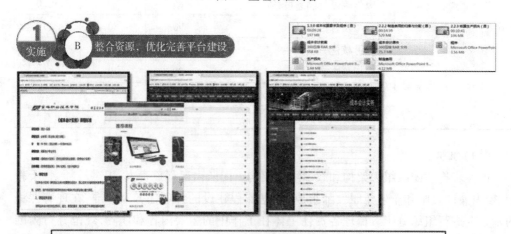

图6 整合教学资源

实施 2　分组实践,团队探讨,示范引领提升(图7)。

实施 3　全课程混合式教学应用。通过教师、学生课前准备,课中借助蓝墨云班课 APP 及精品课程网站平台、综合实训室,采用项目导向、任务驱动、线上线下等混合式教学模式,辅助课堂教学,做到在"学中做、做中学"。通过小组任务完成、学生答疑讨论、学生课后反馈、学生课前建议,做到理实一体融合教学(图8)。

图 7　提升教学能力

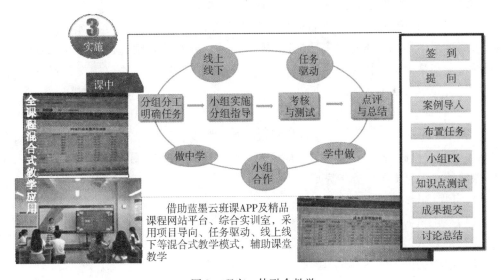

图 8　理实一体融合教学

(六)监测与预警

课程是一个递进的过程,而课堂则是一个动态的过程。由"实施—监测—预警—改进—设计"构成一个闭环动态循环来对教学质量进行实时监测、准确预警,做到及时改进(图9)。

通过教师课堂自我监测,随时改进教学过程的微设计,以期实现学生课堂教学效果

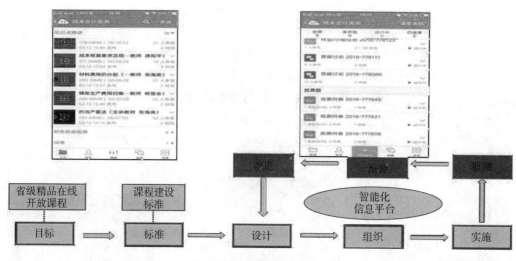

图9 监测预警

的提升,进一步通过信息化平台监测课程动态数据。

案例1 课堂中,蓝墨云班课平台监测到学生对"辅助生产费用分配"的头脑风暴参与度不足60%,分析其原因是学生对预习环节不积极,还有的学生对预习知识不理解。于是,针对问题提出了解决策略,将此次头脑风暴改用温故知新的形式予以提升,课堂教学效果得到明显增强。

案例2 在2019年3月25日的信息化平台监测中发现课堂小组讨论的参与度不高,考核过程中学生主体发挥未达标,被提出预警。针对这种情况,教师查找原因并进行分析,发现是由于考核过程中课堂小组讨论按每节课考核,讨论议题次数过多,实施效率不佳,导致考核不达标。

(七)诊断

到2019年8月31日,针对本课程建设的6个维度、37个二级指标、32个质控点,对比本年度建设目标,目标达成度为90.63%。其中,教学方法与手段中有2项任务未完成,教学条件中有1项任务未完成。

1. 自我诊断结论

(1)线上资源点击量偏低。

(2)混合式教学应用的参与度不高。

2. 主要原因

(1)资源上传时间短,推广力度小。

(2)课堂中学生的主体地位未得到凸显。

3. 改进措施

(1)继续宣传、完善,加强推广力度。

(2)积极推进线上线下混合式教学模式的应用。

（八）激励与学习

激励与学习主要包括教师和学生两个层面。教师层面以提升教师的内生动力为抓手，结合学校的相关激励政策，选派教师参加陕西省教师素质提高计划、课程建设研讨、会计专业应用平台提升、信息化教学能力提升培训等，从而提高教师的教学能力及信息化应用能力。学生层面以提升学生在课堂上的活跃度为前提，要使学生对课堂充满活力。教师必须分析学生学情，发挥学生在课堂中的主体地位，提升课程教学效果（图10）。

陕西省教师素质提高计划

1. 宝鸡职业技术学院教师高学历、学位进修管理暂行办法
2. 宝鸡职业技术学院"双师"素质教师认定与培养办法
3. 宝鸡职业技术学院青年教师培训及管理办法
4. 宝鸡职业技术学院教师进修学习管理办法
5. 宝鸡职业技术学院科研项目经费资助配套办法修订稿（宝职院发[2016]37号）
6. 宝鸡职业技术学院校级科研课题（项目）管理办法（试行）

学情分析应用

课程建设研讨

会计专业平台应用提升

信息化教学能力提升培训

图10　激励与学习

（九）创新与改进

基于问题导向，激发学习的创新动力，实施课程的螺旋递进提升，主要采取了以下3个方面的改进措施。

(1) 以科研创新、巾帼建功提升教学能力。

(2) 以校企融合、课证融通、应用平台更新提升教学效果。

(3) 以赛促教、以赛促改实现教学相长。

四、努力方向

(1) 全面实现教学质量过程全程监控。通过智能化信息平台、蓝墨云班课等，做到及时诊断、及时改进，确保课程建设顺利进行。

(2) 通过新增典型案例、教学动画、微课、实践操作视频、习题等，持续优化在线教学资源建设及其利用，跟踪专业发展最新进展，补充教学内容，更新财税新制度。

(3) 探索专业课课程思政新模式。坚持立德树人，把思想政治教育融入教育教学全过程，形成"立信、励能"的课程质量文化氛围。

(4) 不断加强信息化技术应用，大力提升课程教学效果。

(5) 持续完善多元化课程考核新机制、积极推进1+X证书制度。

陕西邮电职业技术学院
《宽带接入网工程》课程诊改案例

一、基本情况

(一)课程介绍

《宽带接入网工程》是面向通信技术专业开设的一门专业核心课程,为理实一体课程(B类),共96课时6学分。开设于第三学期,对接企业智慧家庭工程师岗位,主要培养学生掌握宽带接入技术,建立发现故障、分析故障、解决故障的职业素养。学生学习后懂理论、会操作、能装维,可考取传输与接入方向通信工程师资格证书(图1)。

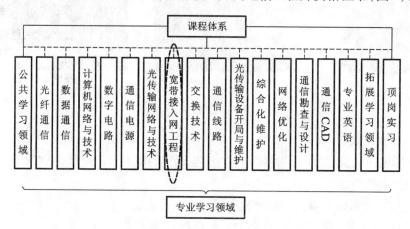

图1 《宽带接入网工程》课程在专业学习领域的位置

(二)诊改历程

《宽带接入网工程》课程目前已经过两轮诊改,第一轮诊改时间为2017年9月至2018年9月,第二轮诊改时间为2018年9月至2019年9月。第一轮诊改后需要从以下4个方面进行改进:理论与实践课时比例未达到1:1,课程资源不足,未出版自编教材,授课计划与进度一致性不够高。在第二轮诊改中将针对上述问题进行动态追踪与改进。

(三)已有资源

课程团队制定了课程标准、课程建设规划、授课计划,并有配套的"十二五"规划教材《宽带接入技术》、配套的智慧家庭实训室及光通信实训室等,为培养学生实践操作技能提供了保障。有题库、教学案例、教学视频等多种课程教学资源,满足了学生多样化的学习需求。

经过7年的持续课程建设,《宽带接入网工程》课程形成了一支适应高职教育改革与发展需要,具备"双师"素质、结构合理的教学团队。团队现有教师6人,其中,专任教师5人,企业兼职教师1人,"双师"素质教师比例达到100%。课程组教师先后赴华为、中兴等通信公司培训、学习新技术,教师利用寒暑假进入中国电信、中国移动等运营商下属企业锻炼。课程充分发扬"传帮带"精神,通过近几年的师资队伍建设,逐渐形成了"专业水平高、专兼职教师相结合"的教学团队。团队教师均具有国家级通信工程师资质,并被聘任为陕西电信企业内训师。

二、"两链"打造

(一)基础分析

在制定课程目标前,课程团队对课程进行了 SWOT 分析。课程的优势是教学团队年轻化,学习能力较强,建成有对接企业设备的专业化实训室。劣势是团队教师实践经验不足,高级职称教师人数偏少。随着工业和信息化部"宽带中国战略"目标的提出、各级政府对智慧城市计划的推进以及企业对智慧家庭的推广,为该课程带来了新的机遇和挑战,这就需要根据企业对员工岗位能力的要求,不断提升、及时更新课程内容、修订课程标准,对接企业岗位需求。

(二)设定目标

在《陕西邮电职业技术学院"十三五"事业发展规划》的指引下,结合通信系及通信技术专业关于课程建设的"十三五"规划,综合考虑本课程已有的建设基础,确立了本课程的建设目标为校级特色在线开放课程(图2)。制定了课程五年建设方案,对建设内容进行了年度分解。2018—2019学年在年度建设计划基础上,根据上一循环诊改实施情况,对年度目标和任务从课程目标、课程资源、课程教学、课程团队4个方面进一步予以明确,做到数据化、可监测、可评价。

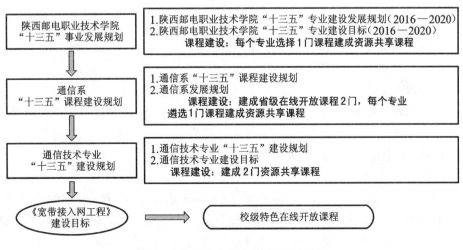

图2 《宽带接入网工程》课程目标链

（三）制定标准

根据目标设定课程标准,依据学校在线开放课程建设标准,通信系课程建设标准以及国家通信工程师考核标准,行业、企业智慧家庭工程师岗位标准,制定了该课程的建设标准和运行标准,包括课程标准、教学团队标准、资源建设标准和课程质量标准等,保证了该课程在课程建设、教学过程、教学团队培养、质量管控等方面的规范化和可持续提升(图3)。

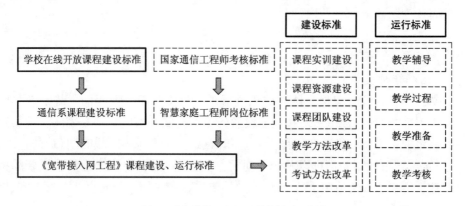

图3 《宽带接入网工程》课程标准链

三、诊断与改进

课程以实现理论与实践深度融合、知识与技能全面提升为主线,以内部质量改进为课程改革原动力,以建立课程内部质量保证体系为抓手,通过建立常态化课程质量改进螺旋进行课程的内部质量保证体系建设和完善,构建针对课程质量提升的"目标—标准—设计—组织—实施—诊断—改进"的"8字形质量改进螺旋",做到课前设计建标准、课中实时抓监控、课后诊断促改进。

（一）设计

1. 课程质控点设计

根据课程制定的目标,设计出对应4个维度的26个质控点,对课程质量进行全方位把控(图4)。

2. 课程内容设计

在课程内容设计上,团队成员通过企业调研、企业实践、技术培训等方式将课程内容与企业岗位能力要求对接,构建了"基于工作过程"的课程内容体系,将课程内容细化为6个项目、16个任务、60个知识点(图5)。

3. 考核评价方式设计

按过程考核和结果考核6∶4的比例,构建注重学生学习过程考核的评价体系。逐步建立课程质量分析机制,以学期为单位,结合学生学习状态、学习达标率和课程教学评测数据生成课程质量分析报告;以报告为依托及时修正课程学习标准;以学生学习效果为基础给出课程教学考核性诊断并形成改进方案,及时反馈到课程学习标准中(图6)。

图4 《宽带接入网工程》课程质控点的设计

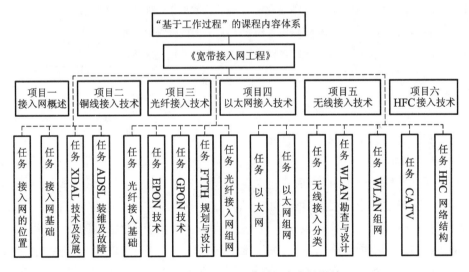

图5 《宽带接入网工程》课程内容的设计

(二)组织

在组织过程中实现学校、专职教师、兼职教师"三位一体"的协同育人组织方案。学校提供制度保障和资金保障,专职教师以课程负责人为主体,团队成员协同完成课程建设规划、课程标准修订、课程资源建设、教研活动开展,企业兼职教师参与课程标准制定,为该课程提供技术支撑。团队成员的具体分工如表1所示。

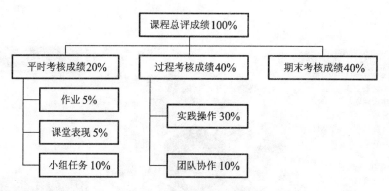

图6 《宽带接入网工程》课程考核评价方式

表1 《宽带接入网工程》课程团队成员分工表

序号	姓名	职称	责任
1	王晓华	讲师	课程负责人,审定课程建设计划,监督诊改工作的推进
2	徐延海	副教授	优化学习任务,完善授课计划,完善课程建设规划,制定课程改进举措
3	雷蕾	讲师	专业带头人,完善课程建设规划,优化课程设计,修订课程标准,完善评价体系
4	张如花	讲师	审定课程建设规划,监督诊改工作的推进
5	李俊	讲师	优化课程项目任务设计,完善课程管理制度
6	强楠	高工	参与课程规划,跟踪企业生产课程教学动态

(三)实施

1. 实施过程

课程在实施过程中实现了"三优化"。

(1)优化教学手段与方法。课程在实施过程中做到针对课前在信息化教学平台发布的教学任务学生提前预习,课后通过关注智慧家庭社区公众号等线上资源拓展专业领域知识。实施过程中采用分组操作的方法,每个小组对应一个工位,并采用角色扮演法、小组讨论法、现场教学法等教学手段,使学生对企业岗位能力要求进一步明确,提升实践操作能力。采用反转课堂方式,突出学生的主体学习地位,学生从资料查找到PPT制作、教案撰写、内容讲解全程参与,充分提高了学生学习的主动性和团队合作意识,分析问题和解决问题能力得到进一步提升。

(2)整合和优化课程资源。优化教学课件40个,新增教学视频16个、习题40套,极大地丰富了教学资源。

(3)优化考核评价方式。课后通过笔试、面试、实际操作、小组活动等多种考核评价方式加大对过程的评价力度,突出学生的主体地位,强调学生注重学习的过程。

2. 动态循环

在实施过程中,通过团队教师互相听课进行线下监测预警,智能化管理信息平台、蓝墨云班课、智慧课堂进行线上实时监测预警,教学督导、学生评教、课程满意度测评等多种线上线下相结合的方式进行监测预警。以课程质控点生成的检测数据为基础,通过线上线下相结合的方式进行实时监测预警,对预警的相关内容完善后返回设计环节进行修正,达到本轮诊改目标后进入诊断环节。

(四)诊断

对《宽带接入网工程》课程,以优化教学资源、改进教学方法、增强学习动机和多元化考评体系4个方面为抓手,围绕提升课程教学质量环节,针对2019学年设定的目标及完成的结果进行诊断分析。2019年度的26项任务目标已完成24项,目标达成度为92.3%。在第二轮诊改中加大了课程资源建设力度,授课进度严格按照授课计划执行,在课程内容中加入《智慧家庭实战》课程,解决了第一轮诊改中存在的课程资源不足、授课计划与进度不一致、理论和实践课时不足1:1的问题。第二轮课程诊改中存在的问题、原因分析及改进措施如表2所示。

表2 《宽带接入网》课程第二轮诊改中存在的问题、原因分析及改进措施

建设方面	诊断问题	原因分析	改进措施
课程资源	自编教材尚未出版	1. 教材出版周期长。 2. 课程内容更新快。	1. 加强企业调研,获取教学资源。 2. 积极联系出版社尽快出版教材。
课程教学	课程通过率未达标	1. 随着岗位能力的提升,课程考核标准也在不断提升,导致学生考核的通过率下降。 2. 个别学生学习的主动性不够高。 3. 参与企业实践学生的成绩由企业专家评定,课程成绩与专家评定成绩尚未同步录入教务系统。	1. 在不降低考核标准的前提下,加强学生实践操作能力的培养。 2. 采用多元化方法提高学生学习的积极性。 3. 积极联系系部及时修订参加企业实践学生的成绩。

(五)激励、学习与创新

学生学习动力的提升可通过榜样激励和活动激励来实现,教师教科研积极性的提升可通过学校出台的《陕西邮电职业技术学院课程负责人考核办法》《陕西邮电职业技术学院优秀教学团队评比办法》《陕西邮电职业技术学院教科研奖励办法》《陕西邮电职业技术学院中青年骨干教师评选办法》等各种政策、制度来实现。

后期教学团队仍需通过学习不断更新教学理念、改进教学方法,积极参加企业培训,更新教材内容,努力学习专业知识,不断提升专业技能。

通过激励和学习实现了该课程5个方面的创新。

(1)与时俱进,更新课程内容。在光进铜退的新形势下,对接企业岗位新标准,对教学内容进行重构和更新,按照企业标准增加课程实战部分的实践操作内容。

(2)以赛促教,增强学生学习的主动性。通过学校的技能节大赛,让学生的理论与实践深度融合,提升学生的实践技能,增强学生学习的获得感。

(3)深挖课程内容,为企业提供技术支撑。团队教师参与了中国电信陕西分公司《FTTH技能提升》培训项目的开发以及"通服工匠——智慧家庭技能竞赛"培训课程。

(4)技术培训,教师教学能力不断提升。通过技术培训,教师的教学能力、信息化手段得到提升,团队教师参与学校教师教学竞赛获得校级一等奖、参与陕西省青年教师教学竞赛获得省级三等奖,同时教师的科研水平及参与科研的积极性均有所提高。现代化教学手段的应用,提升了学生的学习兴趣,使得学情分析更加详细。学生由以前的被动学习变为现在的积极主动学习,学习的畏难情绪得以克服。

(5)思政融入课堂,培养合格的社会主义通信事业建设者。在教学过程中,将思政课和专业内容进行融合,学生在学习专业知识的同时,爱国意识得到进一步培养,树立起了正确的人生观和价值观。

(六)改进

诊改过程中,课程实现了3个方面的改进:一是依托企业调研、技术培训等方式更新了课程质量标准,增加了课程实战内容。二是采用多元化评价手段优化了考核评价体系。三是整合了教学资源,采用线上线下学习方式,满足了学生多样化学习的需求。

四、努力方向

针对《宽带接入网工程》课程的自我诊断内容,继续践行持续推进课程诊改、不断提升教学质量的教学理念。在课程内容的数字化资源建设、课程团队能力提升以及教学方法和手段上继续创新改进,完善课程建设环节,大力提升课程教学质量。

1. 深化校企合作,课程内容与时俱进

进一步加强与企业的联系,邀请企业专家为学生开展技术培训,努力保持课程内容与企业要求的一致性。

2. 进一步落实课程质量保证体系,实现教学质量过程的全程监控

以诊改为契机,以教学质量保证体系为依托,进一步落实教学质量过程的全程监控,及时诊断、及时改进,确保课程建设、课程教学、考核评估、质量保证等环节有序进行。

3. 充分利用信息化教学手段,通过混合式教学模式大力提升教学效果

借助信息化教学手段,线上学习和线下学习相结合,采用混合式教学模式,探索移动学习平台在日常课堂教学中的应用,大力提升教学效果。

4. 探索多元化课程考核办法,形成完善的课程考核新机制

创新课程的多元化考核办法,探索形成课程考核新机制。

(陕西邮电职业技术学院　王晓华)

商洛职业技术学院
《内科学》课程诊改案例

一、课程基础

（一）课程定位

《内科学》课程是临床医学专业的核心课程,本课程在第四学期开设,共144学时。课程以基层医疗卫生单位执业助理医师工作岗位能力为标准,培养学生具有良好的职业道德修养,具有对内科常见病、多发病的诊治能力以及对内科危急重症的识别和简单处理能力。

（二）课程建设历程

该课程自1960年由原商洛市卫生学校开设西医士专业起,经过课程组近60年的不懈努力,于2016年参与教育部"创新发展行动计划骨干专业"项目建设;2017年参与陕西省一流专业培育项目建设;2017被确定为校级优质课程,2018年被确定为校级精品在线开放课程。

（三）课程已有资源

该课程共有内科校内实训室5个,建筑面积1057平方米,累计投入建设资金150余万元,共有各类教学实验仪器设备425台(件)。共有校外实训基地50个,其中,学校附属医院是集医疗、教学、科研于一体的二级甲等医院,于2019年年底将实行整体搬迁,新增设床位1500张,为更好地开展见习实习提供了有力保障。

目前课程组已开发《执业（助理）医师考试真题解析内科分册》《内科学病案集》两部配套校本教材,建有PPT资源库、操作图解、视频库等课程资源。

（四）课程团队

该课程由学校附属医院业务院长、省级教学名师辛建锋教授和附属医院院长助理、商洛市有突出贡献专家冯文萍教授及其名师工作室引领,组成专兼结合、"双师"结构的教学团队。教学团队共有18人,其中,教授2人,副教授1人,硕士研究生学历3人,"双师型"教师15人。

为了更好地推进该课程的诊改工作,对该课程进行了SWOT分析。优势为依托前校后院的教学条件,课程建设基础良好。劣势为学生基础知识薄弱,自律性不高。机遇是学校对课程建设高度重视,诊改工作促进了本课程的建设。临床诊疗技术发展迅速,对学生的岗位能力要求较高,对本课程的发展提出了挑战。

二、两链构建

（一）目标链

根据学校"十三五"事业发展规划、专业建设规划、课程建设规划、医学系"十三五"课程建设规划，《内科学》课程建设计划基于现有课程基础，计划于2020年建成省级精品在线开放课程。

为了使课程建设有计划、有步骤地顺利实施，根据总目标详细制定了课程目标、教学团队目标、实验实训目标、课程资源建设目标、校企合作目标、教学改革目标等子目标，形成了《内科学》课程目标链（图1）。

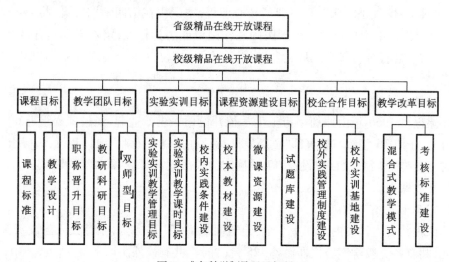

图1 《内科学》课程目标链

从建设目标、教学团队、教学资源、实践教学、考核方式改革等方面，细化了2016—2020年这5年《内科学》课程建设目标任务（表1）。

（二）标准链

为了在课程建设过程中确保课程建设目标达标，严格参考了省级和校级精品在线开放课程标准，明确了课程标准、教学团队标准、实验实训标准、课程资源建设标准、校企合作标准及教学改革标准，形成了《内科学》课程标准链（图2）。

三、诊断改进

根据目标链和标准链，结合课程现状，按照"8字形质量改进螺旋"对课程进行了诊改。

（一）目标

依据省级精品在线开放课程建设的总目标，确定了2018—2019学年《内科学》课程建设的主要目标和任务（表2）。

第二部分 诊改典型案例

表1 《内科学》课程建设目标任务分解表

课程建设要素	2016年任务	2017年任务	2018年任务	2019年任务	2020年任务
建设目标	启动校级精品课程建设	启动校级精品课建设	完成校级精品课程建设	持续建设内科学精品课程	完成省级精品课程建设
课程标准	1. 确定课程建设目标 2. 制定课程建设方案 3. 制定课程发展标准 4. 制定课程运行标准	1. 修订课程建设方案 2. 修订2017年建设任务	1. 修订课程建设方案 2. 修订2018年建设任务	1. 修订课程建设方案 2. 修订2019年建设任务	1. 修订课程建设方案 2. 修订2020年建设任务
教学团队建设	1. 参加实践锻炼教师≥1人 2. 参加技术服务和社会培训2项 3. 新聘兼职教师2人	1. 参加实践锻炼教师≥1人 2. 参加技术服务和社会培训2项 3. 新聘兼职教师2人 4. 参与教科研课题2项	1. 参加实践锻炼教师≥1人 2. 参加技术服务和社会培训2项 3. 新聘兼职教师2人 4. 参与教科研课题2项	1. 参加实践锻炼教师≥1人 2. 参加技术服务和社会培训2项 3. 新聘兼职教师2人 4. 申报教科研课题2项	1. 参加实践锻炼教师≥1人 2. 参加技术服务和社会培训2项 3. 新聘兼职教师2人 4. 申报教科研课题2项
教学资源建设	1. 文本资源≥100个 2. 视频资源≥30个 3. 动画资源≥50个 4. 案例≥50套 5. 习题作业≥20套	1. 文本资源≥150个 2. 视频资源≥40个 3. 动画资源≥50个 4. 案例≥70套 5. 习题作业≥30套	1. 文本资源≥200个 2. 视频资源≥300个 3. 动画资源≥50个 4. 案例≥90套 5. 习题作业≥50套	1. 文本资源更新20% 2. 视频资源更新20% 3. 动画资源更新20% 4. 案例≥100套 5. 习题作业≥70套	1. 文本资源更新20% 2. 视频资源更新20% 3. 动画资源更新20% 4. 案例≥110套 5. 习题作业≥400套
实践教学	1. 编写校本实训教材2部 2. 实践项目开出率100% 3. 新增校外实训基地1个	1. 修订实践项目任务书 2. 实践项目开出率100% 3. 新增校外实训基地1个	1. 修订实践项目任务书 2. 实践项目开出率100% 3. 新增校外实训基地1个	1. 修订实践项目任务书 2. 实践项目开出率100% 3. 新增校外实训基地1个	1. 修订实践项目任务书 2. 实践项目开出率100% 3. 新增校外实训基地1个

续表

课程建设要素		2016年任务	2017年任务	2018年任务	2019年任务	2020年任务
教学方法改革		1. 开展项目教学法 2. 开展技能竞赛赛前全员培训	1. 开展项目教学法 2. 开展技能竞赛赛前全员培训	1. 开展信息化教学法 2. 开展技能竞赛赛前全员培训 3. 开展翻转课堂教学	1. 开展信息化教学法 2. 开展技能竞赛赛前全员培训 3. 开展混合式教学	1. 开展信息化教学法 2. 开展技能竞赛赛前全员培训 3. 开展混合式教学
考核方式改革		1. 过程性考核及格率≥80% 2. 过程性考核优秀率≥10% 3. 总评成绩及格率≥60% 4. 总评成绩优秀率≥5%	1. 过程性考核及格率≥85% 2. 过程性考核优秀率≥15% 3. 总评成绩及格率≥70% 4. 总评成绩优秀率≥7%	1. 过程性考核及格率≥90% 2. 采用蓝墨云班课等APP进行过程性考核比例达到100% 3. 过程性考核优秀率≥15% 4. 总评成绩及格率≥70% 5. 总评成绩优秀率≥8%	1. 过程性考核及格率≥90% 2. 采用蓝墨云班课等APP进行过程性考核比例达到100% 3. 过程性考核优秀率≥15% 4. 总评成绩及格率≥70% 5. 总评成绩优秀率≥9%	1. 过程性考核及格率≥90% 2. 采用蓝墨云班课等APP进行过程性考核比例达到100% 3. 过程性考核优秀率≥20% 4. 总评成绩及格率≥80% 5. 总评成绩优秀率≥10%
教学评价		1. 学生课堂评价满意度≥80% 2. 学生课程评价成绩≥90分 3. 学生评价完成率≥80% 4. 教师评价总结	1. 学生课堂评价满意度≥85% 2. 学生课程评价成绩≥90分 3. 学生评价完成率≥80% 4. 教师评价总结	1. 学生课堂评价满意度≥90% 2. 学生课程评价成绩≥90分 3. 学生评价完成率≥90% 4. 教师评价总结	1. 学生课堂评价满意度≥90% 2. 学生课程评价成绩≥90分 3. 学生评价完成率≥90% 4. 教师评价总结	1. 学生课堂评价满意度≥90% 2. 学生课程评价成绩≥90分 3. 学生评价完成率≥90% 4. 教师评价总结

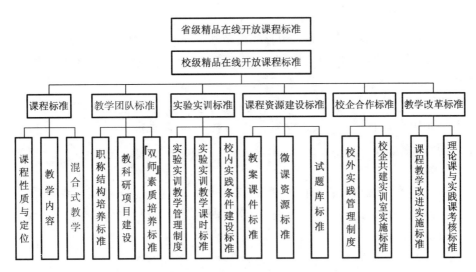

图2 《内科学》课程标准链

表2 《内科学》课程2018—2019学年建设的主要目标和任务表

一级目标	二级目标
课程标准建设	修订课程标准
	修订授课计划
教学团队建设	培养课程负责人
	培养中青年骨干教师
	加强教科研工作力度
	强化教师信息化教学能力
课程资源建设	丰富课程视频资源
	优化教学课件
	规范教学设计
	修订课程实践教学大纲

(二) 标准

针对课程建设目标,依据学校课程建设和行业对人才要求的相关文件,明确《内科学》课程建设的相应标准,确保课程建设有效实施。

(三) 设计

1. 课程内容设计

课程团队对标专业培养目标、执业助理医师考试大纲进行《内科学》课程设计,优化课程内容。借助云班课等平台探索实施信息化教学并在此基础上更新教学方法,通过校企共建、校际合作等形式加强优质教学资源建设。

2. 考核方案设计

学生的最终学科成绩由过程性考核和终结性考核两部分构成,各占50%。其中,过程性考核由学生云班课经验值、阶段性实践考核、作业等级和次数共同组成。突出过程性评价,注重学生自主学习习惯的养成。

3. 质控点设计

依据2019年度目标任务及建设标准,从课程基础、课程资源、实践教学等6个方面设计了25个质控点。

(四)组织

由临床医学专业负责人、课程负责人、课程团队、学生信息员组成了课程质量保证工作小组,明确分工,夯实责任,确保《内科学》课程建设按计划顺利实施。

(五)实施

1. 课前

内科教研室优化教学内容,分解教学任务,探讨教学策略,校企合作开发数字化教学资源。现已录制40个教学视频,其中有主任医师、副主任医师、主治医师、骨干教师共15位教师参与录制工作。

教师课前整理教学资料,上传至微信群或云班课,布置预习任务。学生课前线上完成预习任务和测试,教师了解学情,及时调整。

2. 课中

教师在课中坚持"以学生为主体、教师为主导"的教学理念,在教学过程中以学生能力培养为目标,以临床真实案例为依托,采用任务驱动、项目导向、"教学做考评"五位一体等教学模式,激活课堂教学。学生线下通过面对面的理论教学掌握重难点知识,围绕执业考试考点和真题讲解,训练学生的临床思维能力,提高学生执业考试一次性获证率。在实训教学中,主要通过翻转课堂、小组练习、"教学做考评"等形式进行手把手教学,使学生在学中做、做中学。定期到学校附属医院开展临床见习,让学生早接触、反复接触临床,形成精理论、强实践的教学特色。

3. 课后

教师进行课后反思,辅助线上辅导答疑,对学情进行整体和个性分析。学生完成课后作业,对竞赛项目进行反复练习。通过练习和考核,强化学生的技能操作水平,提高学生的综合素质。

实时监测、预警,及时改进。在整个教学中,从学校、系部、教研室、教师、学生5个层面,通过线上线下相结合的方式,对教学进行立体化质量监测、预警。线下主要通过教学督导、教务处、系部、教研室等定期、随机检查教学工作,学生进行教学反馈;线上主要通过云班课进行监控、预警。

(六)诊断

对照课程质控点进行自我诊断,目标达成度为88%,3个质控点出现了预警。综合分析,存在以下3个方面的问题。

(1)学生参与度未达标。原因是部分学生对学习的兴趣不浓厚。

(2)学生平均成绩未达标。原因是医学理论知识难度较大,部分学生基础薄弱。

(3)云班课使用课时未达标。原因是云班课与课程融合度不够。

(七)激励与学习

针对预警问题和未达标项目,在教师层面依据《商洛职业技术学院绩效考核办法》《商洛职业技术学院科研成果奖励办法》《商洛职业技术学院教学名师评选办法》《商洛职业技术学院技能大赛奖励办法》等各项考核、奖励制度,激励教师加强学习。

教师积极参加校内外培训、专家讲座、观摩学习,不断进行自我提升。在学生层面,强化过程性评价,加强以就业为导向、以名医大家为楷模的引导教育;通过表扬、增加云班课经验值、发放奖品等鼓励方式激发学生学习的内生动力。

(八)创新

专家引领、学习研究促使课程团队转变教育理念,课程团队在教学中不断创新。

(1)教学内容标准化。对接国赛考核标准,通过赛教融合,以赛促学、以赛促教,师生共同进步。

(2)学长引领常态化。邀请优秀毕业生和实习生返校指导在校学生操作,提高学生学习兴趣,持续关注学生成长。

(3)手绘教学兴趣化。开展医学美图活动,共收到作品300多幅,通过开展医学手绘活动,激发学生学习兴趣,提高学生对基础和临床学科的整合能力。

(4)资源建设共享化。通过"职院学生小课堂"和校际共建,丰富了数字化课程资源。鼓励毕业生和实习生在临床中收集整理病例,制作成视频资料供教学使用,如由在四川省工作的毕业生、由在福建省及本市实习的学生共同参与制作的视频资料。同湖北仙桃职业学院在数字化资源建设、教材建设、技能训练等方面进行深度合作,通过交流明确了自己的优势与差距,这也是省级在研课题"'互联网+'教育优质资源建设与共享实践研究"的内容。

(九)改进

(1)针对学生课堂参与度不高的问题,引导学生自制教学模型。目前,学生已成功自制了胸腔积液引流模型、腹腔积液模型、血细胞模型等,有效地提升了学生团队的协作与创新能力。

近年来,3D打印技术在医学领域得到了快速发展,教研室自购3D打印机,创新课堂教学形式,激发了学生学习的热情和创造力。

(2)针对学生总评平均成绩未达标的问题,邀请了内科、外科、急诊、护理等多学科专家深入课堂指导,规范操作细节,对部分内容进行了多学科整合,合理拓展了教学内容的广度和深度。

四、诊改成效

经过本轮诊改,《内科学》课程建设取得了如下成效。

(1)逐步形成了课程质量文化。课堂以学生为主体、教师为主导,使学生主动学;加强校企合作,使学生乐于学;赛教融合,使学生勤于学;在教学中注重对学生白求恩精神的培养,使学生逐步具备无私奉献、精益求精的良好职业素养。

(2)更新了实训设备。在学校和系部领导的大力支持下,2018—2019年累计购置了移动交互式心肺复苏训练考核系统、肝脏触诊模拟人、胸膜腔穿刺训练模型、心肺听诊与腹部触诊仿真电子标准化病人教学系统等140余万元的设备,增加设备85台,目前已投入使用。

(3)对2016级和2017级学生期末成绩进行分析对比,学生总评成绩得到提高。

(4)师生竞赛成绩突出。在2018年全国职业院校临床医学专业技能大赛中,3名参赛选手均获得了二等奖。

2019年课程团队成员积极参加学校各类教学大赛,在学校课堂创新大赛中获得一等奖、微课大赛中获得三等奖,学校教学能力大赛中获得优秀教学团队奖,陕西省高职课堂创新大赛中获得三等奖。

(5)教师教科研成果增多。主编、参编"十三五"规划教材2部,发表论文2篇,主持、参加省级、校级课题5项。

五、努力方向

(一)存在的问题

经过本轮诊改,对照省级精品在线开放课程建设标准,存在的不足有以下几点。

(1)信息化教学不够深入。

(2)优质数字化教学资源不足。

(3)学生整体技能、操作水平有待提升。

(二)下轮诊改的措施

在"互联网+"教育背景下,下轮诊改工作应加强以下几个方面。

(1)持续建设优质数字化教学资源,师生共同提升信息化素养。

(2)加快信息技术与课程的深度融合,进行教学创新,探索金课建设之路。

(3)不断深化校企合作,提高学生的岗位胜任力。

(商洛职业技术学院　赵红梅)

陕西警官职业学院
《治安案件查处》课程诊改案例

一、诊改基础

(一)课程基本信息

自 2015 年陕西警官职业学院治安管理专业恢复招生以来,《治安案件查处》课程已在 2015—2017 级 3 个年级开设,完成了 3 轮教学任务,课程基本信息如表 1 所示。

表 1 《治安案件查处》课程基本信息

课程名称	治安案件查处	课程代码	20010025
授课对象	治安管理专业	课程性质	专业核心课
面向岗位	基层公安机关治安管理岗位	学分/学时	4/72
所属部门	治安管理教研室	授课时间	第四学期
选用教材	《治安案件查处》 王树民 陈慧君主编 中国人民大学出版社		
主要内容	通过本课程的开设,使学生全面、准确地理解和掌握《中华人民共和国治安管理处罚法》及相关法律法规;了解治安案件的基本属性,具备认定违反治安管理行为的能力;全面理解和掌握治安案件查处的基本原则及基本程序;初步具备规范、依法、有效地查处治安案件的能力		

(二)建设基础

1. 课程团队

《治安案件查处》课程组建了 6 人的教学团队,截至目前职称结构为讲师 4 人、副教授 2 人,其中,5 人具有研究生学历,1 人为在读博士研究生,团队成员平均年龄 36 岁。

2. 实践教学条件

《治安案件查处》课程现已建成校内外数十个实训教学基地,具体情况如表 2 所示。

3. 教学手段及资源

《治安案件查处》课程为校级优秀课程,优慕课网络在线教学平台、蓝墨云班课是该课程的主要教学平台,课程教学主要采用线上线下混合式教学模式。

课程资源包括课程建设规划、课程标准、教学设计及教案、教学课件、试题库、习题库、案例库、专题资源库、公安联考题库、教学录像、实训录像、典型思政案例、微课等。课程资源主要通过学校优慕课网络在线教学平台中的《治安案件查处》课程资源及蓝墨云班课课程共同体现。

表2 《治安案件查处》课程实践教学场所

序号	实训教学场所（含校外）	基本配置	功能说明
1	校内模拟派出所	具备满足基层派出所工作的设施	为学生在校提供实践训练场所
2	西安市公安局及各分局	与本校签订有实习实训协议的各基层派出所及交警队	为学生提供校外基层治安管理工作的实习场所
3	渭南市公安局及各分局	与本校签订有实习实训协议的各基层派出所及交警队	为学生提供校外基层治安管理工作的实习场所
4	咸阳市公安局及各分局	与本校签订有实习实训协议的各基层派出所及交警队	为学生提供校外基层治安管理工作的实习场所

4. 课程质量监控

课程运行期间，依据学校管理部门的各类教学检查反馈、教学督导评教、教学信息员评价反馈、期末学生评教、同行评教、系部组织的教学意见征询反馈以及学生实习基地评价反馈等，对课程教学进行质量监控。

（三）问题分析

课程团队在充分调研分析的基础上，对课程进行了 SWOT 分析，明确了课程的优势、劣势、机遇与挑战(图1)。

优 势
1. 课程建设基础良好
2. 教学资源丰富
3. 教学团队教科研能力较强

劣 势
1. 实训教学能力弱
2. 信息化教学程度不高

机 遇
1. 治安管理专业纳入公安联考
2. 课程目标有效对接岗位能力

挑 战
1. 公安执法规范化要求提高
2. 课程相关法律规范变动大

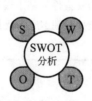

图1 《治安案件查处》课程 SWOT 分析

二、诊改举措

（一）确立目标体系

1. 目标依据

制定《治安案件查处》课程建设目标的主要依据为《国家职业教育改革实施方案》《陕西警官职业学院"十三五"教育事业改革与发展规划（2016—2020）》《陕西警官职业学院"十三五"专业建设与发展规划（2016—2020）》《陕西警官职业学院课程建设规划（2018—2020）》《陕西警官职业学院治安系"十三五"专业建设规划（2018—2020）》《陕西警官职业学院治安系课程建设规划（2018—2020）》以及《陕西警官职业学院治安管理专业人才培养方案》。

2. 建设目标

依据学校"十三五"专业建设与发展规划、学校课程建设规划(2018—2020),结合《治安案件查处》课程现有建设基础,在校级优秀课程建设基础上,从课程定位、课程团队、课程资源、课程实施、课程评价 5 个方面出发,将课程建设成为校级精品在线开放课程(图2)。

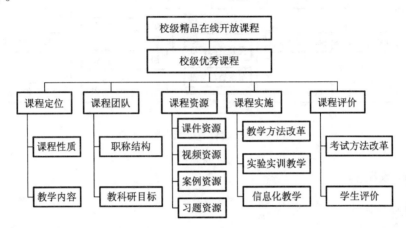

图2 《治安案件查处》课程目标链

(二)确立标准体系

1. 标准依据

依据中、省层面(陕西省教育厅《高等职业院校内部质量保证体系诊断与改进实施方案》),学校层面(《陕西警官职业学院课程建设实施管理办法(试行)》《陕西警官职业学院课程建设技术标准》《陕西警官职业学院课程建设质量标准》),专业层面(《陕西警官职业学院治安管理专业人才培养方案》)要求,结合课程具体情况,确定《治安案件查处》课程建设标准。

2. 建设标准

为保证实现课程目标,本课程在校级优秀课程建设标准基础上,按照校级精品在线开放课程标准进行建设(图3)。

(三)建立课程质量保证机制

1. 落实课程质量保证责任

依据《陕西警官职业学院课程层面诊断与改进工作实施办法(试行)》,建立了"学校(督导)—系部(教学管理部门)—课程团队"的三级课程建设质量保证模式,明确并落实各级责任,确保课程建设质量。

2. 建立质量改进螺旋

根据课程建设目标链和标准链,按照"目标—标准—设计—组织—实施(监测—预警—改进)—诊断—改进"的"8字形质量改进螺旋"实施课程诊改。

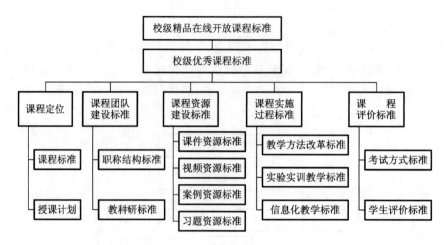

图3 《治安案件查处》课程标准链

三、诊改实施

(一)路径设计

1.确定课程建设任务

根据课程建设目标,结合课程实施情况,确定了2018—2020年《治安案件查处》课程建设任务(表3)。

表3 《治安案件查处》课程建设2018—2020年任务分解表

	2018年	2019年	2020年
课程定位	1.编制课程建设三年规划 2.制定课程标准 3.制订授课计划	1.修订课程建设三年规划 2.修订课程标准 3.修订授课计划	1.完善课程建设三年规划 2.完善课程标准 3.修订授课计划
课程团队	1.2名教师实践锻炼 2.引进实践教官 3.申请课题、发表论文 4.参加比赛并获奖	1.教师实践锻炼 2.引进实践教官 3.申请课题、发表论文 4.参加比赛并获奖	1.打造"双师型"教学团队 2.教师实践锻炼 3.申请课题、发表论文 4.参加比赛并获奖
课程资源	1.修订与完善课件 2.建设教学案例库 3.建设习题库 4.建设专题资源库 5.建设试题库 6.建设公安机关执法资格考试题库 7.建设教学视频	1.新增课件及视频 2.新增试题库 3.新增教学案例 4.增加思政案例 5.增加公安机关执法资格考试题库 6.建设公安联考题库 7.增加微课视频库	1.录制课程视频 2.新增试题库 3.新增教学项目案例资源 4.新增思政案例 5.新增实训教学视频 6.增加公安联考题库数量

续表

	2018 年	2019 年	2020 年
课程实施	1. 全面推行任务驱动教学、情境教学 2. 启动网络教学平台开展教学活动 3. 制定实训课程项目 4. 实训开出率达到 90%	1. 持续进行教学改革 2. 网络平台使用率达到 100% 3. 提高网络教学平台学生访问量 4. 修订完善实训项目 5. 实训开出率达到 90%	1. 维护、优化网络教学平台 2. 提高学生使用网络课程的时间 3. 修订实训指导手册 4. 完善实训项目标准 5. 创新课堂教学方式
课程评价	1. 制定过程性考核方案，加大过程性考核 2. 学生评教达到 80 分以上	1. 修订过程性考核方案，增加过程性考核 2. 学生评教达到 85 分以上	1. 完善过程性考核方案 2. 学生评教达到 90 分以上

2. 设置课程质控点

依据课程建设目标，从课程定位、课程团队、课程资源、课程实施和教学评价 5 个方面设计了《治安案件查处》课程质控点 30 个，并设定相应的目标值、标准值和预警值（表4）。

表 4 《治安案件查处》课程质控点的设置

序号	质控点	目标值	标准值	预警值
1	适用专业	—	—	无预警
2	总课时	—	—	无预警
3	专业核心课	—	—	无预警
4	新开课程（开设不满 3 年）	—	否	是
5	组建课程团队	是	是	否
6	课程团队成员师德师风	正常	正常	异常
7	课程团队负责人职称	副教授	副教授	讲师
8	课程团队成员中实践教官人数/人	4	2	1
9	课程团队成员人均参加教科研活动次数/次	2	1.5	<1.5
10	课程团队成员人均指导学生参加教科研实践活动次数/次	2	1.5	<1.5
11	课程建设规划	有	有	无
12	课程标准	有	有	无
13	教案、授课计划材料齐全，格式规范	是	是	否
14	使用规划教材或公安院校专业教材	是	是	否
15	使用网络教学平台开展教学活动	是	是	否

续表

序号	质控点	目标值	标准值	预警值
16	课程思政典型案例数/个	10	6	<5
17	试题库数/套	10	10	<10
18	教学内容对接专业教学标准	是	是	否
19	按照授课计划开展教学活动	是	是	否
20	学生到课率/%	100	95	<90
21	每学期布置作业次数/次	4	3	<3
22	作业批改率/%	100	100	<100
23	实训项目开出率/%	100	95	<95
24	每学期过程性考核次数/次	4	3	<3
25	课程团队研讨次数/次	4	3	<2
26	网络教学平台教学活动参与度/%	100	90	<80
27	网络教学平台学生访问量/次	授课学生数×20	授课学生数×15	<授课学生数×10
28	学生评价分数/分	90	85	<85
29	学生期末平均成绩/分	80	70	<70
30	学生期末课程及格率/%	85	80	<75

(二)组织实施

1. 制定建设方案,明确具体任务

在2018年《治安案件查处》第一轮诊改的基础上,根据课程建设方案,结合课程两链及年度分解目标,确定了2019年《治安案件查处》课程三级建设任务(表5)。

表5 《治安案件查处》课程2019年建设任务

一级任务	二级任务	三级任务
课程定位	课程标准	修订课程标准
	建设规划	修订三年建设规划
	授课计划	修订授课计划
课程团队	团队结构	引进实践教官1人
	教科研	发表论文不少于4篇
	教科研	参加网络培训4次
	教科研	参加学术会议、培训人均1次
	教科研	参加教学比赛并获奖
	实践锻炼	实践部门挂职锻炼3人

续表

一级任务	二级任务	三级任务
课程资源	课件资源	新增课件4个且总数不少于500张
	视频资源	上传教辅视频6个
	试题资源	新增10套试题
	案例资源	新增案例资源12个
	思政案例	开发思政案例6个
	习题资源	新增5套习题、7套公安联考模拟题
课程实施	教学改革	全面推行任务驱动、情景模拟等教学方法
	实验实训	编制实训考核标准
	实验实训	新增实训案例4个、实训项目1个
	实验实训	实训开出率达到95%
	信息化教学	优慕课使用率达到100%
课程评价	考核方式	加大过程性考核力度,过程性考核次数不少于3次
	学生评价	教学效果和教学反馈良好(85分)

2. 制定工作计划,明确责任主体

根据课程建设任务,结合课程团队情况,制定《治安案件查处》课程2019年详细的建设计划,并将建设任务落实到个人,明确任务完成标准和完成时限(表6)。

表6 《治安案件查处》课程2019年建设计划

	责任人	完成标准	完成时限
课程定位	冯 燕 何 超	修订课程建设三年规划	2019年1月
	何 超 王 莉	修订课程标准	2019年2月
	冯 燕 何 超	修订授课计划	2019年3月
课程团队	冯 燕	引入实践教官1人	2019年5月
	柴 龙 王 莉 吴潇玮	实践部门挂职锻炼不少于1个月	2019年12月
	何 超 王 莉 柴 龙 吴潇玮 张永林	参加学术会议、培训人均1次,发表论文不少于6篇,参加网络培训4次	2019年11月
	何 超	参加教学比赛并获奖	2019年10月
课程资源	王 莉 何 超	新增制作课件4个且总数不少于500张	2019年6月
	何 超 王 莉	整理、上传教学辅助视频6个	2019年9月
	冯 燕 柴 龙 何 超	新增案例资源12个,开发思政案例6个	2019年8月
	何 超 吴潇玮 王 莉 柴 龙	新增试题10套、项目习题5套,新增公安联考模拟题7套、试题3套	2019年6月

续表

	责任人	完成标准	完成时限
课程实施	何 超　王 莉　柴 龙 吴潇玮　张永林	全面推行任务驱动教学、情境教学法	2019年12月
	何 超　王 莉　柴 龙	全面启动网络教学平台开展教学活动	2019年3月
	冯 燕　何 超	新增实训案例4个、实训项目1个，编写实训考核标准，实训开出率达到95%	2019年4月
课程评价	何 超　吴潇玮　王 莉 张永林　柴 龙	授课过程中过程性考核不少于3次	2019年12月
	何 超　柴 龙　王 莉 张永林　吴潇玮	学生评教达到良好(85分)以上	2019年7月

3. 任务实施

依据2019年课程建设任务和计划，团队教师采取多种方式实施课程教学活动。

（1）依托优慕课网络教学平台开展线上线下混合式教学。教师在进行课堂教学的同时线上发布教学任务，由学生在线上实施、教师在线上评价(图4)。

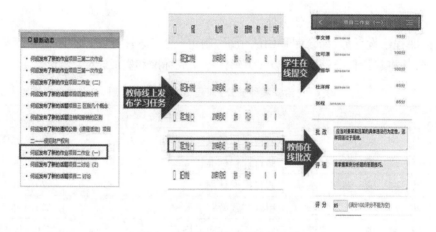

图4　线上线下混合式教学示例

（2）利用校内模拟派出所开展实战化教学。依托学校模拟派出所，根据授课情况适时开展实训教学(图5)。

（3）利用校内教学条件开展多样化教学。为激发学生的学习兴趣，根据授课内容安排多样化的教学方式，提高学生学习的动力(图6)。

（三）监测、预警及改进

1. 课程监测

课程团队在课程实施过程中，依托优慕课在线教学平台、教务系统等方式对课程实施情况进行实时信息采集。

图5 校内模拟派出所教学示例

图6 多样化教学示例(辩论赛)

2. 课程预警

通过课程实时信息采集,结合教师及学生反馈、系部讨论等情况,发现课程设置的30个质控点中有5个(分别为课程团队结构、网络教学平台教学活动参与度、网络教学平台学生访问量、课程团队研讨次数、实训课程开出率)出现了预警。

3. 课程改进

课程团队对出现预警的质控点进行分析,发现部分预警项目可以在课程实施过程中改进。随后,团队采取了一系列措施进行课程的实时改进。

(1)及时发布教学任务,督促学生在线学习。

(2)推送、更新学生感兴趣的课程资源,变被动学习为主动学习。实时推送典型且具有一定影响力的案件,让学生研讨并进行教学反馈,提高学生的学习动力。

(3)重点监控,单独辅导。根据信息采集情况和课堂上学生的表现,对个别学生进行特别辅导(图7)。

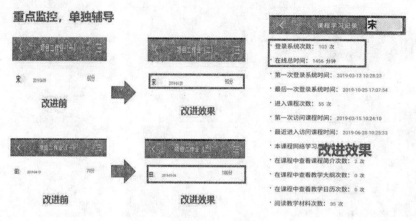

图7 课程实时改进成效示例

(4)提高课程团队的研讨次数。课程团队在课程教学过程中,采取多种方式提高研讨次数,及时交流课程的实施情况(图8)。

图8 课程实时改进示例(调研、讨论,教师及学生信息反馈)

(四)诊断与改进

1.分析问题

通过《治安案件查处》课程实施过程中的实时改进,出现预警的5个质控点中的3个已得到解决。其间,课程团队总结了本课程存在的问题并分析了原因(表7)。

表7 《治安案件查处》课程存在的问题及原因分析

存在的问题	原因分析
课程团队	与实践部门对接不畅,未建立有效的激励机制
	教师对实训教学及研讨兴趣不高
信息化教学	教师信息化使用率不高
	激励机制不明显,学生参与的动力不足
实训项目开出率	校内实训条件不够完善
	缺乏一线实训教官
	教师缺乏实训经验

2.激励与学习

在发现问题、分析原因的基础上,结合课程的实际情况提出以下激励、学习的措施。

(1)激励。在课程建设过程中,一方面,落实教师绩效考核评价办法,鼓励教师参加各项教学比赛和培训交流,在职称晋升和评优选先时优先考虑;另一方面,落实学生评价体系,优先推荐学生参加比赛和评优选先,激发教师和学生的积极性和创造力。

(2)学习。对诊断过程中出现的问题,有针对性地进行学习。一方面,向其他院校学习课程建设经验,向本校已经建成的精品在线开放课程学习,向学校实验实训中心学习信息化建设方法,向基层民警学习实训经验;另一方面,要求学生互相学习,组成课程小组,互相帮助、互相督促,从而达到良好的学习效果。

3.创新改进

课程团队在激励、学习的基础上,创新课程实施方式,落实改进措施。第一,以校局合作治安管理专业实践教学委员会为依托,充分利用校内模拟派出所提高师生的实战能力。第二,以优慕课网络教学平台为抓手,学生线上线下共同学习。第三,增加教师信息化教学培训力度,提高教师的信息化教学能力。第四,根据岗位需求设计教学项目,变学生被动学习为主动学习。

四、诊改成效

1.质量意识得到提升,建立了师生联动的课程诊改机制

通过诊改,本课程建立了常态化的自我诊改机制。教师团队将诊改贯穿于日常教学工作中,以精品在线开放课程为标准进行课程建设,随时关注课程的预警值和目标值,形成了教师、课程、学生联动,实现课程诊改的目的。学生经过诊改,建立起了诊改意识,学习能力和学习的积极性得到提高,课程学习效果有了很大的提升。

2.课程建设成绩显著

通过诊改,教师的教科研能力得到提升,课程资源更加优化和丰富,线上线下混合式教学模式运行通畅,实训条件得到明显改善,教学内容与实战结合效果明显,课程思政效果显著,学生课内外学习的积极性得到提高,课程建设任务基本完成。

3.学生满意度不断提升

通过课程诊改，构建了以学生为中心的课程教学模式，"自查—自诊—自改"的良性诊改工作机制初显成效，学生对课程的满意度达到94.8%，实现了师生双赢。

五、努力方向

课程团队将根据课程建设内容继续优化课程建设资源，创新教育教学方法，加大线上线下混合式教学模式的运用，提高实训课程开出率，优化课程考核机制，提升课程教学质量。

(1)落实教学质量保证体系。以教学质量保证体系为依托，落实教学质量全程监控，及时诊断、及时改进。

(2)加大信息化教学力度。借助信息化教学手段，实现线上线下混合式教学，提升教学效果。

(3)探索多元化课程考核方式。加大过程性考核力度，找准教学短板查漏补缺，形成完善的课程考核机制。

(4)提升课程团队业务水平。通过培训、进修、实践锻炼、"双师"教学等方式，提高课程团队的教学、科研、实践水平，实现为基层公安机关培养技能型人才的目标。

四、教师层面和教师个人诊改案例

陕西财经职业技术学院
教师层面诊改案例

一、基本情况

教师层面诊改工作是高职院校诊改工作横向5个层面中的一个重要层面。学校按照《陕西财经职业技术学院内部质量保证体系建设方案》及《陕西财经职业技术学院内部质量保证体系诊断与改进工作教师层面实施方案》的具体工作要求,以促进教育教学质量提升为切入点,积极开展师资队伍建设质量自我诊改工作。

教师层面诊改工作先后在18个专业中开展,均按照"目标—标准—设计—组织—实施—诊断—改进"及"监测—预警—改进"的"8字形质量改进螺旋"进行诊改。18个试点专业共有专任教师264人,其中,正高职称28人、副高以上职称97人,高级职称教师占专任教师比例为47.3%;具有研究生以上学历、硕士以上学位的教师201人,占专任教师比例为76.1%;"双师"素质教师172人;教师参加各类培训697人次;已培养专业建设带头人18人,骨干教师44人。学校培养了陕西省高等学校教学名师1人,省级优秀教师1人,陕西省思政课教学骨干2人,省级优秀辅导员1人。

二、总体设计

(一)目标链

以学校"十三五"教育事业发展规划为总目标,以学校师资队伍建设规划为分目标,各二级学院(部)依据学校总目标,结合本专业实际情况制定二级学院(部)、专业师资建设规划以及教师个人发展规划,并结合校本人才数据,明确师资队伍建设的具体目标和建设规划,形成师资队伍建设目标链(图1)。

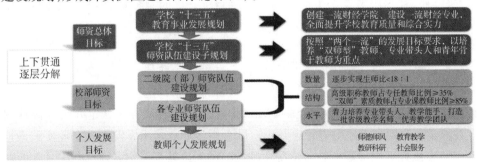

图1 陕西财经职业技术学院师资队伍建设目标链

（二）标准链

学校师资队伍建设标准链以提升教师专业化能力为目标，从教师引入、教师培养、教师成长和教师发展4个阶段进一步完善教师发展标准体系，制定各阶段教师发展的标准：教师准入标准，"双师型"教师、骨干教师、专业带头人、教学名师认定标准等，为教师发展提供政策保证（图2）。

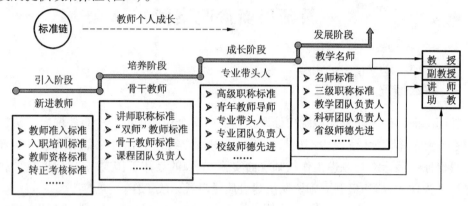

图2　陕西财经职业技术学院师资队伍建设标准链

（三）质量改进螺旋

根据学校到个人五级目标链、教师引入到发展四级标准链，学校及各专业按照"目标—标准—设计—组织—实施—诊断—改进"及"监测—预警—改进"的流程构建教师层面的质量改进螺旋。通过制定师资队伍建设规划和工作计划、完善各项制度、落实工作任务、收集过程及结果材料、总结自查完成情况、吸纳考核激励结论、提出改革措施等环节，利用质量改进螺旋分步骤进行诊改工作。

三、自我诊改

（一）目标

根据《陕西财经职业技术学院"十三五"教育事业发展规划》以及《陕西财经职业技术学院"十三五"师资队伍建设发展规划》的要求，各二级学院（部）分别制定了师资队伍建设规划及各专业师资发展规划，教师制定个人职业发展规划，从师德师风、教育教学、教研科研、社会服务4个方面提出相应的目标。同时，将《陕西财经职业技术学院"十三五"师资队伍建设发展规划》中的建设任务进行了分解（表1）。

（二）标准

根据目标链，针对教师引入、培养、成长与发展4个阶段，构建"新进教师—骨干教师—专业带头人—教学名师"阶梯式教师发展标准体系，建立了完整、独立的自我质量保证机制。修订完善了《陕西财经职业技术学院"双师"素质教师认定办法》《陕西财经职业技术学院高层次人才引进管理办法》《陕西财经职业技术学院教师企业实践锻炼实施管理办法》《陕西财经职业技术学院优秀教师和先进教育工作者评选办法》《陕西财经

表1 陕西财经职业技术学院教师层面目标(链)的内容及分解表

目标	内容	2017年	2018年	2019年	2020年
学校"十三五"教育事业发展规划		发展内涵,提升质量,创建一流财经学院,建设一流财经专业			
"十三五"师资队伍建设规划	1. 专职教师中具有硕士以上学位教师比例达到80%以上。 2. 专职教师中具有高级专业技术职称教师比例达到35%以上。 3. "双师"素质专业教师比例达到85%以上,重点专业达到90%。 4. 选拔、培养专业带头人32人,骨干教师90人。 5. 选派300人次参加企业实践锻炼。 6. 培养省级及以上教学名师7人。 7. 建立具有350人以上的校外兼职教师资源库。 8. 聘请客座教授4人左右。 9. 选派10人次教师出国研修、培训和开展学术交流。	1. 专职教师中具有硕士以上学位教师比例达到68%以上。 2. 专职教师中具有高级专业技术职称教师比例达到35%以上。 3. "双师"素质专业教师比例达到70%以上,重点专业达到75%。 4. 做好专业带头人23人和骨干教师60人的培养。 5. 选派80人次参加企业实践锻炼。 6. 省级及以上教学名师1人。 7. 建立具有250人以上的校外兼职教师资源库。	1. 专职教师中具有硕士以上学位教师比例达到72%以上。 2. 专职教师中高级专业技术职称教师比例达到35%以上。 3. "双师"素质专业教师比例达到75%以上,重点专业达到80%。 4. 选拔、培养专业带头人26人,骨干教师80人。 5. 选派80人次参加企业实践锻炼。 6. 省级及以上教学名师1人。 7. 建立具有300人以上的校外兼职教师资源库。 8. 选派2人次出国研修、培训。	1. 专职教师中具有硕士以上学位教师比例达到76%以上。 2. 专职教师中高级专业技术职称教师比例达到35%以上。 3. "双师"素质专业教师比例达到80%以上,重点专业达到85%。 4. 选拔、培养专业带头人29人,骨干教师80人。 5. 选派80人次参加企业实践锻炼。 6. 做好各类、各级省级名师培育工作,各级省级教学名师2人。 7. 建立具有350人以上的校外兼职教师资源库。 8. 聘请客座教授2人左右。 9. 选派3人次出国研修、培训。	1. 专职教师中具有硕士学位以上教师比例达到80%以上。 2. 专职教师中高级专业技术职称教师比例达到35%以上。 3. "双师"素质专业教师比例达到85%以上,重点专业达到90%。 4. 选拔、培养专业带头人32人,骨干教师90人。 5. 选派80人次参加企业实践锻炼。 6. 做好各类、各级省级名师培育工作,各级省级教学名师3人。 7. 建立具有350人以上的校外兼职教师资源库。 8. 聘请客座教授2人左右。 9. 选派5人次出国研修、培训。

续表

目标	内容	2017年	2018年	2019年	2020年
二级学院(部)规划 注:各项目标值为7个教学部门每学年的平均值,可为各部门制订规划提供参考标准和依据	1. 二级学院新增教师2人,教学部新增教师1~2人。 2. 专职教师中具有硕士以上学位教师比例达到80%以上。 3. 专职教师中高级专业技术职称比例达到35%以上。 4. "双师"素质专业教师达到85%以上。 5. 一般专业(学科)设专业带头人2人,重点建设专业设带头人3人,其中,1人由企业人员担任;每个专业骨干教师2~5人。学校按3年一个周期选拔培养。 6. 鼓励有条件的部门或专业引进客座教授(学校5年引进3~6人)。 7. 选派1人次教师出国研修,积极组织教师参加培训,开展学术交流。 8. 省级教学名师每5年增加1人。 9. 校外兼职教师库人数年新增8~10人以上(2019年总数应达到350人,4个二级学院各平均为70人,基础部为30人,体育教学部、思政教学部各为20人)。 10. 每年选派20~30人参加企业实践锻炼,挂职锻练1~2人(6个月)。 11. 其他未列项目,各二级学院可根据实际情况补充完善(如师德师风评选、培训人次及费用、教师社会服务、青年教师导师、优秀教师、省级以上荣誉、省级以上科研成果奖励等)。				
专业师资队伍建设规划	由各二级学院(部)根据本部门规划目标分解安排至各专业,指标内容须支撑"二级学院(部)规划"的目标值。				
教师个人发展规划	教师个人对照本专业规划目标制定教师个人发展规划,由各专业或教研室审核个人规划目标内容,目标内容须支撑"专业师资队伍建设规划"目标值。				

职业技术学院专业(学科)带头人培养和管理办法》《陕西财经职业技术学院教学名师评选办法》等各类办法与标准,明确了评选条件及考核标准。学校教师层面标准链的内容如图3所示。

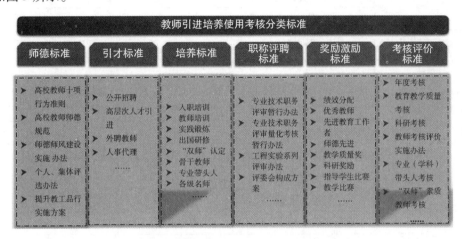

图3 陕西财经职业技术学院教师层面标准链

(三)设计

依据目标链和标准链,建立达成目标的实施路径。完成了《陕西财经职业技术学院内部质量保证体系诊断与改进工作教师层面实施方案》,从师资队伍建设规划、标准、引进、质量、结构、培养、管理和保障等方面,设置和梳理了35个质控点,结合信息平台应用监控学校和专业师资队伍发展全过程(表2)。

表2 陕西财经职业技术学院教师层面质控点的设置

序号	指标	质控点	判断值(2018年)
1	师资建设规划	学校"十三五"师资队伍建设规划	有/无
2		二级学院(部)师资队伍建设规划	有/无
3		各诊改专业师资队伍建设规划	有/无
4		制定个人发展规划人数比例/%	≥90
5	师资建设标准	高层次人才引进标准	有/无
6		专业带头人选拔标准	有/无
7		骨干教师选拔标准	有/无
8		"双师"素质教师培养标准	有/无
9		兼职教师聘用标准	有/无
10		师德先进评选标准	有/无
11		优秀教师、先进教育工作者评选标准	有/无
12		高层次人才引进人数/人	≥1
13		人才引进人数/人	≥10

续表

序号	指标	质量控制点	判断值(2018年)
14	师资结构标准	学生与辅导员比例/%	200:1
15		正高级职称教师人数/人	≥23
16		高级职称教师比例/%	35
17		专任教师中"双师"素质教师比例/%	≥75
18		硕士及以上学位教师比例/%	≥72
19	师资质量标准	骨干教师比例/%	≥70
20		教学团队建设	有/无
21		专业带头人人数/人	≥26
22	师资培养标准	教学名师培养人数/人	≥5
23		教师学历提升人数/人	≥5
24		年度教师参加培训人次/人次	≥600
25		参加企业实践锻炼教师比例/%	≥80
26		青年教师培养	有/无
27		师德师风建设	有/无
28		新教师配备导师	有/无
29		新入职教师培训	有/无
30	师资管理标准	人事管理相关制度	有/无
31		科研管理相关制度	有/无
32		教学质量管理相关制度	有/无
33		师德师风建设相关制度	有/无
34		外聘教师管理制度	有/无
35	经费保障	师资建设经费	有/无

经过对质控点进行梳理,将35个质控点调整为可线上监测预警的质控点19个,按照教师引入、培养、成长、发展阶段对质控点进行分类,对于可量化的质控点设置了目标值、标准值和预警值,形成了教师层面的监控指标体系(表3)。

(四)组织实施

根据学校内部质量保证体系建设与运行实施方案,教师层面的诊改工作由学校人事处牵头,教务处、科研处、教学质量管理中心配合,各二级学院(部)负责具体落实,实行分类指导,同时学校为教师层面诊改工作提供了条件保障及政策、经费支持(图4)。

1.教师层面诊改

教师层面诊改工作对照各层面师资队伍建设年度计划展开,依据学校师资队伍管理、

表3　陕西财经职业技术学院教师层面可量化质控点的设置

指标	质量控制点	诊断标准（2018年）		
		目标值	标准值	预警值
教师引入	高层次人才引进人数/人	≥1	1	<1
	新教师引进人数/人	≥10	8	<8
教师培养	接受导师指导青年教师比例/%	100	100	<100
	硕士及以上学位教师比例/%	≥72	60	<60
	每年教师参加企业实践锻炼人次/人次	80	80	<80
	学历提升人数/人	≥5	5	<5
	"双师"素质教师比例/%	≥75	70	<70
	年度教师出国（境）培训人数/人	≥20	10	<10
	年度教师培训人次/人次	≥600	600	<600
	高级职称教师比例/%	≥3	35	<35
	高级职称人数/人	≥23	23	<23
	制定个人发展规划教师比例/%	≥90	90	<90
教师成长	专业带头人人数/人	≥26	18	<18
	骨干教师人数/人	≥70	40	<40
	教学名师培养人数/人	≥1	1	<1
教师发展	省级及以上教学名师人数/人	每5年1	每5年1	每5年0
	省级及以上师德先进个人人数/人	每2年1	每2年1	每2年0
	大师工作室数量/个	≥2	1~2	≤1
	名师工作室数量/个	≥2	1~2	≤1

教师发展、教学建设等管理制度，规范教师队伍的管理与发展事项。按照梳理的相关制度要求，积极开展组织各项工作，落实各项建设任务。具体包括教师业务培训、学术交流、职称晋升、学位进修、企业实践、社会培训、技能竞赛、课程设计、专业开发以及企业顶岗实践交流等（图5）。

（1）人事处统筹学校整体师资队伍建设工作，负责人才的引进与录用，教师职称的评审、学历学位进修，国内外培训选拔管理，骨干教师、"双师"素质教师的认定与管理，优秀教师和先进教育工作者评选，各类选拔推荐等工作。

（2）教务处负责专业带头人、"双师"素质教师的培养工作，负责教学名师的评选以及教学团队和兼职教师的管理等工作。

（3）各二级学院负责本部门各诊改专业师资队伍建设工作计划的落实。

2.教师个人诊改

教师个人诊改从师德师风、教育教学、教研科研、社会服务4个方面进行，共设置了32个质控点。教师在充分了解学校"十三五"师资队伍建设规划、各二级学院（部）和各

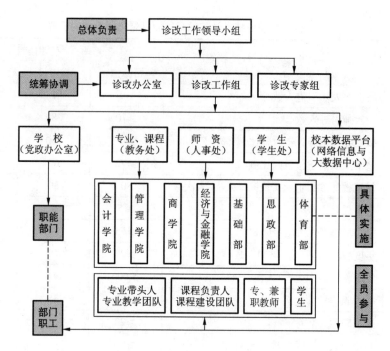

图4 陕西财经职业技术学院教师层面诊改组织架构

诊改专业师资队伍建设规划的基础上,熟悉自我发展相关标准,合理制定教师个人发展规划和年度计划,有针对性地开展自我诊改(图6)。

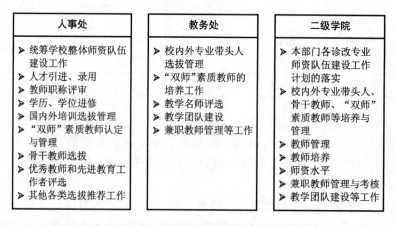

图5 陕西财经职业技术学院教师层面诊改任务分解图

（五）动态循环

1. 监测：发现问题与偏差

根据师资队伍建设任务,围绕师资队伍建设质控点,依托数据平台,采用实时采集和静态采集两种模式采集师资队伍建设相关数据,通过校本数据平台对师资队伍建设质控点进行监控,及时发现诊改过程中设计、组织、实施3个环节中出现的问题与偏差,保证在实现目标过程中出现的问题能够及时发现,监测师资队伍建设的运行状态,为预警提供反馈内容。

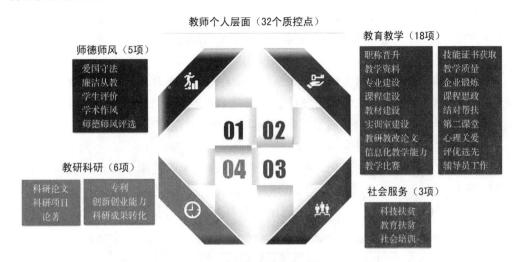

图6　陕西财经职业技术学院教师个人层面质控点的设置

2. 预警：问题反馈，警示提醒

依托大数据分析，建立常态化预警机制。通过科学规划师资队伍建设预警参数指标，围绕师资队伍结构、数量、质量等内容构建预警体系，通过对师资队伍建设各方面大数据的实时采集分析进行预警，并通过短信、微信、QQ等即时通信手段，对问题进行提醒和反馈，形成常态化的预警机制。借助信息平台及数据库平台，将实时检测到的问题数据或不达标数据进行分析，以数据分析报告的形式对各部门、单位进行反馈，并结合相关数据提出合理化建议，以便其做出更为合理的决策与调整，为实时改进提供依据。以2018年度高层次人才引进为例，各二级学院在高层次人才引进方面发出的预警如图7所示。

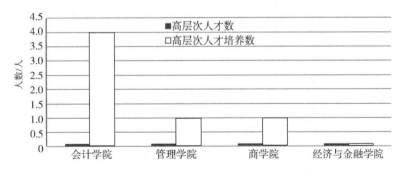

图7　陕西财经职业技术学院高层次人才引进及培养情况

3. 改进：动态调整

根据监测预警情况，针对监测中发现的问题进行分析，结合师资队伍建设实际，对设计、组织、实施3个环节中出现的问题与偏差实时纠正与调整，将调整的内容、环节、流程等进行归纳整理，提出合理化建议，及时将问题的改进内容加入"设计"内容中，以保证实现二级学院、专业各层级师资队伍建设目标,最终实现学校教师发展的总体目标。例如,针对高层次人才引进不足的问题,修订了《陕西财经职业技术学院高层次人才引进管理办法》,并通过加大教师内部培养力度来增加高层次人才引进人数。

(六)诊断

检查各项实施内容的落实情况及实施过程中存在的问题和漏洞,完成《陕西财经职业技术学院专业年度师资队伍数据统计表》和《陕西财经职业技术学院教师层面自我诊改报告》。对照目标及各项标准,发现在师资队伍建设中存在以下问题。

1. 高层次人才引进人数少

通过两轮诊改发现,虽然2015年出台了《陕西财经职业技术学院高层次人才引进管理办法》,但由于受地域、专业等因素影响,学校高层次人才招聘的吸引力不强,多数专业无博士学位教师等高层次人才,缺乏团队领军人才,科研及创新能力较弱(表4)。

表4 陕西财经职业技术学院近年来各二级院(部)高层次人才引进情况

二级学院(部)	高层次人才引进人数/人	高层次人才培养人数/人
会计学院	—	4
管理学院	—	1
商学院	—	1
经济与金融学院	—	—
人文艺术学院	—	1
思政课教学部	—	1
体育课教学部	—	—

2. 部分专业和课程专任教师人数不足

陕西财经职业技术学院是一所财经类高职院校,主要以会计专业为主,招聘教师多为会计类专业,其他专业课教师相对紧缺,导致各专业教师分布不均;部分二级学院专业面广,专任教师人数结构性不足,教师承担教学任务、指导竞赛等工作繁重。

3. 教师培训力度需进一步加强

诊改过程中发现,教师培训多停留在省级主管部门安排的培训层面。由于培训体制机制不够完善,培训需求定位不够精准,工学矛盾突出,培训机会不均,质量监督体制欠缺,评价机制不完善等原因,每年除寒暑假到企业参加实践锻炼外,学校组织教师外出学习、培训的机会较少,尤其是出国学习和参加高学术水平会议及培训的次数较少。

(七)考核激励

学校立足实际,制定了《陕西财经职业技术学院处、科级干部日常管理细则》《陕西财经职业技术学院处级中层干部2018—2020聘期聘任工作实施方案》《陕西财经职业技术学院各部门职责范围》《陕西财经职业技术学院岗位说明书》《师德师风"红七条"实施细则》《陕西财经职业技术学院专业技术职务评审量化考核暂行办法》《陕西财经职业技术学院部门目标责任考核办法》,起草了《陕西财经职业技术学院教职工年度考核实施方案》《陕西财经职业技术学院管理及工勤人员考核评价实施办法》《陕西财经职业技术学院教师考核评价实施办法》《陕西财经职业技术学院科研工作考核办法》等一系列考核办法,同时完善了《陕西财经职业技术学院优秀教师和先进教育工作者评选办法》《陕西财经职业技术学院"双师"素质教师评选办法》等激励措施,逐步建立和完善常态化、全员性、过程性考核制度,逐步实现将考核激励与诊改工作相结合,通过激发内生动力,推动提升诊改工作水平。同时,将考核结果与评优选先、国内外交流、职称晋升、岗位聘用等工作相结合,通过采取一系列考核激励措施保证各项目标任务顺利推进。

(八)创新改进

1. 规范相关制度,全面保障教师队伍建设

梳理教师层面各项规章制度,在充分调研的基础上,科学合理地制定和修订了一系列相关政策,为教师队伍的发展提供了政策保障。按照教师引入、培养、成长、发展4个阶段,制定了《陕西财经职业技术学院公开招聘工作人员实施细则》《陕西财经职业技术学院人事代理人员管理办法》《陕西财经职业技术学院教学名师培养选拔管理办法》,修订了《陕西财经职业技术学院高层次人才引进管理办法》《陕西财经职业技术学院"双师"素质教师认定办法》《陕西财经职业技术学院骨干教师选拔培养及管理办法》《陕西财经职业技术学院教师赴企业实践锻炼管理办法》《陕西财经职业技术学院专业技术职务评审工作实施暂行办法》《陕西财经职业技术学院专业技术职务评审量化考核暂行办法》《陕西财经职业技术学院优秀教师和先进教育工作者评选办法》等,使学校在培养教师过程中,有据可依,科学合理。

2. 加强培养力度,不断提高"双师"教师比例

加强与企业合作,聘请综合素质高、业务能力强,来自行业、企业的专业人才和能工巧匠到学校担任兼职教师。同时,实施"教师社会实践计划",安排教师到会计师事务所、证券所、大中型企事业单位参与社会实践锻炼,组织教师到企事业单位开展专业培训、挂职锻炼、顶岗实践、志愿扶贫等。通过一系列措施,加强专业课教师的实践能力,"双师"素质教师比例显著提高。

3. 推进交流合作,切实加大教师培养步伐

学校成立了国际交流与合作中心,加强与国外学校的校际交流合作,为各二级学院(部)教学、科研和国际学术交流提供信息服务。先后选派教师及管理人员赴德国等地学习培训,提高骨干教师研发和实践动手能力,提高他们主持专业精品课程、优质核心课程建设以及实验实训条件建设的能力,充分调动全体教师的积极性,促进师资队伍整体发展,更好地提升教育教学水平。

四、改进成效

按照诊改工作的相关要求,学校师资队伍建设工作按照"十步一环"的流程持续开展,以目标为引领,以标准为尺度,以平台为支撑,坚持线上线下相结合,通过诊改,查找问

题,分析原因,持续改进。诊改工作激发了学校各级各部门的质量意识,使师资队伍结构向合理化方向发展,教学能力有明显提高,梯队体系逐步形成,师资队伍建设取得了一定成效。

(一)师德师风建设长效机制基本形成

学校始终把提高教师思想政治素质和职业道德水平摆在首要位置,认真贯彻《教育部关于建立健全高校师德建设长效机制的意见》文件精神,扎实落实厚德育人工程总体要求,研究制定了《陕西财经职业技术学院提升教工品行实施方案》《陕西财经职业技术学院师德师风"红七条"实施细则》《陕西财经职业技术学院"师德师风建设强化年"实施方案》,起草了《陕西财经职业技术学院师德师风建设实施办法》《陕西财经职业技术学院师德先进集体评选办法》《陕西财经职业技术学院师德先进个人评选办法》,建立起了教育、宣传、考核、监督与奖惩相结合的工作机制,全方位地推进师德师风长效机制的建设。

采取的措施主要有:注重教师政治、思想、品行学习,组织了师德师风岗前培训和专题教育,举办了"道德讲堂",加强教师遵守师德规范的自觉性和责任感;发挥师德激励和先进典型的示范作用,开展年度各类评优选先活动,大力宣传先进人物和典型事迹,营造追赶超越的良好氛围;充分发挥纪检等部门的职能作用,将师德师风监督处理落到实处,并在职称评审等重大事项中实行师德师风"一票否决制";鼓励教职工积极投身社会实践,深入贫困地区传播优秀文化、技能帮扶等,在实践中增强责任感和使命感。通过构建师德师风长效机制,引导广大教师以德立身、以德立学、以德施教、以德育德,争做新时代"四有"好教师。

(二)师资队伍整体水平不断提高

为解决教师数量不足的现实情况,学校充分利用企业优势资源,成立用友·新道会计学院,同时加大从校外聘请企业、行业专家担任实践课教师的力度,聘请高校、企事业单位兼职教师45人、客座教授4人,建立了兼职教师库;每年按照专业需要和市场发展情况对教师需求进行调研,随行就市,多次修改高层次人才引进办法,吸引优秀人才来学校任教。

学校稳步推进优秀人才引进工作,招录了24名硕士,其中,专任教师9人,不断增强青年教师的主体力量;培养在读博士学位研究生11人、省级教学名师1人、省级优秀教师1人,省级优秀辅导员1人、陕西高校思政课教学骨干教师2人、青年教师导师9人、校级优秀教师32人,认定专业(学科)带头人18人、骨干教师44人,重新审核认定"双师"素质教师172人。积极实施"名师引领计划",新建大师工作室1个。学校专任教师队伍结构基本趋于合理,基本上能满足专业教学的需求。

(三)教师培养机制逐步完善

学校首先实施"中青年教师学历提升计划",支持和鼓励中青年教师提升学历学位层次。2018年学校共有11名教师攻读博士学位,6名教师获得了硕士学位,2019年博士学位研究生毕业1人,师资队伍学历结构不断得到优化;其次,持续推进"教师社会实践计划",选派优秀教师到行业、企业参与实践锻炼,共有 74 名教师参与社会实践,为完善人才培养方案、课程与教材开发等奠定了坚实基础;最后,有序开展"教师培训计划"。入职培训如期开展,聘请专家教授在校史校情、师德师风、政策制度、教育教学等方面对 24 名新入职教师进行了专题培训;选派了 89 名专任教师到高校、企业、培训机构接受培训,7 名教师参加教师资格培训,96 人参加高职院校教师素质提升计划,15 人赴中国台湾地区交流研修,12 人先后赴德国交流访问,5 人参加教育部师德专题网络培训,179 名教师参加并完成了专业技术人员公需课培训,"互联网+"、创新人才等校内培训 264 人次。通过各类培训,教师的教育教学水平和教科研能力得到进一步提高。

(四)教师发展主体意识增强,激发了内生动力

引导教师全面深入地自我分析,制定个人发展规划,通过 SWOT 分析法了解自身的优势及劣势,梳理近 3 年来自己所做的工作与取得的成绩,依托平台对自身没有达到的目标和没有完成的工作及时监测预警,明确个人定位与今后的发展方向,激发了教师的内生动力,教师工作的积极性得到普遍提高,工作效率与质量也得到提升。同时,教师也意识到常态化诊改的重要意义,不断学习、创新、改进,为顺利实现中长期目标打好基础。

五、下一步的工作

(一)工作思路

一年来,在全校上下的共同努力下,针对预警和诊改的问题积极采取有效措施,师资队伍建设取得了一定成效。但是,在建设一流学院的道路上仍任重道远,师资队伍建设作为影响学校发展的重要因素,将面临更加艰巨的挑战,必须发扬顽强拼搏、不断创新的精神,推进学校的师资队伍建设工作再上新台阶。

学校将以国家示范高职校和一流学院建设为目标,以诊改为契机,加强师资队伍建设,在师德师风、教育教学、教研科研、服务社会等方面,不断完善教师发展标准、健全教师发展体系,为学校师资队伍建设发展提供坚实保障。

(二)主要举措

(1)根据人才市场供求关系,考虑地理位置和学校自身实际等因素,进一步调整高层次人才引进的吸引政策,同时类比"外引"条件,继续坚持"内培"策略,以达到学校师资人数增加、结构优化、质量提升的目标。

(2)加大教师培训力度,促进高水平"双师"素质与"双师"结构教师队伍建设。拓宽培训渠道,增强企业实践能力;提升国际视野,开拓国际交流与合作。合理规划,需求导向,科学评价。

(3)进一步调研优化教师量化考核指标等体系,设置较为科学合理的预警值,充分利用平台的检测预警功能,加强过程数据的实时采集,实现及时反馈与提醒功能,强化考核激励措施,引导教师良性发展。

(陕西财经职业技术学院 王 琛)

宝鸡职业技术学院
教师个人诊改案例

一、诊改基础

1. 个人简介

2003年6月本人毕业于宁夏医学院临床医学专业,同年7月到宝鸡职业技术学院参加工作,2014年6月取得西安交通大学内科学硕士学位。目前教龄16年,现职称为副教授,"双师型"教师。

2. 教学工作

近几年来,本人主要承担护理专业核心课程《内科护理》《儿科护理》《健康评估》教学工作,年均课时量500学时,为三年制助产专业及五年制护理专业《内科护理》课程负责人,校级精品课程《内科护理》主讲教师之一。

3. 取得的成绩

(1)教学工作。积极参加各种教学比赛,曾获得陕西省信息化教学比赛二等奖1项、三等奖1项,陕西省科学展演比赛优秀奖等,被评为校级"教学能手"及"最美教师"等称号。

(2)科研工作。主持陕西省教育厅专项科研及校级课题1项,参与陕西省科学技术厅及校级课题1项,编写教材4部,发表论文10多篇。

二、总体设计

(一)个人SWOT分析

优势:教学经验较丰富,个人思想活跃,喜欢钻研,乐于创新。

劣势:行业经验缺乏,个性及韧性不足。

机遇:国家重视职业教育,学校重视教师发展,所从事的护理专业为省级重点专业,给个人的发展提供了广阔空间。

挑战:专业知识及职教理念更新快、"互联网+教育"发展快、护理专业专科人才培养目标提升等,存在更多的挑战。

基于以上分析,在2018年诊改的基础上,本人进行了2019年个人诊改设计。

(二)目标链

根据学校"十三五"发展规划及"学校—医学院—护理专业"师资队伍建设规划目标,结合个人发展规划,设置了目标链(图1)。目前本人是一名骨干教师,按照学校教师发展路径,下一步的发展目标为专业带头人。

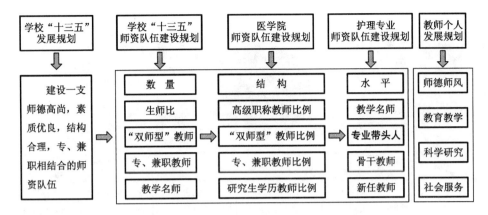

图 1 个人发展目标链

（三）标准链

对接目标链,参照相关标准要求,制定了对应的个人发展标准链(图2)。

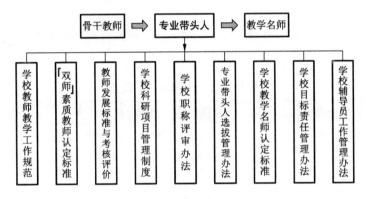

图 2 个人发展标准链

（四）质量改进螺旋

在学校"五纵五横一平台"总体质量体系构架下,以教育教学为中心,以专业带头人为年度诊改目标,构建了个人层面的"8字形质量改进螺旋",从"目标—标准—设计—组织—实施—诊断—改进"这些方面形成的循环进行自我诊改,并通过智能化信息平台监测,根据预警提示及时改进,持续提升个人素质和能力。

三、诊改运行

（一）目标

根据2019年个人发展规划,确定了本年度的重点建设目标:师德师风、教育教学、科学研究、社会服务。其中,教育教学目标分解为教学目标、教学资源建设目标、教研目标、培训目标、获奖情况目标及学生教育与管理目标,并对每项目标进行了量化(图3)。

（二）标准

建立了对接具体目标的标准。

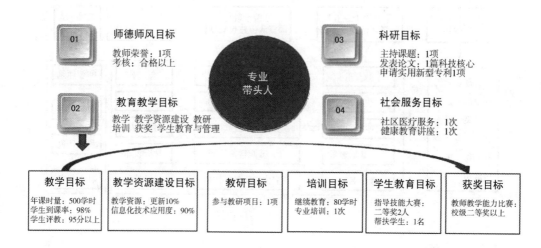

图3 专业带头人目标的量化

(三)设计

根据学校教师个人发展监测要素,梳理了个人自我诊改的指标体系,确定了25个质控点(表1)。

表1 个人诊改质控点的设置

4个维度	一级指标	二级指标	质控点
1.师德师风	1.1 基本情况	1.1.1 姓名、性别、民族、出生日期、学历、学位、毕业时间、职称、政治面貌等	
	1.2 以德立学	1.2.1 "双师"素质教师	是
	1.3 以德施教	1.3.1 高校教师资格证	有
	1.4 以德立身	1.4.1 有无违反职业行为	无
	1.5 获得荣誉	1.5.1 教师荣誉	获得1项
	1.6 考核情况	1.6.1 年度考核等次	合格以上
2.教育教学	2.1 教学情况	2.1.1 课程数	1门以上
		2.1.2 周课时	14学时以上
		2.1.3 工作量(年)	360学时以上
		2.1.4 学生评价	95分以上
		2.1.5 督导评价	95分以上
	2.2 教学资源建设	2.2.1 教学资源	更新10%
		2.2.2 实训教学	项目优化10%
		2.2.3 信息化建设应用度	90%
	2.3 教研情况	2.3.1 主持教研情况(校级、省级、国家级)	校级1项
		2.3.2 参与教研情况	校级1项

续表

4个维度	一级指标	二级指标	质控点
2.教育教学	2.4 培训进修	2.4.1 学历学位进修	—
		2.4.2 各类培训	80学时
	2.5 获奖情况	2.5.1 教学成果获奖（校级、省级、国家级）	—
		2.5.2 专业技能大赛获奖	校级1项
	2.6 学生工作	2.6.1 兼职班主任	是
		2.6.2 指导学生技能大赛获奖	省级二等奖2项
		2.6.3 帮扶学生情况	1人
		2.6.4 指导学生社团	—
3.科学研究	3.1 科研能力	3.1.1 主持纵向课题情况	1项
		3.1.2 参与纵向课题情况	1项
		3.1.3 主持横向课题情况	—
		3.1.4 参与横向课题情况	—
		3.1.5 发表论文	科技核心1篇
		3.1.6 出版专著	—
		3.1.7 专利	—
		3.1.8 科研成果获奖	—
4 社会服务	4.1 社区服务	4.1.1 承担培训任务	1次
		4.1.2 技术服务	—
		4.1.3 社会服务	1次

（四）组织

依据年度目标与计划，由组织人事部、教务处（教师发展中心）统筹管理，以教师本人为实施主体，形成"学校—医学院—教研室—个人"4个层级的质量组织及保证体系。

（五）实施

为了实现本年度目标，本人主要做了以下工作。

1. 师德师风

认真学习教育部《新时代高校教师职业行为十项准则》《关于高校教师师德失范行为处理的指导意见》等文件精神，践行宝鸡职业技术学院"崇德敬业 严谨执教"的教风，努力做"四有"好教师，2019年教师节受到了学校表彰。

2. 教学情况

2019年上半年完成护理专业课程《内科护理》240学时，护理技能大赛指导30学时。在课堂教学中，注意创新课堂教学方法，开展了任务驱动、小组讨论、案例分析等教学方法。增加了课程思政内容，通过融入医学家故事、角色扮演等，培养学生的职业素养。

3. 教学资源建设

授课班级全面实施信息化教学，开课4个班，涉及210名学生，发布资源及课堂活动110个，个人魅力值上升800，学生评教均分97分。与团队教师重点开发了《内科护理》在线课程资源，比如课堂实录、微课、情景剧及动画搜集等。主编《内科护理案例集》、参编习题集，重点整合了专用于云班课的教学资源，统一了资源上传视频MP4及习题格式，带动了团队教师2017级18个班级全部实现了云班课线上线下混合式教学。

4. 教育教学研究

参与了三年制助产专业、五年制护理专业人才培养方案的修订工作。作为以上两个专业层次的《内科护理》课程负责人，完成了课程标准的修订，参与《内科护理》精品课程及《急危重症护理》在线课程建设。

5. 获奖

2019年度主要指导两名青年教师参加比赛，其中指导青年教师陈莎参与的创新课堂比赛获得学校一等奖，并已提交省赛资料。

6. 学生工作

负责2019年度省级护理技能大赛理论赛项的指导工作，获得二等奖2项、三等奖2项。

7. 科研能力

2019年度参与了两项陕西省教育厅课题的研究工作，撰写论文1篇。

8. 社会服务

与团队教师一起完成了常见病、多发病的健康教育讲座及社区医疗服务工作，所在教研室被学校授予"学雷锋示范点"。

（六）动态循环

通过智能化信息平台对个人师德师风、教育教学等情况进行了宏观监控，通过云班课对个人授课情况进行了微观监控。以云班课为例，根据平台对每个学生的详情分析和红色预警提示，课外详细了解了情况并提出相应的改进措施，再次实施诊断，直至目标达成。

（七）诊断

对照质控点，25项指标中已完成18项、未完成7项，目标达成度为72.7%，逐项分析未完成的原因并提出了解决措施。

（八）激励与学习

激励与学习贯穿于整个诊改工作过程，学校结合个人工作成绩，在绩效考核、评优选先、外派培训学习等方面给予激励，个人激励主要来自取得一定工作成绩后的获得感及自信心。

（九）创新与改进

（1）开展线上线下混合式教学，创新多种教学方法。

（2）优化整合课程教学资源，丰富课堂教学内容。

(3)加强教科研反思总结,提升教学研究能力。

(4)拓展个人社会服务能力,从教学工作延伸到科普、健康宣传等方面。

通过诊改,在内部质量保证体系下,本人已初步实现了工作进展有计划、科研能力有提升、课程改革有实效、职业规划有推进,个人获得感明显增强。

四、努力方向

(1)完成2019年未完成的工作。

(2)加强学习,提高行动力,不断提升教学、科研、课程资源开发及学生管理能力,向专业带头人的发展目标奋进。

(3)将诊改工作常态化。

(宝鸡职业技术学院医学院　李学玲)

陕西青年职业学院
教师个人诊改案例

一、诊改基础

(一)基本情况

本人于2004年毕业于长安大学交通运输管理专业,获得工学学士学位。毕业后进入陕西青年职业学院管理系工作,2015年被评为副教授。其间,本人先后取得长安大学交通运输规划与管理专业硕士学位,中国物流与采购联合会"物流师"职业资格,中国国际贸易学会"全国服务外包岗位专业考试培训师"、报关水平测试培训师证书等。曾任物流教研室副主任、教研室主任及管理系主任助理,现任管理系教学副主任,负责系部的日常教学组织和管理工作。

本人先后承担了物流管理专业《运输管理实务》《采购管理实务》等多门课程的教学与实践工作。主讲的《运输管理实务》为学校精品课程,教学质量评价连年获得优秀。指导学生参加物流企业经营模拟沙盘竞赛、物流技能竞赛等获得国赛三等奖1项,省赛一、二、三等奖十余项,多次被评为优秀指导教师。作为副主编出版教材1部;发表论文十余篇,其中,核心期刊3篇,两篇论文分别荣获陕西省物流工程学会论文评选特等奖和三等奖。参与完成了教育部科研课题"物流教学资源库建设"项目《物流营销》课程子项目部分的建设任务。主持并参与完成省级教改项目两项、校级重点和一般课题共3项,建设成果获得教育部全国电子商务职业教育教学指导委员会优秀教学成果奖二等奖、教育部全国物流职业教育教学指导委员会优秀教学成果奖三等奖。分别担任了2004级、2011级物流管理专业的班主任,所带班级获得学校"优秀班集体"称号。个人先后多次获得学校优秀教师、优秀共产党员、年度综合考核优秀、评建工作特别贡献奖、全国高职院校物流管理专业骨干教师企业顶岗培训班优秀干部、陕西省物流与采购行业先进个人等荣誉称号。

(二)SWOT分析

对个人进行了SWOT分析,结果如表1所示。

二、两链构建

(一)目标链

根据《陕西青年职业学院"十三五"事业发展规划(2016—2020)》、教师队伍发展专项规划以及校、系师资队伍建设规划,结合个人实际制定了个人发展规划,确定了从一名骨干教师逐步成长为校级教学名师的发展总目标(图1),主要从师德师风、基本发展能力、教学与教研、科研与社会服务、学生教育与管理和年度考核6个方面,明确个人发展的具体目标,并将目标量化分解到2018—2020年度(表2),共21项具体任务,形成从学校、系部、专业到教师个人自上而下贯通的目标链。

表1 个人SWOT分析表

优势(S)	多年来从事一线教学及管理工作,积累了较为丰富的经验,熟悉职业教育规律与特点,在人才培养、专业建设与课程改革方面取得了一定成绩
劣势(W)	缺乏长期深入一线行业、企业的工作经历,创新理念及意识不够强
机遇(O)	物流行业及学校发展的广阔前景,给个人提供了成长的平台和更大的发展空间
挑战(T)	当前高职院校扩招和信息化技术给教育教学能力带来一定的挑战

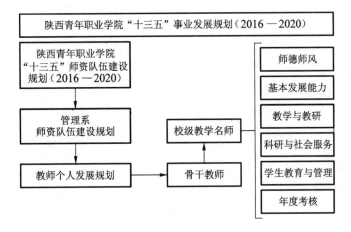

图1 个人发展规划目标链

表2 个人2018—2020年度发展目标

总目标	一级指标 (6项)	二级指标 (21项)	目标值	分年度发展目标		
				2018年	2019年	2020年
校级教学名师	1.师德师风	政治理论学习	≥10次/年	≥10次/年	≥10次/年	≥10次/年
		师德考核	合格	合格	合格	合格
		获得荣誉	1次	—	1次	—
	2.基本发展能力	社会兼职	有	有	有	有
		参加培训	240学时	80学时	80学时	80学时
		企业实践锻炼	40天	20天	—	20天
	3.教学与教研	教学工作量	≥140课时/年	≥140课时/年	≥140课时/年	≥140课时/年
		教学质量检查	优秀	优秀	优秀	优秀
		调课请假	≤3次/年	≤3次/年	≤3次/年	≤3次/年

续表

总目标	一级指标 (6项)	二级指标 (21项)	目标值	分年度发展目标		
				2018年	2019年	2020年
校级教学名师	3.教学与教研	参与专业建设	1个/年	1个/年	1个/年	1个/年
		参与课程建设	1门/年	1门/年	1门/年	1门/年
		主持或参与教改课题	2项	结项校级1项	结项省级1项	—
		主编或参编教材	1部	编写1部	完成1部	
		教学成果获奖	1项	校级1项	省级1项	—
	4.科研与社会服务	主持或参与纵向课题	1项	立项1项	研究1项	结项1项
		主持或参与横向课题	1项	立项1项	研究1项	结项1项
		发表论文	3篇	1篇	1篇	1篇
		科研获奖	1项	1项	—	
	5.学生教育与管理	指导学生参加职业技能竞赛获奖	1项	1项	—	
		帮扶学生	1个/年	1个/年	1个/年	1个/年
	6.年度考核	综合考核	≥合格	合格	合格	优秀

（二）标准链

依据学校教师发展规划标准链,对照校级教学名师有关标准,制定个人发展规划标准链(图2)。

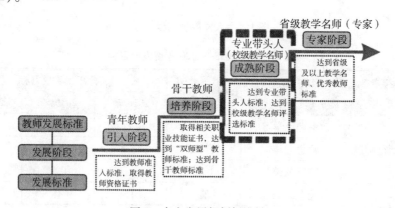

图2 个人发展规划标准链

三、运行实施

在学校"五纵五横一平台"内部质量保证体系下,结合个人职业生涯规划年度发展计划,以校级教学名师为目标,通过构建对个人能力提升的"8字形质量改进螺旋",并按照此螺旋逐步推进,持续提升个人素质和业务能力。

（一）目标标准

结合校级教学名师发展总目标和分年度发展目标，2018年度个人发展的具体目标及标准如表3所示。

表3 2018年度个人发展目标及标准

总目标	一级指标（6项）	二级指标（21项）	2018年度目标	标准依据 陕西青年职业学院 教学名师奖评选与管理办法
校级教学名师	1.师德师风	政治理论学习	≥10次	教师廉洁从教若干规定 关于进一步加强师德建设的意见
		师德考核	合格	
		获得荣誉	—	
	2.基本发展能力	社会兼职	有	专业技术职务分级聘用实施细则 中青年骨干教师选拔培养暂行规定 教职工培训进修管理规定 教师系列岗位聘任实施细则 教师定期到企事业单位实践锻炼的规定
		参加培训	80学时	
		企业实践锻炼	20天	
	3.教学与教研	教学工作量	≥140课时	教学成果奖评选及奖励办法 教师教学质量评价办法 教师授课资格规定 精品资源共享课程建设管理办法
		教学质量检查	优秀	
		调课请假	≤3次	
		参与专业建设	1个	
		参与课程建设	1门	
		主持或参与教改课题	结项校级1项	
		主编或参编教材	1部	
		教学成果获奖	校级1项	
	4.科研与社会服务	主持或参与纵向课题	立项1项	校级科研课题管理办法 科研成果奖励条例
		主持或参与横向课题	立项1项	
		发表论文	1篇	
		科研获奖	1项	
	5.学生教育与管理	指导学生参加职业技能竞赛获奖	1项	职业技能竞赛管理办法
		帮扶学生	1个	
	6.年度考核	综合考核	合格	教师年度考核办法 教职工考勤规定

（二）设计

依据学校教师发展的 21 项质控点，结合个人 2018 年度的具体目标，选定其中的 17 项质控点(表4)。

表4 2018 年度个人发展质控点的设置

一级指标(6项)	质控点(17项)	目标值	预警值
1.师德师风	师德考核	合格(1)	0
	获得荣誉	—	—
2.基本发展能力	参加培训	80 学时	<80 学时
	企业实践锻炼	20 次	<20 次
3.教学与教研	参与专业建设	1 个	0
	参与课程建设	1 个	0
	主持或参与教改课题	1 项	0
	主编或参编教材	1 部	0
	教学成果获奖	1 项	0
4.科研与社会服务	主持或参与纵向课题	1 项	0
	主持或参与横向课题	1 项	0
	发表论文	1 篇	0
	科研获奖	1 项	0
	社会服务	1 项	0
5.学生教育与管理	指导学生参加职业技能竞赛获奖	1 项	0
	帮扶学生	1 个	0
6.年度考核	综合考核	合格	0

（三）组织实施

按照发展规划与年度目标，结合系部和教研室工作安排，以教师本人为主体，推进各项工作正常实施(图3)。实施过程中，采用线下与线上相结合的方式进行实时监测、动态循环，如线下通过期中教学信息反馈座谈会和教师年度考核等方式，线上结合教学质量管理平台监测，将实施过程中产生的数据与目标值进行对比，对不达标项目提出预警，分析原因并制定改进措施。

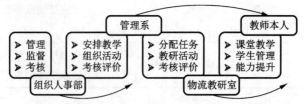

图3 组织实施图

为了实现2018年度各项发展规划目标,主要做了以下工作。

(1)师德师风。积极主动参加全国高校支部书记学习培训班以及校、系各项政治理论学习和师德研讨活动,并利用业余时间通过"学习强国"、网站资料等加强个人学习,严格要求自己,以身作则,2018年度师德考核合格。

(2)能力发展。积极参加有关专业技术人员继续教育和专业学习培训,应邀参加了第十届全国职业院校物流专业教学研讨会,撰写的《高职物流管理专业推行现代学徒制的实践探索》一文被会刊收录。

(3)教学与教研。承担了物流管理专业《运输管理实务》《物资采购管理实务》等课程的教学任务,教学质量检查优秀;参与《仓储与配送管理实务》在线开放课程建设和教材编写工作;作为主要完成人承担的"高职物流管理专业现代学徒制人才培养模式研究与实践"校级重点课题顺利通过学校验收,同时该项目的主要研究成果获评学校首届教学成果一等奖和全国物流职业教育教学成果奖二等奖;参与建设了省级教改研究项目"高职物流管理'一流专业'建设研究与实践"。

(4)科研与社会服务。新获批立项陕西省职业技术教育学会课题"高职物流管理专业建设标准研究与实践";以第二作者撰写的《高职院校教师队伍建设常见问题探析》论文发表于《高教学刊》,并获得2018年度优秀职教论文三等奖。

(5)学生教育与管理。深入了解所任课程班级学生的学习情况,并配合系里做好物流专业学生的企业顶岗实践、毕业生综合能力考核指导工作;指导学生参加2018年陕西省职业院校"'互联网+'国际贸易竞赛"等赛事。

(6)年度考核。在系、部和教研室的大力支持下,2018年度项目工作进展顺利,绝大多数任务都按照预期计划圆满完成,年度综合考核合格。

(四)诊断

通过对2018年度的自我诊改,结合学校教学质量管理平台数据预警分析,2018年度共有3项目标任务未完成,总体达成度为86%(表5),存在的问题及原因主要有以下几个方面。

(1)企业实践锻炼未能有效落实。主要是由于本年度创新发展行动计划项目物流骨干专业建设、现代学徒制人才培养等项目结项验收及自身兼任系、部教学管理行政职务等原因,分散了一定的时间和精力。

(2)主持或参与横向课题未能立项。主要原因还是深入企业实践锻炼程度有限,参与行业社会服务能力有待进一步增强。

(3)指导学生参加2018年陕西省高职院校"'互联网+'国际贸易竞赛"未获奖。主要原因是参赛学生均为物流管理专业,《国际贸易实务》为该专业选修课,加之准备时间较为仓促等。

(五)激励与学习

(1)激励。在个人发展过程中,有学校健全的激励机制,如教师绩效考核评价办法及各项奖励性政策文件,同时也通过任务完成的获得感等自我激励产生原生动力,极大

表5 2018年度个人目标完成情况

一级指标(6项)	二级指标(21项)	2018年度目标	完成值	完成情况
1.师德师风	政治理论学习	≥10次	12次	完成
	师德考核	合格	合格	完成
	获得荣誉	—	—	—
2.基本发展能力	社会兼职	有	有	完成
	参加培训	80学时	80学时	完成
	企业实践锻炼	20天	—	未完成
3.教学与教研	教学工作量	≥140课时	219课时	完成
	教学质量检查	优秀	优秀	完成
	调课请假	≤3次	2次	完成
	参与专业建设	1个	1个	完成
3.教学与教研	参与课程建设	1门	1门	完成
	主持或参与教改课题	结项校级1项	1项	完成
	主编或参编教材	编写1部	1部	完成
	教学成果获奖	校级1项	1项	完成
4.科研与社会服务	主持或参与纵向课题	立项1项	1项	完成
	主持或参与横向课题	立项1项	—	未完成
	发表论文	1篇	1篇	完成
	科研获奖	1项	1项	完成
5.学生教育与管理	指导学生参加职业技能竞赛获奖	1项	—	未完成
	帮扶学生	1个	1个	完成
6.年度考核	综合考核	合格	合格	完成

地激发了个人工作的积极性和主动性。

(2)学习。除校、系集体性学习研讨外,教研室先后组织教师赴西安铁路职业技术学院、京东物流、苏宁物流等院校及企业走访调研,个人也通过书籍、网站等方式加强政治理论和业务知识的学习与拓展,采取有针对性地学习研究方式,不断提高个人的工作素养与能力。

(六)创新改进

(1)科学制定年度工作目标,梳理各项任务,合理规划时间,统筹兼顾好系、部教学管理与个人业务发展等之间的关系,使其相辅相成、相互促进。

(2)深入企业、深化合作,进一步提高社会服务能力。

(3)及时总结竞赛经验与不足,反思教学中存在的问题,有效制定改进措施,针对竞赛中学生的薄弱环节有针对性地补充和强化训练。

2018年度未完成的3项任务(企业实践锻炼、主持或参与横向课题和指导学生技能竞赛获奖)转入2019年度工作目标(表6),目前各项工作均在正常推进中。如携手西安阶梯企业管理咨询有限公司,利用校内物流实训室资源,参与组织了延长石油物流从业人员职业能力认证培训班,同时也计划于暑期赴企业进行实践锻炼并合作开展项目研究。指导学生参加2019年陕西省高职院校"'互联网+'国际贸易竞赛",虽然惜憾未能获奖,但成绩较2018年有一定提升。同时,参与指导的物流职业技能竞赛获得省赛三等奖,个人在物流管理1+X证书(中级)师资培训高级研修班荣获最佳课程设计奖二等奖。

表6 2019年度个人目标完成情况

一级指标(6项)	二级指标(21项)	2019年度目标	完成值	完成情况
1.师德师风	政治理论学习	≥10次	10次	完成
	师德考核	合格	合格	完成
	获得荣誉	1次	1次	完成
2.基本发展能力	社会兼职	有	有	完成
	参加培训	80学时	80学时	完成
	企业实践锻炼	20天	—	正在进行
3.教学与教研	教学工作量	≥140课时	140课时	完成
	教学质量检查	优秀	优秀	完成
	调课请假	≤3次	1次	完成
	参与专业建设	1个	1个	完成
	参与课程建设	1门	2门	完成
	主持或参与教改课题	结项省级1项	1项	完成
	主编或参编教材	完成1部	1部	正在进行
	教学成果获奖	省级1项	1项	正在进行
4.科研与社会服务	主持或参与纵向课题	研究1项	1项	完成
	主持或参与横向课题	立项1项	—	正在进行
	发表论文	1篇	—	正在进行
	科研获奖	—	—	—
5.学生教育与管理	指导学生参加职业技能竞赛获奖	1项	1项	完成
	帮扶学生	1个	1个	完成
6.年度考核	综合考核	合格	合格	正在进行

四、诊改成效

两轮诊改有效地保障了个人年度目标的顺利实施,具体成效表现在以下几个方面。

(1)强化了个人发展质量意识,激发了内生动力,极大地促进了工作的主动性和积极性。

(2)提高了课程建设与教育教学水平,通过专业人才培养质量问卷调研和教学信息反馈会得知,所承担的专业课程广受学生好评,教学效果良好。

(3)提升了个人的综合素质,在系、部教学管理、实训室建设、师资队伍建设、深化校企合作等方面不断积累经验、取得进步。

(4)2019年荣获学校"优秀共产党员"称号,增加了职业自信心,同时也使自己有了一定的职业成就感。

五、努力方向

(1)继续加强企业实践锻炼,进一步提升社会服务水平。

(2)总结凝练形成高质量教科研成果,力争获得省部级以上教学成果奖。

(3)强化创新意识,提高信息化教学能力,如课程教学平台使用、数字化资源开发应用等。

六、诊改体会

通过2018年度、2019年度个人诊改,自己收获颇丰。首先,对近两年来的各项工作进行了全面梳理,从而发现问题、制定措施、改进提高,同时也明确了下一步的工作重点。其次,变过去被动地完成任务为现在主动地创新性工作,不论是工作状态还是精神状态都有了较大的改变。最后,充分认识到常态化自我诊改的必要性和重要意义,能够不断促使自己全面反思总结,科学制定发展规划,逐步成长为学校师资队伍的中坚力量,为学校快速发展贡献自己的一分力量。

(陕西青年职业学院管理系　邵　华)

五、学生层面诊改案例

陕西工商职业学院 学生层面诊改案例

一、诊改基础

（一）学生基本情况

截至 2017 年 12 月,陕西工商职业学院高职在校生共计 7 788 人,分布在西安市郭杜校区、太白校区、高新校区、明德校区、东大校区 5 个校区 12 个二级学院。其中,学生党员 223 人、发展对象 282 人、入党积极分子 2 375 人,学生团员 4 860 人。生源结构以陕西籍学生为主,覆盖山西、内蒙古、青海、四川、甘肃等 6 个省份。

（二）学生工作队伍基本情况

截至 2017 年 12 月,学校学生管理人员总计 78 人。其中,学工部 10 人,团委 3 人,各学院学生工作院长 12 人,学工秘书 12 人,专职辅导员 41 人。辅导员均具有研究生上学历,其中,女性 34 人,男性 7 人,辅导员师生比为 1∶190。

（三）学生层面诊改工作基础

学校学生层面诊改以 2017 年工作为基础,覆盖 13 个二级学院(2018 年新成立学前师范学院)2018 级和 2019 级全体学生。设定了学生工作目标链和标准链,运用"8 字形质量改进螺旋"全面实施过程性诊改,实现了学生工作全方位、全过程、全员化的质量保证体系;着重以"诊断—改进—提升"为导向,不断完善各项工作,实施"三全"育人,促进学生工作良性发展;以"五纵五横一平台"为框架,构建了学生工作内部质量保证体系,初步形成了学生层面诊改工作运行机制。

运用 SWOT 分析法,找出学生工作在制度建设、队伍建设、信息化建设、学生教育管理等方面存在的问题,分析原因,采取措施,取得显著成效。学生层面的前期诊改工作属于线下诊改,采用的数据收集、分析手段存在一定局限性,不能较全面地反映问题全貌。2019 年 6 月份之后,诊改工作由"线下"变为"线下+线上"的方式。为了使诊改工作不断聚焦化,更能精准地反映问题,将学生工作质控点修改完善至 50 个。近半年来,加大了对学生层面信息校园综合平台学生管理子平台的建设力度,使诊改的信息化水平以及分析的准确度进一步得到提升,工作研判更为科学,预警响应速度更为及时。

二、总体设计

（一）确立学生发展目标链

依据学校内部质量保证体系建设与运行实施方案,围绕学校"十三五"发展规划总目标和工作任务要求,基于学校学生工作实际,研究制定了学生发展子规划和学生个人发展规划,重点围绕学生的思想品德、行为准则、身心素质、职业技能等方面,确定了学生发展的总体目标为培养高素质技术技能型人才。各专业结合其专业特点和学生实际,制定了相应的育人目标。学生根据学校和所在专业的育人目标,结合个人实际,制定了个人发展规划,明确了个人发展总目标和年度发展目标,构建了学生发展目标链(图1),形成学校、二级学院学生发展规划与学生个人发展目标及规划的有效链接。

（二）建立学生全面发展标准链

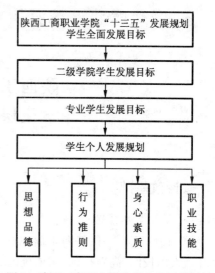

图1　陕西工商职业学院学生发展目标链

依据学校"十三五"事业发展规划和"十三五"学生发展规划,以培养学生成为高素质技术技能型人才为目标,突出目标引领、上下衔接、标准设计、过程控制和质量把控,制定相应的管理制度和二级学院相关细则和办法,形成了包括学生思想品德、行为准则、身心素质、职业技能等标准在内的学生发展标准体系。

学校围绕学生成长,从思想品德、身心素质、行为规范、专业技能、职业素养、创新创业等方面设计了学生个人发展标准。同时,围绕学生的自我评价、发展规划、自我评估、改进措施和教师评语5个关键要素设计了学生个人发展规划手册,通过发展规划手册来记录学生自我规划和诊改工作轨迹。学校根据学生个人发展规划目标,结合学生自身实际制定了个人发展标准(表1)。学生个人围绕学校学生发展标准进行对照检查,自我实施、自我监测、自我改进,逐步实现良性循环。

表1　陕西工商职业学院学生个人发展标准

维度	要素	指标
思想品德（25%）	思想品德标准	1.有坚定的理想信念,热爱中国共产党,热爱社会主义祖国和人民。 2.树立正确的世界观、人生观和价值观,积极践行社会主义核心价值观。 3.遵规守纪,品德优良,关心集体和他人。
行为准则（25%）	行为准则标准	1.遵守国家各项法律法规,无违法违纪行为。 2.遵循《高等学校行为准则》和《陕西工商职业学院学生手册》等各项规定要求,行为举止符合大学生身份和现代社会公民要求。 3.逐步养成良好的学习习惯、健康的生活习惯和优雅的行为举止。

续表

维度	要素	指标
身心素质（25%）	身心素质标准	1. 加强体育锻炼，强健体魄，热爱生活，积极参加各项文体活动，提高身体素质。 2. 加强心理健康知识学习，学会自我调节，提高自身适应能力。 3. 增强安全意识和自我保护能力，关爱自然，爱护环境，珍惜资源。
职业技能（25%）	专业技能标准	1. 刻苦学习专业知识，积极参加各项专业知识培训，提高专业知识学习能力。 2. 结合专业岗位需求的知识和技能，培养良好的学习习惯，形成适合自身的学习方法。 3. 熟练掌握专业技能，加强专业技能培养，积极参加各项专业技能实践锻炼。
	职业素养标准	1. 具有一定的职业规划能力和个人发展规划能力。 2. 根据自身特点，选择适合的职业方向，不断提高学习能力、沟通能力和组织协调能力。 3. 不断内化个人职业素养，培养敬业精神、团队意识、创新意识等，更好地适应职场环境。
	创新创业标准	1. 在学习和实践中，培养创新创业意识，提高发现问题、分析问题和解决问题的能力。 2. 加强创新创业实践技能训练，培养创新精神，提高创业能力。 3. 积极参加校内外创新创业比赛活动，逐步提升创新创业实践水平。

（三）设置质控点

依照学校"十三五"事业发展规划设定的"培养高素质技术技能型人才"总目标，学校从思想品德、行为准则、身心素质、职业技能4个方面的标准出发，结合前期诊改工作基础，设置了学生层面的思想品德、行为规范、心理发展、身体发展、身心发展保障、学业奖励、学习状况、职业生涯、就业状况、就业保障、社会实践等13个诊改要素、50个质控点（表2）。

表2　陕西工商职业学院学生个人发展质控点的设置

内容	指标	质控点内容	目标值	标准值	预警值
思想品德	思想品德	入党积极分子学生比例/%	20	15	<13
		学生党员比例/%	5	4	<3
		学生团员比例/%	80	70	<70
		学生干部比例/%	12	10	<8
		文明班级比例/%	30	20	<18
		文明宿舍比例/%	60	50	<45
		应征入伍学生人数/人	30	25	<20
		学生参加公益活动率/%	70	50	<40

续表

内容	指标	质控点内容	目标值	标准值	预警值
行为规范	行为规范	早操出勤率/%	90	80	<70
		学生班会出勤率/%	98	95	<90
		受处分学生比例/%	<1	<1.5	>2
身心素质	心理发展	参与心理健康活动学生比例/%	60	55	<50
		修学心理健康课程学生比例/%	100	90	<85
		每个班级心理委员人数/人	1	1	<1
		新生心理健康普查率/%	100	98	<95
	身体发展	体质测试合格学生比例/%	70	65	<60
		参加运动会学生比例/%	50	45	<40
		体育必修课学生比例/%	100	95	<90
	身心发展保障	辅导员获得省级及以上奖励	有	有	无
		辅导员每2周召开日常班会次数/次	1	1	<1
		辅导员每月召开主题班会次数/次	1	1	<1
		辅导员参加培训人次比例/%	80	70	<60
		辅导员工作日志	有	有	无
		心理健康周报	有	有	无
专业技能	学业奖励	国家奖学金获奖学生人数/人	5	5	<4
		国家励志奖学金获奖学生比例/%	3	2.50	<2
		行业、企事业单位设立的奖助学金	有	有	无
		国家级竞赛获奖/项	5	3	<2
		省级竞赛获奖/项	20	15	<10
	学习状况	必修课程及格率/%	80	75	<70
		月人均借书次数/次	1	0.6	<0.5
		到课率/%	98	95	<90
职业能力	职业生涯	就业创业课程建设	有	有	无
		学生职业发展规划目标完成率/%	100	95	<90
	就业状况	初次就业率/%	91	90	<85
		初次就业薪酬待遇/元	3 500	3 000	<2 500
		工作满意度/%	90	85	<80
	就业保障	年大型招聘会/次	2	2	<2
		年招聘用人单位家数/家	350	320	<300
		年就业指导参与学生率/%	95	90	<90
		年招聘岗位数/个	6 000	5 000	<5 000

续表

内容	指标	质控点内容	目标值	标准值	预警值
职业能力	社会实践	学生人均参加社会实践次数/次	2	1	<1
		勤工助学率/%	1	0.50	<0.5
创新创业	创新创业状况	年学生创业项目/项	3	2	<2
		创业学生人数/人	10	6	<6
		省级创新创业大赛获奖/项	4	3	<2
	创新创业保障	年组织就业创业培训场次/场	5	3	<2
		就业创业经费/万元	20	20	低于20
		大学生创新创业基地	有	有	无
		就业管理信息系统	有	有	无

三、诊改实施与运行

(一)建立学生层面的"8字形质量改进螺旋"

根据《陕西工商职业学院内部质量保证体系建设与运行实施方案》,结合学生工作实际,确定了学生层面诊改工作的路径为:依据学校制定的诊改工作"8字形质量改进螺旋",从目标、标准、设计、组织、实施、诊断与改进等方面入手,按照"设计是否齐全、实施是否到位、保障是否有力"3个方面,逐一对学生教育管理工作的8个要素进行对照检查,发现是否存在问题,存在什么问题,如何解决,路径是什么,有无改进措施,具体措施是什么,效果怎样。通过检查、分析、改进、完善,形成学生层面诊改的"8字形质量改进螺旋",最终建立起学生层面的内部诊改体系,完成质量螺旋的不断提升。

(二)学生层面"8字形质量改进螺旋"的运行

1. 目标

紧紧围绕立德树人根本,以思政教育为切入点,以养成教育为抓手,坚持问题导向,依据学校"十三五"发展规划制定学生全面发展子规划,把子规划中的目标落实到学生处、团委、相关部门及二级学院每年的工作计划中,任务逐级分解落实,责任逐级分担,目标逐层传导,从而形成学生管理工作目标链。

学生从思想品德、身心素质、行为规范、专业技能、职业素养、创新创业等方面来设计、制定总目标和分学年年度发展规划,将总目标和分学年年度发展规划在个人发展规划手册中予以具体体现。

2. 标准

根据学校"十三五"学生全面发展规划,立足学校学生工作实际,结合学生特点,梳理和完善了学生管理相关岗位的工作职责及工作标准,制定、完善了相关学生管理制度以及学生服务管理规范20余项,形成了学生日常管理各方面的工作标准。各二级学院根据学校的各项工作标准进行细化,制定本学院学生管理方面的标准。

学生在制定个人标准时,紧紧围绕学校学生发展标准来进行设计,学生设计的内容不能低于学校学生发展标准的目标值。

3. 组织

学生工作在校党委和行政部门的坚强领导下,由党委副书记和1名副院长配合管理,下设学工部(学生处)和学校团委。学工部(学生处)统筹协调,具体负责全校学生工作,目前学工部(学生处)内设1个辅导员管理岗、2个学生管理岗、2个学生资助管理岗和1个大学生心理健康教育管理岗。各二级学院由主管学生工作的党总支书记(副书记)负责本学院的学生工作,下设学工秘书,学生的日常管理工作由一线专职辅导员负责开展。校团委负责学生共青团工作,各二级学院分设团总支,各班级设团支部,在二级学院团总支的领导下开展工作。

4. 实施

按照内部质量保证体系工作路径,实施学生素质提升工程,由学工部(学生处)抓好全校学生层面思想政治工作、日常教育管理工作等的统筹安排、组织、协调和检查落实。二级学院抓好本学院学生思想政治工作和日常教育管理工作任务的细化、组织实施、检查改进等工作,保证学生全面发展工作规划和年度工作计划落细落实。以相关学生活动为载体,重点依托思想政治教育、安全教育、学风建设、养成教育、心理健康教育、文化体育艺术活动、就业创业指导教育、学生工作队伍建设、党团组织建设等具体工作载体展开。在学生层面诊改工作中建立"设计—组织—实施—监测—预警—改进"实时动态环,主要如表3所示开展工作。

表3 陕西工商职业学院学生素质提升工程工作任务表

序号	任务	牵头部门	责任主体部门
1	中国特色社会主义、社会主义核心价值观、中国梦教育	宣传部	学工部、团委
2	举办入党积极分子培训班	组织部	二级学院
3	举办"青马工程"大学生骨干培训班	团委	二级学院
4	开展新生国防教育活动	学工部	教务处、二级学院
5	开展新生入学教育活动	教务处	学工部
6	开展法制教育活动	教务处	保卫处
7	加强课堂考勤和课堂管理	教务处	二级学院
8	加强早操、晚自习检查和管理	团委、教务处	二级学院
9	开展奖学金获奖学生优秀事迹宣传	学工部	二级学院
10	开展主题班会、主题团日活动	学工部、团委	二级学院
11	开展星级宿舍创建活动	学工部	二级学院
12	开展网络安全教育	网络信息中心	二级学院
13	开展宿舍卫生安全大检查	学工部	学工部、保卫处、二级学院

续表

序号	任务	牵头部门	责任主体部门
14	开展新生心理测评工作	学工部	二级学院
15	建设和完善学校心理健康咨询中心	学工部	学工部
16	开展心理健康教育季活动	学工部	二级学院
17	开展专、兼职心理健康教育队伍培训	学工部	二级学院
18	建设心理危机预防与干预四级体系	学工部	二级学院
19	举办安全主题教育活动	学工部	保卫处、二级学院
20	举办消防知识讲座和消防演练活动	保卫处	二级学院
21	完善校园安全预案	保卫处	保卫处
22	坚持重大节假日和敏感时期安全稳定值班工作	党政办	保卫处
23	加强门禁管理	党政办	保卫处、后勤管理处
24	开展饮食安全教育,加强饮食安全监督检查	后勤处	二级学院
25	开展疾病防控宣传检查工作	后勤处	二级学院
26	开展高雅艺术进校园活动	团委	团委、二级学院
27	举办校园文化艺术节活动	团委	团委、二级学院
28	举办行知讲堂教授系列讲座活动	团委	团委
29	组织开展辅导员职业能力培训,提高职业技能	学工部	学工部
30	组织开展辅导员职业能力比赛	学工部	学工部
31	健全辅导员管理办法和考核机制	学工部	学工部
32	组织开展辅导员工作精品项目和辅导员工作研究课题活动	学工部	学工部
33	开设就业指导课,帮助学生提升职业素养	合作办学处	合作办学处
33	开展校院两级"互联网+"大赛,培养学生的就业意识	合作办学处	合作办学处、二级学院
34	举办校园招聘会	合作办学处	合作办学处、二级学院
35	评选表彰优秀毕业生	合作办学处	二级学院
36	修订、完善学生教育与管理工作制度	学工部	二级学院
37	落实《陕西工商职业学院学生全面发展诊断与改进工作实施方案》	学工部	二级学院及相关部门
38	加强团、学干部培养	团委	团委
39	开展优秀学生干部、三好学生评选活动	学工部	学工部
40	开展优秀团干部、优秀团员评选活动	团委	团委
41	持续开展精准资助基层行活动	学工部	二级学院

续表

序号	任　　务	牵头部门	责任主体部门
42	开展扶贫攻坚社会实践活动	团委	团委
43	开展学生志愿服务活动	团委	团委、二级学院
44	建设和完善学生管理信息系统	学工部	网络信息中心
45	实施辅导员公寓值班制度	学工部	二级学院
46	建设和完善校园监控设备	学工部学生处	保卫处

5. 监测

围绕13个诊改要素、50个质控点，依托校园信息综合服务平台，借助教务管理系统、资助管理系统、相关部门和各二级学院统计数据等，通过定期监测和召开学生工作会议，同时结合学生管理工作的日常核查、周检查、月检查等及调研活动等，采集学生层面的工作数据。实施动态数据采集分析机制，对数据进行梳理和归类，及时发现设计、组织、实施3个环节中出现的问题与发生的偏差，为学生管理服务工作提供决策参考，为监测预警提供反馈内容。

学生个人层面，围绕思想品德、身心素质、行为规范、专业技能、职业素养和创新创业等方面，编制了学生发展标准。学生对照个人发展标准和学校及二级学院学生综合素质办法进行自我监测诊断，对照检查，及时总结优势，发现问题和不足，从而为个人下一步发展提供参考依据。

6. 预警

围绕13个诊改要素、50个质控点，构建学生工作预警体系，制定学生预警参数指标，合理设置预警值，将数据与预警参数指标进行对比，及时发现学生层面存在的问题，有针对性地进行反馈，确保学生层面相关部门及各二级学院及时、准确掌握存在的问题，为下一步做出更合理的决策与调整提供依据。

学生在校期间，通过个人发展标准和学校及二级学院学生综合素质考评办法，每学年末进行自我诊断，对比诊断结果与学校设定的预警值，进行自我预警。

7. 改进

针对预警机制中反馈的学生层面的问题，结合学生工作实际，对提出预警的问题做出分析判断，剖析存在问题的原因，提出改进措施，落实责任到人。对设计、组织、实施3个环节中存在的问题与偏差进行实时纠正与调整，最终反馈到"设计"环节，对"设计"环节中的内容实时调整修改，确保达到学生层面质量保证体系指标。学生个人根据在预警中发现的问题，查找原因，及时改进。

8. 诊断

参照学生质量保证体系目标，以学生质量保证体系标准及质控点为衡量依据，依托信息平台数据分析和过程性检查资料，对学生层面的工作进行分析，全面检查学生安全教育、学生管理服务、学风建设及学生养成教育、学生开展活动、学生诉求服务、学生职业能力提升、学生就业质量提升、特殊学生群体服务等实施情况。对学生工作层面来说,一年为一个诊改周期;而对学生个人来说,每学年为一个诊改周期。学生主要围绕自己在发展规划手册中设计的学年初的目标值和学年末的实际达成度进行对比,对既定目标的完成情况进行诊断,针对产生问题的原因提出改进措施。

9. 激励与学习

依据诊断情况,分析原因,不断学习与改进。制定了以下工作对策:一是继续做好学生管理工作制度的修订、完善工作,加强对制度落实情况的督导检查。二是完善奖惩措施,制定学生管理工作考核办法,完善了辅导员管理考核办法,进一步细化了评优标准。具体来讲,就是对在学生工作中表现突出的辅导员年终考核评定为优秀,同时在后期的职业培训、职称评定、个人发展进步等方面予以优先考虑。

完善了学生综合素质量化考核办法,包括三好学生、优秀学生干部、优秀团员、优秀团干部等的评选办法,国家层面和学校层面奖助学金评选办法等。通过建立和完善各项考核激励机制,进一步加大工作落实的力度,学生管理水平得到不断提升,学生综合素质得到不断提高。及时表彰表现突出的学生,对在全国、全省职业能力大赛和"互联网+"大赛中取得优秀成绩的学生给予重奖,表现突出者毕业后可留校使用。

10. 创新与改进

根据诊断结果全面分析学生在思想品德、身心素质、行为规范、专业技能、职业素养和创新创业等方面存在的问题与不足,剖析以上问题产生的原因,创新工作思路,改进工作方式、方法,有针对性地采取改进措施,取得了一定的改进成效(表4)。学生目标达成比例不断提升,综合素质和内生动力不断提高,对学生个人全面成长成才起到了较好的促进作用。

表4 陕西工商职业学院学生层面各项工作完成情况表

内容	指标	质控点内容	目标值	标准值	预警值	2018年达标情况	2019年达标情况
思想品德	思想品德	入党积极分子学生比例/%	20	15	<13	达标	达标
		学生党员比例/%	5	4	<3	达标	达标
		学生团员比例/%	80	70	<70	达标	达标
		学生干部比例/%	12	10	<8	达标	达标
		文明班级比例/%	30	20	<18	达标	达标
		文明宿舍比例/%	60	50	<45	达标	达标
		大学生应征入伍人数/人	30	25	<20	达标	达标
		学生参加公益活动率/%	70	50	<40	达标	达标
行为规范	行为规范	早操出勤率/%	90	80	<70	达标	达标
		学生班会出勤率/%	98	95	<90	达标	达标
		受处分学生比例/%	<1	<1.5	>2	达标	达标

续表

内容	指标	质控点内容	目标值	标准值	预警值	2018年达标情况	2019年达标情况
身心素质	心理发展	参与心理健康活动学生比例/%	60	55	<50	不达标	不达标
		修学心理健康课程学生比例/人	100	90	<85	达标	达标
		每个班级心理委员人数/人	1	1	<1	达标	达标
		新生心理健康普查率/%	100	98	<95	达标	达标
	身体发展	体质测试合格学生比例/%	70	65	<60	达标	达标
		参加运动会学生比例/%	50	45	<40	达标	达标
		体育必修课学生比例/%	100	95	<90	达标	达标
	身心发展保障	辅导员获得省级及以上奖励	有	有	无	达标	达标
		辅导员每2周召开日常班会次数/次	1	1	<1	达标	达标
		辅导员每月召开主题班会次数/次	1	1	<1	不达标	达标
		辅导员参加培训人次比例/%	80	70	<60	达标	达标
		辅导员工作日志	有	有	无	不达标	达标
		心理健康周报	有	有	无	达标	达标
专业技能	学业奖励	国家奖学金获奖人数/人	5	5	<4	达标	达标
		国家励志奖学金获奖学生比例/%	3	2.50	<2	达标	达标
		行业、企事业单位设立的奖助学金	有	有	无	达标	达标
		国家级竞赛获奖/项	5	3	<2	达标	达标
		省级竞赛获奖/项	20	15	<10	达标	达标
	学习状况	必修课程及格率/%	80	75	<70	达标	达标
		月人均借书次数/次	1	0.6	<0.5	不达标	不达标
		到课率/%	98	95	<90	达标	达标
职业能力	职业生涯	就业创业课程建设	有	有	无	达标	达标
		学生职业发展规划目标完成率/%	100	95	<90	达标	达标
	就业状况	初次就业率/%	91	90	<85	达标	达标
		初次就业薪酬待遇/元	3 500	3 000	<2 500	达标	达标
		工作满意度/%	90	85	<80	达标	达标
	就业保障	年大型招聘会/次	2	2	<2	达标	达标
		年招聘用人单位家数/家	350	320	<300	达标	达标
		年就业指导参与学生率/%	95	90	<90	达标	达标
		年招聘岗位/个	6 000	5 000	<5 000	达标	达标
	社会实践	人均参加社会实践/次	2	1	<1	达标	达标
		勤工助学率/%	1	0.50	<0.5	达标	达标

续表

内容	指标	质控点内容	目标值	标准值	预警值	2018年达标情况	2019年达标情况
创新创业	创新创业状况	年学生创业项目/项	3	2	<2	达标	达标
		创业学生人数/人	10	6	<6	达标	达标
		省级创新创业大赛获奖/项	4	3	<2	达标	达标
	创新创业保障	年组织就业创业培训场次/场	5	3	<2	达标	达标
		就业创业经费/万元	20	20	<20	达标	达标
		大学生创新创业基地	有	有	无	达标	达标
		就业管理信息系统	有	有	无	达标	达标

学校设置了学生层面的13个诊改要素、50个质控点。2018年完成了46个指标,完成率为92%;2019年完成了48个指标,完成率为96%,工作质量逐年提高,通过诊改取得了较好的效果。

四、诊改成效

1. 制度建设日趋健全

根据学生层面诊改工作实际,调整、修订、改进标准和质控点,初步形成了学生层面全员参与、全过程诊改的工作局面,诊改工作向着常态化、科学化方向迈进。通过诊改,制定或修订了《陕西工商职业学院高职学生管理规定》《陕西工商职业学院奖学金奖励实施办法》等20余项制度,学生工作制度保障体系基本得到健全。

2. 辅导员队伍建设水平不断提升

通过诊改,极大地提升了学生管理人员的职业化、专业化能力。近3年来,2名辅导员荣获陕西省普通高等学校优秀辅导员荣誉称号;2人在职攻读博士学位,31人被评定为讲师职称;辅导员主持省级课题6项、校级科研项目10余项,发表论文30余篇;6人取得了心理健康教育三级资格证书;获得全省辅导员素质能力大赛一等奖1项、三等奖2项;1人获得陕西省大学生心理健康科普知识竞赛优秀指导教师称号;1名辅导员获得陕西省高校思政课教师大练兵教学能手称号;2人指导学生"互联网+"创新创业大赛项目获得陕西赛区3项铜奖。

3. 信息化建设水平不断提高

信息校园综合服务平台中的学生管理系统、辅导员工作平台、学生资助系统、学生发展规划系统等均已正式投入使用,基本消除了信息孤岛,初步建立了学生层面从事务管理、数据收集、智能处理到诊改平台诊断分析的全过程、智能化体系,同时也将学工管理人员从繁杂的日常事务中解脱出来。

4. 资助育人水平不断提升

2017年至今,每年开展精准资助基层行走访慰问活动,共计走访经济困难学生家庭

150余户。在全校范围内开展"三秦教师结对帮扶贫困学生"活动,确保每个建档立卡学生均有结对帮扶教师。创新学生激励机制,扩大学生奖学金奖励面,建立入伍学生奖励机制,对入伍学生每人奖励5 000元。通过开展自强之星评审、优秀故事分享会、有奖征文、演讲比赛、报告会、社会志愿服务等多种形式的活动,加强对受助学生的感恩、诚信、励志教育。

5. 管理服务水平不断提升

通过建立院长学生交流QQ群、钉钉群、微信群等,加强学校领导、各职能部门与学生之间的沟通交流,畅通学生反映问题的渠道,提升管理服务水平。坚持开展周一升旗演讲活动和学生早操活动,严格早操考勤。坚持开展星级宿舍创建活动,评比创建学校、二级学院两级星级文明宿舍,建立学生督导团,加强公寓日常管理与夜间安全巡查。实行辅导员学生公寓楼日值班制度和学生工作领导日带班制度,试行驻校教官模式,及时处理学生公寓楼应急突发事件,为学生安全保驾护航。近3年来,无学生重大伤亡事故发生。

6. 思政工作水平不断提升

上好入学第一课,军事技能训练和国防教育课程实现了标准化全覆盖。以重大政治事件和重要节日节点为契机,在学生中积极组织开展各类理想信念教育、爱国主义教育和社会志愿服务活动。每年坚持举办"青马工程"大学生骨干培训班,2017年至今共培训801人;发起成立了13个习近平新时代中国特色社会主义思想读书会,累计参与人数1 069人;举办行知讲堂系列讲座活动,持续提高学生的思想政治素质。

7. 文化育人水平不断提高

2017年以来,举办迎新篮球赛、乒乓球赛、足球赛、文艺晚会、诗词大会、校园歌手大赛、合唱比赛、书画摄影比赛、党的十九大主题演讲比赛、《习近平的七年知青岁月》诵读比赛、征文比赛、传统文化展演、周末青春影院、社会实践汇报评比表彰大会、庆祝改革开放40周年大合唱比赛、"青春心向党 建功新时代"主题文艺晚会、庆祝中华人民共和国70华诞新生歌咏比赛、迎新年游园会等校级活动49场。先后成立了62个学生社团,获得省级表彰3项,学校荣获"陕西高校2018年共青团工作优秀单位"称号。

8. 学生职业技能水平不断提升

经过诊改,学生的职业技能水平得到了明显提升。两年来,学生参加校外职业技能大赛共获奖167项,其中,国家级和省级高等职业院校技能大赛获奖共47项(2018年20项,2019年27项),行业协会职业技能大赛获奖120项(2018年51项,2019年69项)。学校女篮连续3年获得CUBA陕西赛区(高职组)第一名,2019年进入全国决赛并取得第五名的骄人成绩。

9. 学生就业竞争力不断增强

面向全校学生开足开齐大学生职业生涯规划、就业创业指导课程。持续举办学校、二级学院两级"互联网+"创新创业大赛。2018年学校"互联网+"大赛报名项目211个,参与学生887人,在全省比赛中获得银奖1项、铜奖4项;2019年学校"互联网+"大赛报名项目242个,参与学生934人,在全省比赛中获得银奖3项、铜奖6项,学校获得职教赛道高校集体奖;2018年整合校内原有创业场地资源,将学校综合楼第四层整层打造成为现代化的学生创业孵化基地;2017年以来,举办春秋季大型校园招聘会6场、专场招聘会百余场,近年来毕业生就业率均在96%以上。2018年学校获批陕西省示范性高等学校就业创业指导服务机构。

五、存在问题

(1)学生考核方式有待进一步优化,学生发展标准指标难以量化,难以实现实时预警。

(2)辅导员队伍职业能力有待进一步提升,研究性工作思维和工作创新意识不强。

(3)学生工作信息化水平有待进一步提升,学生管理系统的使用仍在起步阶段,数据上传采集不够及时。

六、努力方向

1. 进一步优化学生考核方式

增强研究性工作思维,强化标准意识和质量意识,优化、细化学生全面发展考核和评价方式,对于难以定量的指标,不断研究和改进评定办法。

2. 持续提升辅导员职业能力

采用"请进来"和"走出去"相结合、线上和线下培训相结合的方式,加大辅导员队伍培训力度。加大对辅导员工作的支持和考核力度,开展辅导员工作创新案例大赛等。

3. 加大学生管理信息化工作力度

推进信息校园综合平台学生管理系统的应用,及时采集、上传相关数据,利用大数据分析预警,强化问题导向和效果导向,不断提高学生管理工作的精准度和实效性。

(陕西工商职业学院 雷熙鹏)

陕西青年职业学院
学生层面诊改案例

一、诊改基础

1. 在校学生基本情况

陕西青年职业学院共有在校生 5 000 余名,分布于文化传媒系、财经系、管理系、数字信息技术系、公共事业系、艺术系,少数民族学生以回族、藏族居多。

2. 学生管理队伍结构

由学校党政部门、分管校领导、学工部(学生处)、团委和各系党总支书记、党总支副书记、辅导员(班主任)、辅导员助理等共同构成学工队伍(图1)。

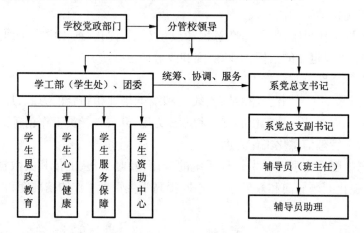

图1 陕西青年职业学院学生管理队伍结构

3. 辅导员队伍结构

学校共有一线专职辅导员21人,全部具有全日制研究生学历,平均年龄31岁;具有中级职称辅导员2人。

4. 学生工作SWOT分析

学生工作优势表现在学工队伍辅导员学历高,学工人员敬业踏实、团队意识强。劣势表现在学生工作信息化程度不高、辅导员数量不足、中级职称辅导员较少。挑战表现在生源变化带来学生教育管理工作难度加大。机遇表现在处于国家职业教育快速发展窗口期,为学生教育管理工作提供了有力的政策支撑。

5. 学生层面诊改基本情况

学校学生层面诊改工作从2018年开始,学工部(学生处)根据学校诊改文件,制定了《陕西青年职业学院学生层面诊改实施方案》《陕西青年职业学院学生发展标准》,学生诊改工作按照学年开展。截至目前,2018级学生开展了1个周期的诊改工作,目前已进入第二轮诊改;2019级学生正在开展第一轮诊改工作。

二、体系设计

1. 目标链

根据《陕西青年职业学院"十三五"事业发展规划(2016—2020)》,制定了《陕西青年职业学院"十三五"学生发展与服务规划》,各系制定本系学生工作规划,学生在辅导员的指导下制定个人发展规划,形成层级分明的目标链(图2)。

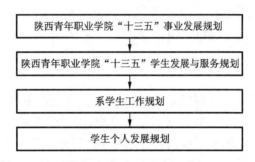

图2 陕西青年职业学院学生发展目标链

2. 标准链

依据中、省有关学生发展文件要求,结合《陕西青年职业学院"十三五"事业发展规划》,制定了学校学生发展标准;各系根据《陕西青年职业学院学生发展标准》,结合本系专业特点,制定不低于学校基本标准的系学生发展标准;学生制定个人发展标准,由此形成学生层面的标准链(图3)。

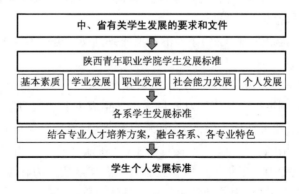

图3 陕西青年职业学院学生发展标准链

3. 构建质量改进螺旋

学校学生层面诊改工作主要从学生工作和学生个人两个层面开展,两个层面相辅相成、相互促进。

学生工作按照"8字形质量改进螺旋",从目标、标准、设计、组织与实施、诊断与改进等方面入手,按照"设计是否齐全、实施是否到位、保障是否有力"3个方面,逐一对学生教育管理工作各要素进行对照检查,通过检查、分析、改进、完善重新形成新的"8字形质量改进螺旋"。两个层面的质量改进螺旋共同建立起学生层面的内部质量保证诊断与改进体系。

三、诊改实施

首先确定目标。习近平总书记指出,培养什么人,是教育的首要问题。学校围绕立德树人根本任务,确定学生发展总目标为"政治素养高,人文素质强,具备工匠精神与创新精神"。学校从高职学生的特点和学生未来职业发展出发,大力培育和践行社会主义核心价值观,大力实施"自律、诚信、明礼、敬业、坚韧"五大核心素养教育。

(一)目标

1. 学生工作目标

根据学校"十三五"事业发展规划提出的"坚持立德树人根本任务,促进学生健康成长"工作目标,制定"十三五"学生发展与服务规划,把学生发展与服务规划中的目标落实到学工部(学生处)、团委、相关部门及各系每年的目标任务分解表中。任务逐级分解落实,目标逐层传导,责任逐级分担,形成学生工作层面的具体目标。

依据学校"十三五"事业发展规划中有关学生工作的总目标,把学生发展与服务规划凝练为素质教育提升计划,分解为提升思想道德素质、强化人文素质、培养职业素质、打造过硬身体素质、提升学生服务水平、培育创新精神六项建设任务,每项任务均设置观测点。对六项建设任务进行分年度任务分解,明确责任部门与协助部门,保障各项工作顺利进行(表1)。

根据学校"十三五"事业发展规划年度任务,学工部(学生处)分解年度目标任务,细化工作内容与工作措施(表2)。

各系依据学校、学工部(学生处)下发的各项任务,制定分解、落实系目标任务(表3)。

2. 学生个人目标

学生个人发展总目标是"政治素养高,人文素质强,具备工匠精神与创新精神"。学生根据发展总目标,制定每一学年的发展目标。一年级主要加强习惯的养成,增强自律意识,提升诚信品质,培养适应大学能力,加强自我管理,养成良好的行为习惯。二年级着重提升职业能力,增强明礼意识,开展明礼实践,在强化专业能力过程中培育敬业精神、创新意识和创业能力。三年级加强专业能力和人文素质能力在顶岗实习中的应用,强化坚韧、坚强的意志品质,为顺利就业和高质量就业奠定基础。

(二)标准

1. 学生工作标准

梳理、完善学生工作制度和标准共计62项,涵盖了学生思想政治教育、日常管理、学生资助、心理健康教育等方面(表4)。

表1 陕西青年职业学院"十三五"学生素质教育提升计划

建设任务	观测点	年度计划					责任部门	协助部门
		2016年	2017年	2018年	2019年	2020年		
着力提升思想道德素质	1. 建立健全学生思政教育长效机制。 2. 学生思想教育内容全面，方法创新。 3. 辅导员队伍显著加强。	1. 贯彻落实中、省有关文件精神，在人才培养全过程中融入思政教育和人才培养模式。 2. 实施"知心青苑"工程，推动评比考核。 3. 制定《陕西青年职业学院学生主题班会标准》。 4. 试点实施"自律、诚信、明礼、敬业、坚韧"五大核心素养教育。 5. 举办辅导员职业能力比赛。	1. 深入学习贯彻中、省对思想政治教育工作的要求。 2. 深入推进"知心青苑"工程，评选优秀工作案例。 3. 全面实施《陕西青年职业学院学生主题班会标准》。 4. 开展学校"自律、诚信、明礼、敬业、坚韧"五大核心素养教育观摩活动。 5. 举办辅导员职业能力比赛。	1. 贯彻落实中、省有关文件精神，努力实施全员、全过程、全方位育人。 2. 深入推进"知心青苑"工程，开展优秀评比。 3. 制定《陕西青年职业学院学生五大核心素养教育方案》并组织全面实施。 4. 开展辅导员职业能力培训，举办辅导员职业能力比赛。 5. 引进辅导员11人。	1. 贯彻落实中、省有关文件精神，将思政教育融入人才培养全过程。 2. 深入推进"知心青苑"工程，开展优秀评比。 3. 推动实施《陕西青年职业学院学生五大核心素养教育方案》，丰富教育载体，创新教育机制。 4. 举办辅导员职业能力培训。	1. 贯彻落实中、省有关文件精神，将思政教育融入人才培养全过程。 2. 深入推进"知心青苑"工程，开展优秀评比。 3. 推动实施《陕西青年职业学院学生五大核心素养教育方案》，丰富教育载体，创新教育机制。 4. 举办辅导员职业能力培训。	学生处	思政部、团委、各系部

表2 陕西青年职业学院学工部（学生处）年度目标任务分解表

目标任务		任务分解		工作措施		完成时间	负责人
内容	分值	内容	分值	内容	分值		
重点工作	20	深入实施学生五大核心素养培养	6	组织落实《陕西青年职业学院学生五大核心素养培养方案》，进一步丰富教育载体	2	全年	李振龙 刘国强
				组织学生五大核心素养培养系际观摩，每学期1次	2	6月、12月	李振龙 刘国强
				开展学生五大核心素养培养工作专题交流1次	2	11月	李振龙 刘国强
		深化学生心理健康教育	6	做好2019级新生心理普测工作	1	9月	李琦 黄洁
				开展心理健康季活动	1	6月	李琦 黄洁
				做好二级辅导站、辅导员、学生干部等心理工作者的专业培训和提升工作	1	9月	李琦 黄洁
				开展二级心理辅导站一系一品活动	1	6月	李琦 黄洁
				开展好大学生日常心理健康指导咨询	1	12月	李琦 黄洁
				组织并讲授大学生心理健康教育课程	1	12月	李琦 黄洁
		认真实施诊改工作	8	制定学校育人规划，构建学校学生发展目标链	2	7月	潘小燕 叶子
				制定学生发展标准，完善相关制度，构建学生全面发展标准链	2	7月	潘小燕 叶子
				组织实施学生层面自主诊改	2	9月	潘小燕 叶子

表3 陕西青年职业学院系年度目标任务分解表

目标任务		任务分解		工作措施		完成时间	负责人
内容	分值	内容	分值	内容	分值		
增强德育工作的针对性、实效性		（一）进课堂、进头脑工作	6	1.组织学生参加"青年大学习"网上主题团课活动	0.5	全年	王航英
				2.贯彻上级文件精神，落实课程思政，在专业课程中体现思想政治教育内容	0.6	全年	教学方面
				3.落实系级班子成员听思政课，每学期不少于2次	0.4	全年	高鹏
		（二）深化"青马工程"	1	1.举办"青马工程"培训，突出新时代"五育"教育，举办系级大学生骨干培训班	1	11月	王航英

续表

目标任务		任务分解		工作措施		完成时间	负责人
内容	分值	内容	分值	内容	分值		
增强德育工作的针对性、实效性		（三）大力培育社会主义核心价值观	1	1. 运用多种媒体平台，加强社会主义核心价值观的宣传教育	0.3	12	贾 萍
				2. 运用多种学生喜闻乐见的载体，开展社会主义核心价值观教育实践活动	0.5	11月	贾 萍
				3. 围绕主题开展"迎新春"庆祝活动	0.2	12月	贾 萍
		（四）组织开展庆祝中华人民共和国成立70周年系列实践教育活动	1	1. 召开庆祝中华人民共和国成立70周年标准化主题班会1次	0.3	10月	朱艳华
				2. 围绕庆祝中华人民共和国成立70周年开展主题征文活动	0.3	10月	厉吉志
				3. 组织学生观看爱国纪录片	0.4	10月	葛 英
促进学生全面健康发展	6	（一）深入实施学生五大核心素养培养	3	1. 制定本系学生五大核心素养实施细则，分项设计五大素养培育的实践载体	1	全年	高 鹏
				2. 认真落实《陕西青年职业学院学生五大核心素养培养方案》，开展系际观摩交流活动1次	1	11月	高 鹏
				3. 围绕五大核心素养开展学生活动2次（中华人民共和国成立70周年大合唱、就业创业报告会）	1	全年	陈国欢 厉吉志
		（二）推进"知心青苑工程"	1	1. 每月总结典型工作案例1个以上	0.5	12	每人1篇
				2. 辅导员每人每学期撰写"知心青苑"工作总结1份、典型工作案例1个以上	0.3	12月	每人每学期各1份
				3. 组织谈心谈话，每月2~3名学生，协调处理学生问题	0.2	全年	全体辅导员（韩羽汇总材料）

表4 陕西青年职业学院学生工作标准及制度清单

序号	制度名称
1	关于加强和改进新形势下高校思想政治工作的意见
2	高校思想政治工作质量提升工程实施纲要
3	普通高等学校辅导员队伍建设规定
4	陕西青年职业学院学生发展标准

续表

序号	制度名称
5	陕西青年职业学院学生管理规定(修订)
6	陕西青年职业学院学生日常行为规范(试行)
7	陕西青年职业学院精准资助建档立卡家庭学生管理办法
8	陕西青年职业学院处级以上干部联系学生班级及学生的暂行规定
……(共计62项制度与标准)	

这62项制度与标准,从思想政治教育、学风建设、辅导员队伍建设等8个方面提出了具体要求,明确了标准(表5)。

表5 陕西青年职业学院学生工作标准内容

序号	标准	内容
1	思想政治教育	学生政治立场坚定,热爱中国共产党,热爱祖国和人民,爱学习、爱劳动,遵纪守法,明礼诚信,道德素质高,个人修养好
2	学风建设	学生积极向上,学习风气浓厚,尊敬师长,互帮互助,校园秩序好
3	素质培养	课外活动丰富多彩,学生发展进步有成效,学生素质教育平台作用发挥充分,校外获奖数逐年上升,企业单位对毕业生满意,学生适应能力强
4	心理健康教育	心理健康教育覆盖面广、宣传到位,教育活动形式多样、效果显著
……		

2. 学生个人标准

从学生基本素质、学业发展、职业发展、社会能力发展和个人发展5个方面明确了学生个人发展标准,具体分解为身体素质、心理素质、道德品质、基础知识、专业知识等14个诊断点。根据每一个诊断点,提出各项发展要求和标准(表6)。

表6 陕西青年职业学院学生个人发展标准

诊断要素 (一级指标)	诊断点 (二级指标)	内容
基本素质 发展标准	身体素质	1. 符合《国家学生体质健康标准》。 2. 养成长期锻炼的习惯……
	心理素质	1. 具有积极的心理品质,自信自爱,坚韧乐观。 2. 管理自己的情绪,掌握保持心理健康的途径和方法……
	道德品质	1. 热爱祖国。 2. 坚持诚信做人……
学业 发展标准	基础知识	1. 学习态度端正,学习目标明确。 2. 学习成绩良好,各科成绩不低于60分……

续表

诊断要素 （一级指标）	诊断点 （二级指标）	内容
学业 发展标准	专业知识	1. 明确专业学习目标与重点。 2. 专业课成绩良好，成绩不低于60分……
	工具运用	1. 通过英语AB级考试。 2. 灵活运用与专业相关的其他工具……
职业 发展标准	岗位技能	1. 考取至少一种与专业相关的技能证书。 2. 参与与专业相关的实践活动，了解社会需求与职业需求，储备职业技能……
	创新意识 创业能力	1. 学习、掌握创业的基础知识和基本理论。 2. 熟悉创业的基本流程和基本方法……
社会能力 发展标准	社会适应 能力	1. 拥有个人理想。 2. 关心国家大事，关心社会，热心公益与志愿服务……
	组织协调 能力	1. 具备良好的交际与沟通技巧。 2. 能与他人一起学习和生活，共同承担责任，协同合作完成任务……
	自主学习 能力	1. 在现有基础上，学业能有不断进步与突破。 2. 制定个人的学业提升规划并每年总结更新……
个人 发展标准	自我认知	1. 了解个人的身体、能力、个性、需求、机遇、挑战。 2. 独立思考问题，拥有反思的勇气和习惯……
	学业规划	1. 确定三年学业目标。 2. 解决达成目标过程中所遇到的困难……
	自我管理	1. 排除干扰与诱惑，控制自己的行为。 2. 自觉遵守国家及学校的各项规章制度……

（三）质控点设计

依托学生工作和学生成长目标及标准，通过建立全面的学生培养体系，学生层面的诊改工作设置了30个质控点，其中，比例类14个，数值类11个，有无类5个（表7）。

表7　陕西青年职业学院学生层面质控点的设置

序号	标准	质控点	类别	目标值
1	思想道德标准	人才培养方案	文件类	有
2		学生综合素质评价办法	文件类	有
3	行为准则标准	学生干部比例/%	比例类	15
4		违纪处分学生比例/%	比例类	≤5

续表

序号	标 准	质 控 点	类 别	目标值
5	身心健康标准	参加心理测评人数比例/%	比例类	≥90%
6		学生心理咨询比例/%	比例类	≥10%
7	素质拓展标准	参与社团学生比例/%	比例类	≥35%
8		每年举办校园文化活动次数/次	数值类	≥20
9	职业技能标准	获得毕业生职业技能证书/%	比例类	≥60%
10		国家级(行业级)大赛获奖/项	数值类	≥5
……(共计30个质控点)				

（四）组织实施

按照学生层面内部质量保证体系建设路径，紧紧围绕提高学生培养质量这条主线，聚焦学生层面工作内涵，由学工部（学生处）抓好全校学生层面工作的统筹安排、组织协调和检查督导。各系抓好本系学生工作的组织实施和落实。实施中以社会主义核心价值观培育和五大核心素养教育为主线，以各项学生活动为载体，重点围绕思想政治教育、学风建设、学生素质培养、心理健康教育、日常管理、学生资助、就业指导、辅导员队伍建设等方面开展诊改工作。

（五）监测预警

在学生层面诊改工作中建立"监测—预警—改进"监测环节，学生工作围绕5个诊改要素、30个质控点，从岗位职责、考核制度方面对学生工作进行监测。

1. 监测

在学生层面诊改工作中建立"监测—预警—改进"监测环节。学生工作线上监测借助全国学生资助管理信息系统、心理教育信息化管理系统等开展（图4）。

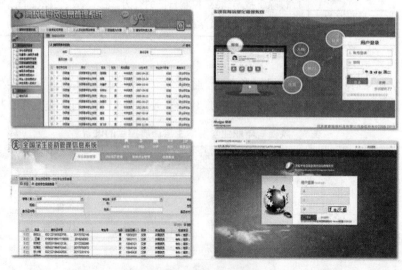

图4 学生工作信息平台

线下监测主要以学生工作例会、年终总结考核为主,同时开展"知心青苑"工程,将与学生的谈心谈话系统化、标准化。

学生个人监测同样采用线上、线下两种方式。线上借助教学质量管理平台和教务管理系统对学生进行监测(图5),线下主要以学生综合测评和学生个人发展规划为主进行监测。每学年进行数据的汇总评分。

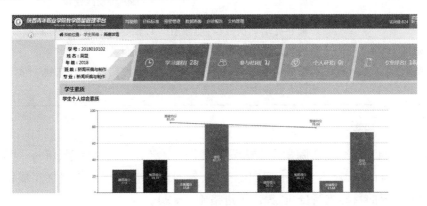

图5　学生个人画像

2. 预警

依靠线下线上监测的数据,低于目标值时,由相关数据负责人提出预警,教学和学生管理部门认真分析监测数据,及时发现存在的问题,有针对性地进行反馈,及时预警,为诊改提供依据。学生个人依据《陕西青年职业学院学生发展诊断考核指标体系》对比考核分值与学校设立的预警值,进行自我预警。

(六)诊断与改进

1. 学生工作方面

学生工作主要从德育工作、学生全面健康发展等5个方面进行目标达成度的诊断,全面检查学生工作的实施情况,梳理诊改过程中发现的问题,对学生工作进行研判,提出改进措施(表8)。

表8　陕西青年职业学院2018年学生工作诊断状况

诊改要素	目标达成度	发现的问题	采取的措施
1. 重点工作	95%	五大核心素养实践载体不够丰富	丰富实践活动,创新五大核心素养实践载体
2. 思政教育工作	95%	学生工作质量意识不够强	让师生形成质量意识,培育质量文化
3. 强化学生管理	94%	1. 信息化水平低。 2. 学生宿舍内务卫生自觉性较差,处于被动检查状态。	1. 加强学生管理工作的信息化程度。 2. 每周一晚宿舍例检并通报检查情况,督促学生养成良好的习惯。

续表

诊改要素	目标达成度	发现的问题	采取的措施
4.提升服务学生水平	96%	1.资助育人功能发挥不充分。 2.运动会受场地限制,学生参与度不高。	1.完善资助体系,丰富育人手段,优化资助育人工作。 2.加快新校区建设。
5.建设一流辅导员队伍	95%	1.辅导员培训次数少,质量有待提高,人员配备不足。 2.辅导员职称评定获得中级职称人数较少。	1.辅导员培训后进行经验交流,补充辅导员。 2.指导辅导员按照职称评定标准开展工作。

2.学生个人方面

围绕《陕西青年职业学院学生个人发展规划》设定考核指标体系,将每一学年个人实际与个人目标进行对比。以王超同学为例,针对考核指标体系中目标完成情况进行诊断,对未完成的目标进行分析,提出改进措施(表9)。

表9 陕西青年职业学院2018—2019学年学生个人诊断状况

诊断要素 (一级指标)	诊断点 (二级指标)	分项值	达标值	实际值	是否完成目标	原因分析	改进措施
基本素质发展标准(20分)	身体素质	6	4.2	2	否	参加校、系体育竞赛项目少	合理安排课余时间,加强身体素质锻炼,积极参加体育活动
	人格品质	6	4.2	3	否	参加心理健康活动较少	重视心理健康,积极参加校、系组织的心理健康活动、讲座等
	道德品质	8	5.6	7	是		
学业发展标准(20分)	基础知识	12	8.4	9	是		
	专业知识	12	8.4	9	是		
	工具运用	6	4.2	4	否	未能取得英语AB级证书	加强英语学习,制定学习计划
职业发展标准(20分)	岗位技能	14	9.8	11	是		
	创新意识创业能力	6	4.2	5	是		
社会能力发展标准(20分)	社会适应能力	3	2.1	2.5	是		
	组织协调能力	4	2.3	4	是		

续表

诊断要素 （一级指标）	诊断点 （二级指标）	分项值	达标值	实际值	是否完成目标	原因分析	改进措施
社会能力发展标准（20分）	自主学习能力	3	2.1	2	否	图书阅读量少	制定阅读计划，坚持阅读，分享读书心得，养成良好的阅读习惯
个人发展标准（20分）	自我认知	6	4.2	6	是		
	学业规划	6	4.2	6	是		
	自我管理	8	5.6	8	是		

（七）激励与学习

对表现突出的辅导员，在选拔、任用及职称评定方面给予优先考虑；对参加学校各类比赛获奖的辅导员，按照学校的奖励制度给予一定的物质奖励。对于表现突出的学生，授予"三好学生""三好学生标兵""优秀毕业生""优秀学生干部"称号，给予一定的荣誉和物质奖励。激发学工人员和学生个人成长的内生动力。

四、诊改成效

（1）学工队伍建设质量得到提升。

（2）育人体系更加完善。

（3）学生内生动力提升效果初显。①学生政治素养得到提高。②学生人文素质有所增强。③学生五大核心素养得到提升。④学生职业技能得到提升。⑤学生学业水平有所上升。⑥学生就业情况整体良好。

五、存在问题及努力方向

1. 存在的问题

（1）辅导员队伍数量不足，师生比不达标。

（2）信息化程度不够高，学生发展标准部分指标难以量化，只能在学年末考核评价，不能实现实时预警。

（3）五大核心素养实践载体不够充分。

（4）学生工作激励机制不够健全。

2. 努力的方向

（1）完善人员配备。

（2）加快信息化平台建设。

（3）推进五大核心素养教育，丰富实践载体。

（4）建立诊改工作的长效机制。

商洛职业技术学院
学生层面诊改案例

商洛职业技术学院学生层面诊改工作经过两年的实践探索,逐步形成了以学生全面发展为工作目标,以"五纵五横一平台"为运行保障,以问题为导向,分析质量基础、解决发展问题、树立现代质量文化、促进"三全"育人的学生诊改工作模式。经过诊改,学校的办学水平和人才培养质量得到了全面提升,诊改已逐渐融入日常工作并形成常态化。本次诊改工作主要涉及2016级、2017级、2018级三年制高职在校学生。

一、诊改工作基础

1. 学生概况

截至2017年年底,学校在校生共有6 711人,分布在医学系、护理系、师范教育系、机电工程系等22个专业的159个班级,其中,男生1 816人,女生4 913人,男、女生比例为1∶2.7。三年制高职在校生3 857人,五年制高职在校生2 854人。少数民族学生140人,分别来自回族、藏族、彝族、东乡等10个少数民族,占学生总数的2.08%。一线辅导员31人,师生比为1∶216。当年毕业生2 545人,就业分布在陕西、甘肃、四川、重庆、福建、新疆等省、市、自治区,平均就业率为92%,就业生受到用人单位一致好评。

2. 工作理念

商洛职业技术学院的学生工作理念以"1347"工作思路开展,即坚持以"立德树人"为根本,以"文明校园、平安校园、书香校园"三大工程建设为依托,秉承"修德、励志、笃学、善业"的校训和"认知、精技、匠心、唯实"的大学精神,依据各学科及专业的不同特点,分别打造"南丁格尔、白求恩、园丁、工匠精神",着力培养学生"心善、嘴甜、手勤、脑活、体健、技高、艺精"的职业能力。

3. 工作现状

以学校"十三五"发展规划为指导,夯实基础、提升内涵,办学条件得到逐步改善。办学思路明晰、管理体系健全,基本形成了以学生处、思政部、教务处、团委、保卫处为横向,系党总支、学工办、团总支、辅导员、班级为纵向的校、系两级学生管理工作格局。高性能服务器系统存储容量为40TB,宽带出口为400MB,建有学工系统、教务系统、一卡通等管理系统,基本实现了学生管理服务信息化。学生政治态度端正、理想信念坚定,积极投身养成教育、强化人际交往能力培养、注重技能养成、关注职业发展,有较强的创新创业意识。

4. 存在的问题

运用SWOT分析法,找到存在的主要问题是学生自我学习、自我管理、创新创业等职业发展能力还有待提高;学业提升、人生规划、责任担当、身心健康需要不断加强;辅导员职称结构,男、女生比例不够合理,学术氛围不浓,科研能力较弱;学工系统功能不够健全,各部门之间信息互联互通尚未真正实现,信息化办公水平有待提高;部分学生的个人发展目标不明晰,制定规划不尽合理,诊改过程不能持续,缺乏内生动力;学生教育管理的服务理念、质量意识还不足,全员、全过程、全方位育人模式有待探索和完善。

二、工作开展情况

(一)体系设计

1.打造目标链

习近平总书记在高校思想政治工作会议上强调,高校思想工作关系高校培养什么样的人、如何培养人以及为谁培养人这个根本问题。以此为指导思想,围绕学校"十三五"发展规划和育人规划,结合各系的育人规划和学校工作实际,制定学生工作诊改实施方案,从思想道德素质、科学文化素质、身体心理素质、发展性素质、行为习惯5个方面打造学生发展目标链(图1)。

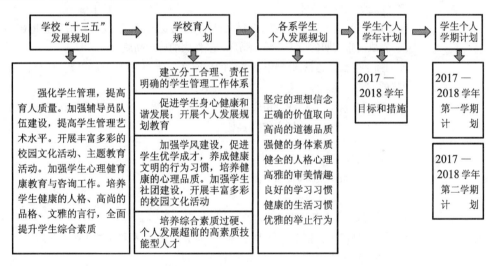

图1 商洛职业技术学院学生发展目标链

学校"十三五"发展规划提出了强化学生管理、提高育人质量的目标,通过建立分工合理、责任明确、效果显著、充满活力的学生管理工作机制,培育学生健康的人格、高尚的品格、文雅的言行,全面提升学生综合素质。以此为依据,学校育人规划确定了8项目标任务,通过任务的落实,促进"三全"育人模式的形成与实践,保证诊改目标顺利实现。分年度实施目标计划,对标育人规划中的8个项目,细分为24项重要建设任务(表1)。

表 1　商洛职业技术学院育人目标规划及其内容

规划名称	规划内容
学校"十三五"发展规划	建立分工合理、责任明确、效果显著、充满活力的学生管理工作机制,形成纵、横联动的管理工作体系,加强辅导员队伍建设,强化管理和培训,落实考核奖惩机制,提高学生管理工作的艺术水平,提升学生的综合素质。
学校育人规划	1.建立分工合理、责任明确、充满活力的学生管理工作体系,形成以学生处、思政部、教务处、团委、保卫处等中层处室为横向,系党总支、学工办、团总支、辅导员、班级为纵向的学生管理工作格局。 2.遵循学生成长成才规律,建立学生思想品德、行为规范、身心健康、职业文化标准并进行指导,促进学生身心健康发展。 3.以学生全面发展为目标,开展个人发展规划教育,制定学生教育管理计划。因材施教,尊重学生个体差异,促进学生个性化发展。 4.加强学生思想政治工作,大力弘扬社会主义核心价值观,强化社会公德、职业道德、家庭美德教育,扎实做好"三进"工作。 5.加强学风建设,培养学生积极的心态,端正学生的学习态度,养成良好的学习习惯,促进学生优学成才。 6.加强法制、安全和心理健康教育,引导学生遵纪守法,形成良好的思想道德品质,养成健康文明的行为习惯,培养阳光、健康的心理品质。 7.加强学生社团建设,开展丰富多彩的校园文化活动,打造"认知、精技、匠心、唯实"的校园文化。 8.培养综合素质过硬、理论功底扎实、实践能力较强、"双创"质量较高、单位评价满意、个人发展超前的高素质技能型人才。
2018—2019学年学生处工作计划	1.制定思想政治教育实施方案。 2.开展新生入学及军训、逃生演练。 3.新进辅导员3人。 4.举办国防、安全教育主题活动。 5.创新心理健康教育形式,开展心理咨询进公寓活动,积极备战省级大赛。 6.加强学生公寓管理,开展"保洁员体验"活动。 7.召开学生表彰大会,评优树模。 8.召开勤工助学学生座谈会,进行感恩、励志、诚信教育。 9.评选"资助政策宣传大使",开展资助政策宣传活动。 10.开展"文明礼仪进校园"活动,强化养成教育。 11.联合保卫处、总务处开展宿舍、饮食安全监督检查。 12.建设学工管理系统。 13.联合团委开展志愿服务及社会实践活动。 14.开展"精准资助基层行"活动。 15.积极准备辅导员工作室申报工作。

续表

规划名称	规划内容
2019—2020学年学生处工作计划	1. 举办"开学第一课"系列活动。 2. 举办庆祝中华人民共和国成立70周年活动。 3. 新进辅导员1人。 4. 举办国防、安全、法制、金融、禁毒、防艾滋病等专题讲座8次。 5. 在学生公寓建立各系党总支"党建＋工作站"。 6. 加强学生公寓管理,建设公寓和宿舍文化,开展文明宿舍、文明个人评比活动。 7. 与商洛市精神病医院建立精神卫生医疗服务联动机制,拓展心理健康教育平台。在省级心理健康知识竞赛和科研活动中获奖。 8. 举办辅导员培训分享会、工作研讨会和素质能力大赛。 9. 开展"精准资助基层行及家访"活动,发挥资助育人功能,助力"双百工程"。 10. 召开建档立卡学生座谈会,开展资助政策宣传。 11. 开展"远离烟草、珍爱生命"禁烟活动,强化养成教育。 12. 开展"领导接访日"活动,提升办学和服务水平。 13. 升级学工管理系统,实现信息互联共享。 14. 联合团委开展"三下乡"及学雷锋活动,打造志愿服务品牌。 15. 召开家长座谈会,形成家、校共育机制。 16. 申报辅导员工作室。
各系育人规划	1. 以南丁格尔、白求恩、园丁、工匠精神为指引,加强校园文化建设。 2. 开展主题教育活动与第二课堂相结合,强化思政育人效果。 3. 加强安全教育、心理健康、感恩、励志、诚信教育,促进学生身心健康。 4. 加强学风建设和日常教育管理,持续开展"文明礼仪进校园"和禁烟活动。 5. 加强学生"双创"教育和就业指导,提高创新创业能力和就业率。 6. 以党建带团建,发挥学生自治组织作用。 7. 积极培育辅导员工作室。
学生个人发展规划	学生个人对照本专业规划目标制定发展规划,由辅导员指导填写《商洛职业技术学院学生发展手册》,由各系学工办负责审核手册中的目标、标准等内容,进行学期预警,逐学年对达成度进行分析。

2. 打造标准链

以中、省相关文件精神,学校"十三五"发展规划和育人规划为依据制定学生发展标准,包括思想道德素质、科学文化素质、身体心理素质和发展素质。各系结合各自的特色制定学生发展标准,指导学生以此为依据制定个人发展标准,构建学生层面的标准体系。

依据中、省有关文件及学生层面工作制度,如《全国大学生思想政治教育工作测评体系》《高等学校辅导员职业能力标准(暂行)》《高等学校学生行为准则》等,结合学校实际,为保证标准的有效实施,从教育管理、资助工作、心理健康、公寓管理、考核制度5个方面修订出台了学生层面的工作制度26条,使评价体系更加客观、公正、有效,从而形成学生工作标准,建立起了工作标准链。

3. 设计学生发展手册

为使学生明确职业发展规划,设计编印了《商洛职业技术学院学生发展手册》,从思想道德素质、科学文化素质、身体心理素质、发展素质和其他自定指标5个方面作为诊断点,引导其科学制定规划和目标,分学年、学期进行诊改,并及时进行目标达成度分析。通过对比,找出问题,分析原因并制定措施进行整改。

4. 设计质控点

质控点设计分为两部分:一是学生工作,围绕10个方面设计了35个质控点;二是学生个人,围绕5个方面设计了21个质控点。学生个人诊改确定了一级、二级指标并设定目标值和标准值,制定赋分办法,体现在学生分学期发展手册中。

5. 建立质量保证体系

在质量保证体系层面建立了"8字形质量改进螺旋",通过"目标—标准—设计—组织—实施(监测—预警—改进)—诊断—改进"的不断循环,形成了诊改机制。其中,在实施环节,通过即时监测、提出预警、重新改进的动态循环,进行新的设计。

6. 组织

学生工作在校党委的领导及主管领导的指导下,以科学系统的组织架构为保障,实行校、系二级管理。其中,学生处负责统筹、协调、指导各系开展学生管理工作,各系学工部门具体落实学生管理任务,形成了上下密切合作、齐抓共管、合力育人的工作机制。

7. 实施、监测、预警

诊改工作在学生处的统筹协调指导下,团委、四系等相关部门及全体学生共同参与,开展思政教育、安全教育、心理健康教育、行为养成教育、素质拓展、体质监测、技能培训等全方位的教育活动。以校本数据平台为基础,以学工系统、教务系统、就业系统、校园一卡通、步道乐跑等信息化平台为支撑,打通"孤岛"信息,对学生源头数据进行实时采集、分析、监测和预警,及时反馈和处理预警信息。

在实施过程中,充分发挥监测与预警的作用,通过每周一工作例会、每两周辅导员例会、每月一次诊改工作推进会、每月一期诊改工作简报、诊改工作交流会、业务培训会、主题班会等日常工作检查及量化结果,对发现的问题及时预警,以保证工作的有效性和有序性。

8. 诊断

对照学生工作目标和标准,依托校本教育教学质量管理系统,科学设置了35个质控点,设定了具体的监测值,根据源头实时数据,监测分析学生工作及学生个人发展状况。通过平台数据分析、工作研讨、师生互评、学生自评情况,结合检查量化结果等进行自我诊断,分析目标达成度,发现问题,改进提升。通过本轮学生诊改工作,对照目标任务,已完成30项、未完成5项,目标完成率为86%。未完成项目有技能证书获取率、学生课堂到课率、期末考试通过率、早读迟到学生比例、公寓违禁物品使用率。

学生个人依据学校育人规划、各系育人规划和专业人才培养方案,结合自身实际,在辅导员的指导下,填写个人发展手册,制定个人发展目标和标准,分学年实施。截至目前,2017级学生共开展了两轮诊改工作,2018级学生开展了1轮诊改工作,2019级新生正在开展首轮诊改工作。以护理系某同学为例,对大一两学期的达成情况进行分析,21项指标中已完成16项、未完成5项,目标任务达成率为76%。未完成的项目有读书量、参加讲座次数、体育知识竞赛达标、课堂到课率、"双创"大赛次数。在自我分析时,辅导员及时将以上5项指标的预警信息反馈给该生并给予指导,帮助其逐一分析原因,制定具体的诊改措施。

9. 学习、激励

在诊改过程中,学校高度重视诊改氛围的营造,出台了多项学习和激励措施。通过"走出去、请进来",邀请陕西铁路工程职业技术学院、咸阳职业技术学院等专家进校培训3次,组织辅导员外出参加培训交流会5次。通过校际间的交流研讨,进一步提高了师生对诊改工作的认识,明晰思路、聚焦核心、破解瓶颈、提升质量。在激励方面,通过完善辅导员管理、晋职及奖惩办法等,健全了学工管理制度体系;调整学工队伍结构,增加晋职名额,优化考核办法,进一步激发了学工管理人员的工作积极性;在学生中广泛开展评优树模等表彰活动,优化奖助学金评定办法,依托信息化手段科学管理,极大地调动了广大学生重学习、提素质、练本领的积极性和主动性。

三、诊改成效

经过诊改,四系学生工作及学生个人目标达成度均呈逐年上升趋势。辅导员积极参与教育教学改革,主持的3项课题入选校级课题立项,1项入选省级辅导员课题立项;辅导员中级职称比例提升了133%。学校创新创业大赛参与人数增长了47.3%,大赛获奖率提升了200%,省级各类大赛获奖率提升了77.8%,专升本人数增长了218%,心理健康知识、教师优秀咨询案例等比赛获得二、三等奖,实现了零的突破,志愿者注册人数增长了746人。通过开展一系列活动,师生的综合素质得到不断提升,在不同层次取得了一定的成绩,学生工作和学生个人方面都取得了明显的成效。

(1)学风、班风、校风明显好转,学生综合素质能力得到提升。

(2)辅导员待遇逐步提高,队伍趋于稳定,积极参加教育教学改革,在省赛中获奖层次提高,科研能力有所提升,学工队伍走向职业化、科学化、专业化。

(3)学工系统功能升级,部门之间初步实现了信息共享,信息化办公水平大幅度提升,学生管理服务工作更加科学、规范、高效。

(4)学生逐步树立了诊改意识,规划合理,目标明确,标准规范,过程扎实,行动自觉,效果良好,自我诊改内生动力不断增强。

(5)学校建立了常态化、可持续的诊改机制,学工管理人员质量意识明显增强,"三全"育人格局已逐渐形成,育人效果得到进一步提升。

四、工作思考

(1)在学生诊改层面提高育人质量是核心。实现辅导员"双线"晋升,提升素质,加强辅导员队伍建设是重中之重。

(2)建设功能完备的数据平台是前提。只有以数据平台为支撑,实现信息互联互通,才能促进学生管理服务工作高效、科学、规范、精准。

(3)改建结合提高工作质量是根本。突出诊改工作推进、引领和自我修正作用,诊改理念入脑入心见行动,才能真正有效。

(4)诊改为学生终身发展服务是目的。诊改工作的目的是为了创新人才培养模式,提升管理与服务工作水平,促进学校内涵式发展,提高学生对教育教学质量的满意度,促进学生全面发展。

(5)养成反思、诊断、改进常态化是焦点。学生诊改以个人成长规划为基础,帮助学生树立主体意识,让学生从诊改中增强参与感、成就感、获得感和幸福感是诊改工作的真正意义所在。

(6)学生自我改进的主动性、积极性、内生动力是源泉。要培养学生积极的思维方式,持续挖掘自身潜力,组织全员参与。诊改工作要取得成效,学生"一个不能少"。

六、智能化信息平台建设案例

陕西邮电职业技术学院
智能化信息平台建设案例

为提升学校信息化管理服务水平,消除信息孤岛,实现数据源头采集和数据共享,陕西邮电职业技术学院以国家及陕西省关于信息化建设和教学诊改有关文件精神为指引,以"顶层设计、稳步推进、深度融合、服务师生"为建设原则,以"健全机制体制,完善基础设施,丰富业务应用,消除信息孤岛,强化网络安全,提升服务能力"为建设目标,制定了学校信息化建设"十三五"规划方案,实施了智能化信息平台建设。

一、健全机制体制

学校成立了图书与信息中心,明确其职责为负责学校的信息化建设工作。成立了以学校书记、院长为组长的网络安全与信息化工作领导小组,负责网络安全与信息化顶层设计,统一规划、统一部署、统一实施等工作;成立了以学校书记、院长为组长的网络舆情工作领导小组,负责网络舆情信息分析研判和处置工作;制定和完善了相关信息化规章制度。

二、完善基础设施

校园网出口带宽已提升至1G,实现了校园Wi-Fi全覆盖,改造了信息中心机房环境、校园网综合布线系统,建设了防火墙、WEB应用防护系统、上网行为审计等多层次的网络信息安全防护体系,建成了基于云桌面的多媒体教室56间(图1)。

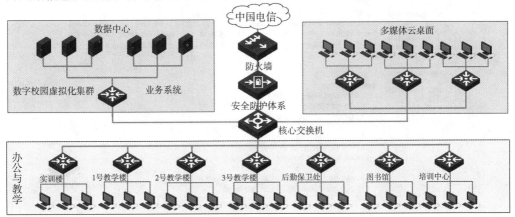

图1 校园网拓扑图

构建了虚拟化服务器集群系统,拥有硬件服务器 3 台、专用数据库服务器 1 台、存储器 1 台,内存资源 2T,存储资源达到 100TB,实现了服务器资源的统一调配和管理(图 2)。

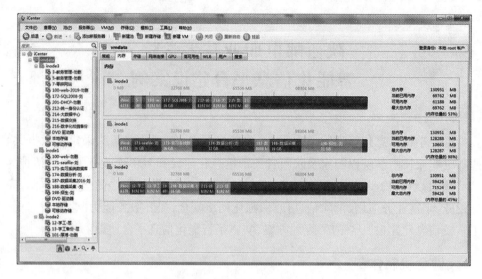

图 2　虚拟化服务器集群系统

三、构建智慧校园平台

1. 统一信息标准

建立了以国标、行标和校标为一体的校园信息标准,实现了不同部门、不同应用之间数据交换的规范,确保数据传输和数据交换标准统一(图 3)。

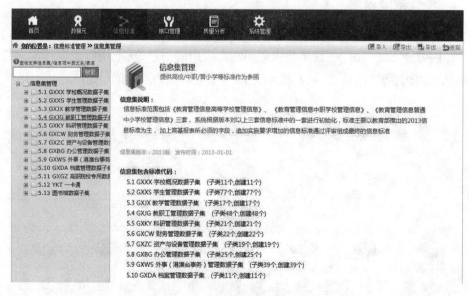

图 3　统一信息标准

2. 共享数据中心

建立了共享数据中心，消除了信息孤岛，教师、学生、专业、课程等数据实现了实时采集和共享，在进行数据交换的同时做到历史数据的积累。

3. 统一身份认证

建立了统一身份认证系统，集中管理和维护师生的身份认证信息，实现了师生校内业务系统账号的唯一性，师生可使用一个账号登录多个业务系统（图4）。

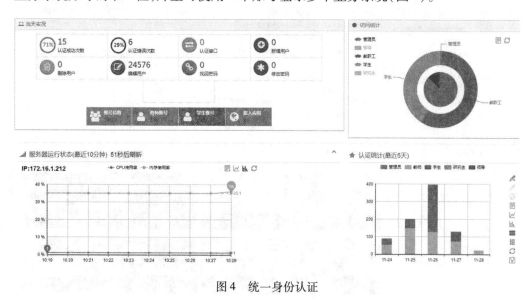

图4　统一身份认证

4. 统一信息门户

建立了统一信息门户，根据业务类型将业务系统分别嵌入教师端和学生端页面，实现了教务系统、OA办公系统、人事系统、智慧课堂、学工系统、内部质量管理系统的单点登录和一站式访问。教师端"教工数据"来源于人事系统，"新闻通知"和"我的待办数据"来源于OA办公系统，学生端"学工数据"来源于教务系统，"新闻通知数据"来源于站群系统（图5）。

四、丰富信息化应用平台

学校建设了涵盖教务、人事、学工、办公等领域的信息化应用平台，门户站群、教务管理、学生管理、人事管理、智慧课堂、质量管理、OA办公等业务系统与共享数据中心进行了数据对接，实现了数据源头采集以及数据共享（表1）。

另外，部分应用系统也搭建了移动化应用功能，实现了数据的实时推送。例如，可在OA办公系统APP中办理流程审批等业务；学工系统和智慧课堂与学校微信公众号进行了对接，信息可即时推送。

图 5 统一信息门户

表 1 陕西邮电职业技术学院信息化应用平台

序 号	信息平台名称	使用情况	与数据中心对接
1	门户站群系统	在用	已对接
2	教务管理系统	在用	已对接
3	学生管理系统	在用	已对接
4	人事管理系统	在用	已对接
5	智慧课堂系统	在用	已对接
6	质量监控系统	在用	已对接
7	OA办公自动化系统	在用	已对接
8	资产管理系统	在用	计划对接
9	财务管理系统	在用	计划对接
10	图书管理系统	在用	计划对接
11	就业管理系统	在用	计划对接
12	顶岗实习管理系统	在用	计划对接

五、建设亮点

1. 质量管理系统

质量管理系统动态呈现了学校层面质量保证体系建设与运行状况。通过将学校层面"十三五"规划、重点工作、年度任务进行分解,下达到具体的部门和个人,使学校领导、部门负责人能更直观、方便地聚焦任务目标,关注任务的实施过程,主动发现问题、解决问题,循环提升工作质量(图6、图7)。

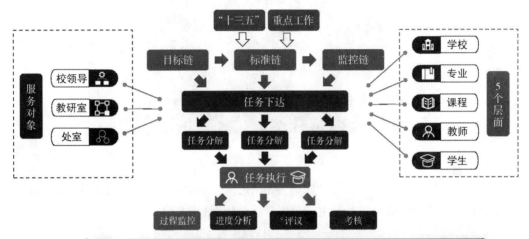

图6　质量管理系统架构图

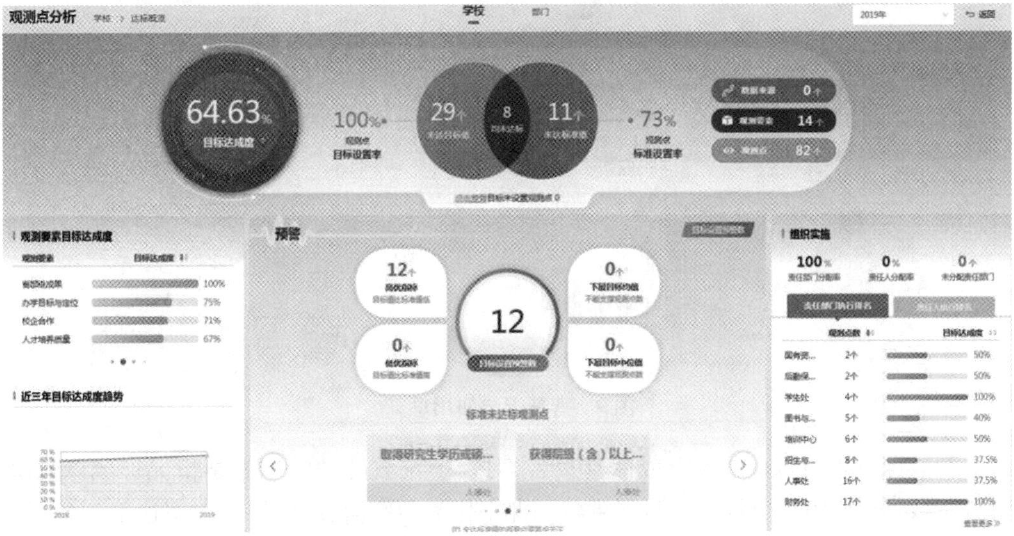

图7　质量管理系统观测点分析

高等职业院校教学工作诊断与改进案例汇编

2. 智慧课堂

智慧课堂数据实现了本地化,具有课堂点名、教学互动、课件资源等功能。上课期间教师可根据课堂教学设计情况实现即时问答、答疑讨论、随堂测试、课堂表现、头脑风暴等操作,丰富了课堂互动形式,激发了学生参与课堂活动的兴趣和积极性(图8)。

图8 智慧课堂教师端

智慧课堂能动态实时监控每堂课的签到率、参与活动率、发起活动数等,能实时展示每个教师课堂组织情况以及学生参与课堂活动情况(图9)。

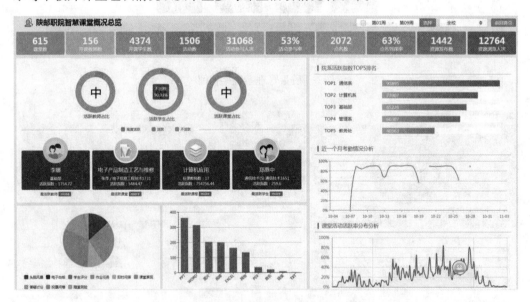

图9 智慧课堂使用总览

智慧课堂可对每一节课形成课堂报告,对每一位教师的学期教学情况形成课堂决策分析数据(图10)。目前,智慧课堂将到课率作为预警信息,如果到课率达不到80%,智慧课堂会将相关数据推送到内部质量管理系统问题库中,相关教师可进行查看和做相应处理,达到预警和改进的目的(图11)。

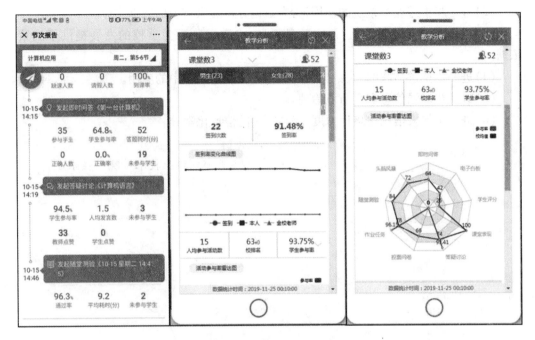

图 10　智慧课堂决策分析

序号	问题编号	问题标题	描述	问题来源	问题分类	责任部门	责任人
1	2019-096...	葛苏玲(618310601)老师,您的2019-09月学生到课率为79.31	您的月度学生到课...	智慧课堂	其他	管理系	葛苏玲
2	2019-096...	张如花(618312209)老师,您的2019-09月学生到课率为1.85	您的月度学生到课...	智慧课堂	其他	通信系	张如花
	2019-096...	张翠萍(618312211)老师,您的2019-09月学生到课率为66.67	您的月度学生到课...	智慧课堂	其他	通信系	张翠萍
4	2019-096...	时任(618312307)老师,您的2019-09月学生到课率为52	您的月度学生到课...	智慧课堂	其他	通信系	时任
5	2019-106...	张浩(618307001)老师,您的2019-10月学生到课率为76.38	您的月度学生到课...	智慧课堂	其他	教务处	张浩
6	2019-106...	魏成彪(618307009)老师,您的2019-10月学生到课率为58.59	您的月度学生到课...	智慧课堂	其他	教务处	魏成彪
7	2019-106...	翟慧慧(618308005)老师,您的2019-10月学生到课率为77.57	您的月度学生到课...	智慧课堂	其他	学生处	翟慧慧
8	2019-106...	徐海蓉(618309202)老师,您的2019-10月学生到课率为64.15	您的月度学生到课...	智慧课堂	其他	基础部	徐海蓉
9	2019-106...	任艳(618309504)老师,您的2019-10月学生到课率为77.28	您的月度学生到课...	智慧课堂	其他	基础部	任艳
10	2019-106...	朱磊(618310204)老师,您的2019-10月学生到课率为78.07	您的月度学生到课...	智慧课堂	其他	培训中心	朱磊

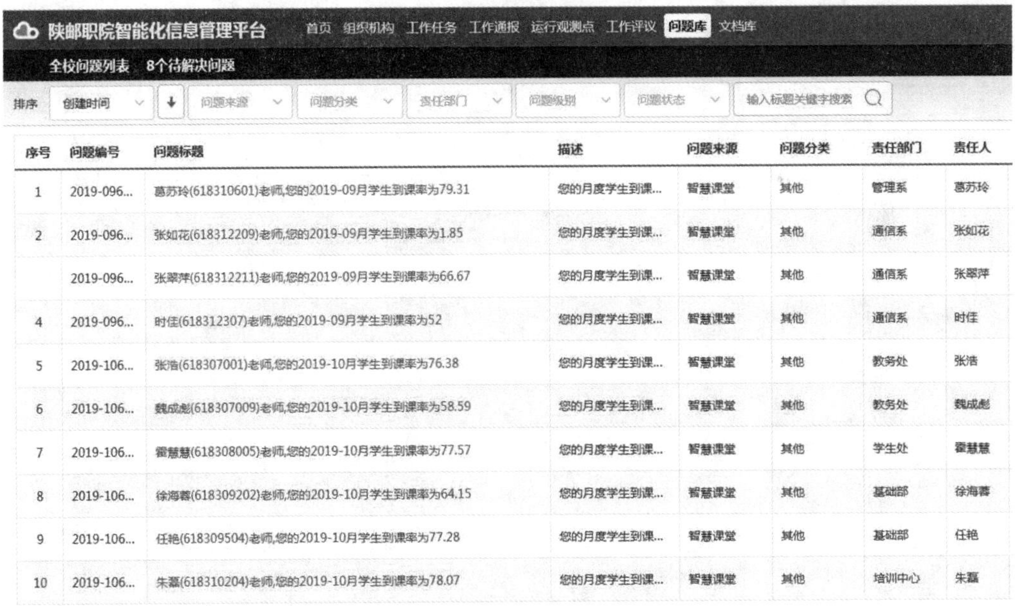

图 11　智慧课堂签到率推送

六、下一步工作设想

（1）进一步丰富和完善业务系统，充实数据中心数据涵盖范围。

(2)进一步推进业务系统的使用,为大数据分析提供有力的数据支撑。

(3)进一步挖掘数据价值,消除信息孤岛,大数据分析为学校的发展提供了决策依据。

(4)进一步推进物联网、大数据和人工智能在智慧校园中的应用。

(5)进一步加强信息安全防范治理。

(6)进一步加大信息化培训力度,提高师生的信息化素养。

(陕西邮电职业技术学院　屈永斌)

陕西警官职业学院
智能化信息平台建设案例

一、建设基础

陕西警官职业学院成立了网络安全和信息化领导小组,制定了数字校园建设方案、智能校园建设实施方案、信息化工作管理办法和信息标准等,聘请了校外专家组成信息化专家组。

基础设施层、智能管理层、智能服务层的数据推向智能核心层的数据中心,就可以在任何终端提供给任何人,在任何时间和地点进行数据运用。通过数据中心生成反映人才培养方方面面的状态数据,进行状态展示、挖掘分析、预测诊断、改进优化,有效地支撑着诊改工作运行(图1)。

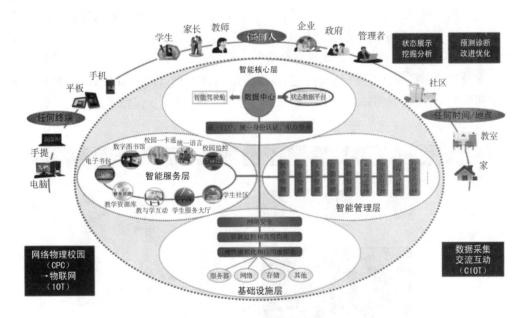

图1　智能校园建设总体架构图

在信息化建设上,学校始终秉承统一规划、分步实施,应用导向、问题驱动,完善基础、突出应用,主流技术、持续迭代的建设原则,努力的方向是逐步将管理应用转变为服务应用。

学校信息化平台建设目标是建立教学管理、师生发展、诊改决策等三大体系,从而实现支持课程教学,生成过程数据,共享教学资源,服务教学诊改;服务学生终身发展,助力教师专业成长,协同多元育人管理,保障育人条件资源;统一校本数据,实时监测预警,精准诊断改进,支持诊断改进。

二、建设举措

1. 完善网络环境,夯实信息化基础

学校先后完成了基础网络布线工程、网络中心机房、有线无线网络、服务器及存储、公安信息专网等项目的建设工作,为学校信息化平台建设提供了基础环境保障。

2. 提升网络带宽,满足师生需求

学校不断加大对校园网络出口带宽建设的投入力度,出口带宽由原来的 20M 增容至 3 700M,完全满足了教育教学、行政办公及校园文化的需要。

3. 建设应用环境,服务教育教学

学校先后完成了多媒体教室(140 间)、云课堂计算机实训室(7 间)、教师个人桌面、录播系统(两套、一平台)、校园广播系统、校园监控系统、视频会议系统、车辆道闸系统等项目的建设工作,使信息化更好地服务于教育教学。

4. 搭建虚拟化数据中心,整合硬件资源

充分利用现有服务器资源,搭建了虚拟化数据中心。现有服务器物理机 10 台、服务器虚拟机 72 台,完全满足学校信息化平台建设的需求。

5. 开展等级保护工作,保障系统安全运行

学校开展网络安全等级保护与信息系统等级测评工作,按照等级保护三级标准增加了网络安全设备,对网站站群管理系统进行三级测评,进一步保障了信息化平台的安全运行(图 2)。

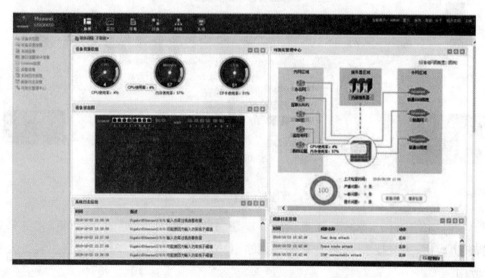

图 2 网络安全设备运行图

三、平台建设与应用

1. 信息化平台建设

在基础硬件满足的条件下,学校建设了校本数据中心、统一身份认证、统一校园门户三大平台,先后从教学管理、学工管理、人事管理、后勤管理、资产管理、科研管理、实验管理、图书管理、招生管理、就业管理、督导管理、行政办公管理等方面,建设完成了32个应用系统及30个办事服务流程。

2. 通过校本数据中心消除信息孤岛

学校建成了校本数据中心及公共数据交换平台,通过校本数据中心集成各业务系统数据,解决了数据源不统一、数据不标准、共享困难等问题,基本实现了各业务系统与校本数据中心之间的数据交换和共享,逐步消除了信息孤岛,完成了数据的互联互通(图3)。

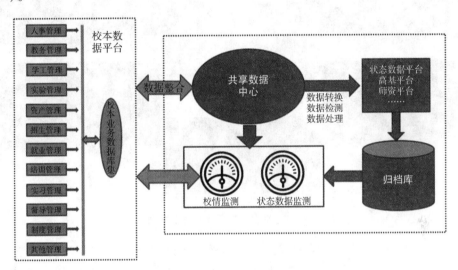

图3 数据流向图

3. 建设任务管理系统,突出任务监测预警

学校建设了任务管理系统,通过系统将学校"十三五"规划目标及标准分解为年度任务,形成学校核心任务和校级任务,校级任务再分解为部门任务。从学校书记、院长到分管校领导再到部门负责人,层层下达直到个人,形成了任务的目标链和标准链。在获取任务的教职工手机端都能得到任务提示,在PC端对任务的完成情况进行监测、预警、统计、汇报、评价等,用信息化手段实现了各级领导对所下达任务的完成情况即时掌握(图4)。

4. 建立内部质量保证体系,支撑5个层面

学校建立了内部质量保证及校情分析平台,逐步实现了对5个层面数据的采集、统计、分析及展示(图5)。

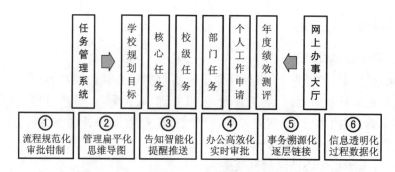

图4　学校层面任务管理架构图

图5　信息化平台支撑5个层面数据展示图

通过各种服务及管理应用,直观反映学校的基本办学条件,实现了与高职院校状态数据平台的对接和数据展示。同时还能展示全国中位数指标,可以从多个维度与全国高职院校、同类院校、示范校进行对比,反映学校在各维度中所处的位置。

通过专业课程标准、专业发展规划以及质控点的设置,形成对各质控点的监测预警,完善专业发展核心要素,促进专业诊改工作,达到指导专业发展的目标。

通过在线教育综合平台、教务及督导听课等系统,采集课前、课中及课后教与学的相关数据,为教与学全过程提供服务。

通过教师发展标准和规划的制定、质控点的设置,形成对各质控点的监测预警,完善教师职业发展规划,促进教师层面的诊改工作。

通过学工管理、学生发展规划等数据源的多维度数据采集,支撑学生服务管理工作,促进学生完成个人发展规划中的任务。

5. 校党委重视,狠抓落实

为确保信息化能够助力学校人才培养工作,学校党委将2018年确定为学校信息化应用推广年,把信息化应用推广和创建本科院校作为学校重点工作上报陕西省公安厅。学校"一把手"亲自部署,各分管院长主抓落实,制定应用推广工作实施方案及任务分解书,形成了推广工作月报、月查机制。

四、诊改工作展望

1. 存在的不足

(1)由十学校部分教职工的信息化认知水平和基本技能不高,致使在业务系统的应用上不够深入,从而无法通过系统应用形成海量有效数据,无法在教育教学和管理服务工作中发挥应有的作用。

(2)学校虽已建成数据中心,并整合了教务、学工、人事等业务系统的数据,但目前数据采集的程度还不高,数据分析方面还达不到足以支撑学校科学决策的水平,业务支撑和预警能力还比较弱。

(3)学校大量的办事服务流程尚未梳理和部署,使得目前网上办事服务应用还达不到"让数据多跑路,让师生少跑腿"的目标。

2. 努力的方向

学校智能化信息平台建设规划如图6所示。

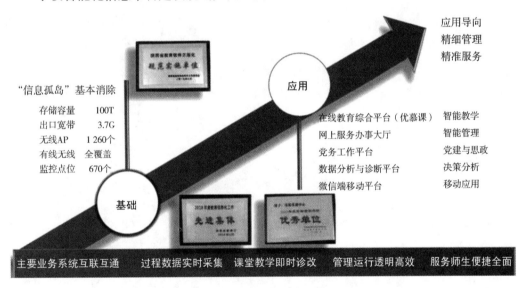

图6 陕西警官职业学院智能化信息平台建设规划图

(1)将继续深入开展信息化应用推广工作,逐步通过提高全员信息化应用能力,加快实现业务系统全覆盖、过程全监控、人员全参与的"三全"目标。

(2)进一步推动数据开放共享和综合分析应用,提高数据监测、预警和分析水平,更好地支撑各层面的诊改工作。

(3)进一步加大信息化应用融合与创新力度,逐步变管理应用为服务应用,加快网上办事服务大厅的建设与应用。